一套关于传统文化的百科知识全书

传统文化十万个为什么

日常生活
身体奥秘
地理名胜

撰写者

种方 高中正 赵莹 蔡晓薇 胡芳芳 牛冠恒
刘颖 邱娟
李强 张章 石慧芳

中華書局

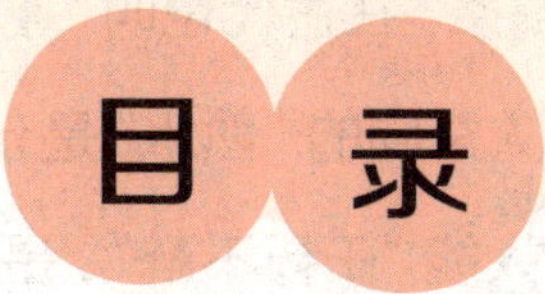

日常生活

身体奥秘

地理名胜

日常生活

古代的"衣裳"和现在的"衣裳"不一样？古人如何穿衣？

《诗经·东方未明》里面有句诗："东方未明，颠倒衣裳。颠之倒之，自公召之。"大意是：东方天还没亮，衣裤颠倒胡乱穿上。衣当裳啊裳当作衣，那是因为公家召唤我召唤得急切啊。试问如果衣和裳一样，怎么能说颠倒呢？

这里的衣是上衣，是上身穿的衣服，包括襦（rú）和袍等。当时的小孩子一般穿襦，襦是短上衣。男孩子在行了冠礼表示成年后，才能穿袍子。袍子长至脚，古代的士兵也经常穿着，他们常年征战，不能随身带着被子，袍子可以白天穿着，晚上用来当被子盖。

袍一直流行到清代，清代要求百姓穿着有满族特色的长衫，长衫其实也是从袍发展过来的。到民国时期，长衫成了知识分子的流行装束。

因为襦衣较为短小贴身，古代的女孩子也喜欢穿。女孩子穿襦和裙，到唐宋时期还在流行。当时人还发明了短袖的襦，深受女孩子的喜爱。这种短袖襦，宋代人叫"背子"。明朝女孩子的衣服，也继承了唐宋时期上衣短小的特点。到了清代，由于满族人穿旗袍，汉族女孩子也渐渐流行。等到民国时期，经过改良的旗袍已经是时尚女孩子的钟爱了。

裳是下身穿的。但不像我们现在的裤子，而是类似现在的裙子。裳是人类最早的服装之一，是从早期人类用树皮、树叶制成的遮盖物发展而来的。裳由几块狭窄的布料缝制而成。布料狭窄，是因为在上古的时候，先民的纺织工具比较简陋，还织不出较宽的布。

现在柔软透气的亚麻布在古代居然是给奴隶穿的？真相是什么？

布衣在古代主要指平民穿的衣服，后来这个词也用来代指平民。未考取功名的读书人也经常自称"布衣"。"布衣之交"就是用来形容平民间的友情。上古的布，是

用葛或者麻织成的，当时的麻布衣服不像现在的亚麻布那样柔软透气，古代的葛衣和麻衣都是由粗葛和粗麻布编织成的，既不保暖也不柔软，奴隶们大都穿粗麻衣服。

在古代，只有贵族和官员才能穿丝织品做的衣服，即锦衣。锦是丝织品的总称，分为很多种类，如绫、罗、绸、缎等。绫有繁复的花纹，且有光泽；罗的质地轻盈；绸的手感柔软细腻；缎的纹路清晰，编织精美。汉代的一本解释字义的书说：“锦，其价如金。”把锦看成和黄金一样的东西，可见锦的珍贵了。

明清的时候，在今天的广东一带，还有人发明了用麻布和蚕丝交织而成的“鱼冻布”，柔滑而又洁白，而且越洗越白，夏天穿起来很凉爽。

隋唐时期女孩子的裙子流行拖到地面，她们的裙子到底有多长？

在秦朝、汉朝的时候，女子服饰的样式还不是很多，到了隋朝、唐朝就不一样了。隋朝和唐朝的女子很爱美，要点胭脂，还要贴花黄，但她们最垂青的还是裙子，而且裙子的长度比前代要长得多，裙子的下摆拖到地面在当时是很常见的现象。尤其是富贵人家的女子，为了显示裙子的修长，那些女孩子穿裙时喜欢将裙腰束高到胸部，有的甚至束在腋下。裙子的下摆则要盖住脚面，有的还要在地上拖曳一截。这样的裙子不仅修长，而且宽度也很宽。当时普遍穿着的六幅裙，就是用六幅布帛裁制而成，诗人赞为“裙拖六幅湘江水”，意思是六幅布帛织成的裙子拖在地上，好像湘江的水一样荡漾绵长。六幅到底有多宽呢？据《唐书》所记载的布幅宽度推算，唐代的“六幅”相当于今天的三米左右。但是就连这样的宽度，女孩子们也觉得不够，以至于出现了七幅、八幅甚至十二幅宽的裙幅。这种情况，一方面造成了用料上的极大浪费，另一方面也造成穿着者的行动不便。当时就连朝廷也看不下去了，为了倡导节俭，皇帝下命令，要求女性的裙子不能超过五幅，拖在地上的长度不能超过三寸。这可引起了当时不少女孩子的不满呢！

古人的裤子没有裤裆，只有两个裤筒？他们是怎么穿裤子的？

最初的裤子叫绔（kù），也称裤，没有裤裆，只有两个分开的裤筒，分别套在左右两腿上，侧面有绳子系在腰间。到了汉代，人们发明了“穷绔”，就和现在的裤子差不多了，是有裆的。我们或许会好奇，夏天炎热，古人可以穿短裤吗？答案是肯定的。在古代，短裤被称作“犊鼻裈（kūn）”，裈也是裤子的一种，由于穿着时方便劳作，所以贫苦的劳动人民经常穿它。贵族如果穿这种衣服，是要被人嘲笑的。《史记》记载了汉代文学家司马相如和卓文君的爱情故事。传说司马相如以一首《凤求凰》深深打动了卓文君的芳心，于是卓文君和司马相如私奔。卓文君的父亲卓王孙，是四川当地有名的富家翁，司马相如当时只是没钱没地位的书生。古代婚姻讲究门当户对，所以卓王孙坚决反对这门亲事，也不给女儿一分钱，希望女儿可以心回意转。不料司马相如和卓文君故意在卓王孙居住的附近开了家酒铺，卓文君抛头露面当街卖酒，司马相如就穿着“犊鼻裈”这种大裤衩洗酒器。这可让素来爱面子的卓王孙丢尽了脸面，为了保留面子，卓王孙只好给司马相如这个女婿一大笔钱，不让他们再辛苦卖酒了。

到了唐宋时候，没有裆只有两个裤筒的裤子又流行了起来。唐代男子服饰以袍衫为主，袍衫里面就穿着没有裆的裤子。妇女在外层的裙子里也穿裤子，只是裤管有明显的收敛。

宋代以后流行膝裤，之所以叫“膝裤”，是因为穿着时外面的袍子垂至膝盖附近，正好露出里面的裤子。这种膝裤也是一种只有两个裤筒的裤子。

到了清朝，男士又崇尚起一种宽松式的套裤，裤管粗大。有一首诗就曾说到这种裤子：“英雄盖世古来稀，那像如今套裤肥？举鼎拔山何足论，居然粗腿有三围。”戏谑当时的裤管肥大。

古代儿童为什么要戴虎头帽、穿碎布缝成的衣服?

古代汉族父母给孩子做的虎头帽、狗头帽和虎头鞋，可以算作古代有代表性的儿童服饰。老虎是百兽之王，父母们也希望自己的孩子能像老虎一样身体强健，不生病。所以老虎的形象在古代儿童服饰中较为常见。一般来说，古代儿童的虎头帽有大而圆的眼睛，额头上还会绣一个“王”字，色彩以红、黄、黑三色为主，另用线拉出几条胡须，看上去虎虎生威。此外，人们还将童鞋做成虎头样。古代小孩子戴狗头帽，现在人可能不太容易理解，其实原因很简单，古代的医学没有现在这么发达，小孩子经常因生病而夭折，因此父母希望孩子像小狗一样好养活。狗头帽很有特点，帽子被做成狗头形状，高高支起的耳朵，两只乌黑有神的大眼睛，显得既机敏又威风。

清代银质蝴蝶形长命锁。可挂于胸前，下摆银叶子上刻有文字。

明清时期，还流行把“长命锁”或“寄名锁”挂在小孩子的脖子上，父母希望这种锁能够“锁”住孩子的生命，消除灾祸。因此很多小孩子从一出生起就挂上这种饰物，一直挂到成年。《红楼梦》里贾宝玉身上戴的就是寄名锁。

古代小孩子还有一种特制的衣服叫百家衣，这是小孩子出生后，父母向亲戚朋友讨取碎布片缝制而成的。寓意获得大家的福气，孩子能够健康成长。另外，也有些地方认为，穿百家衣的孩子不娇贵，疾病就不会缠身。

肚兜也是古代小孩子经常穿的服饰之一。肚兜上常常绣着各种吉祥如意的图案或者五毒的图案，五毒一般指蛇、蝎、蜘蛛、壁虎、蛤蟆等。它们都是有毒的动物，小孩子易受其害，所以父母希望通过绣制带有五毒图案的肚兜，来镇压五毒，防止它们伤害小孩子。夏天小孩子们有时只穿一件肚兜，凉爽又可爱。

古代曾流行“戴高帽”？他们的“高帽”有什么样的款式？

古人的服饰一般分为冠、衣、裳、履四个部分。冠就是帽子，履就是鞋子。帽子在中国有很悠久的历史，帽子最早叫“头衣”，即头部的衣服，到了秦汉的时候，还没有“帽”这个称呼。头衣可以分为冠、弁（biàn）、冕等几类。贵族所戴的帽子叫“冠”，男子二十岁成年之后才能戴冠，叫作“行冠礼”，即成人礼，意味着男孩子要开始承担责任了。冕是大夫以上的贵族参加典礼时所用的礼帽。弁是皮革或布做的帽子，是次于冕的礼服服饰。

古代的不同时期，确曾出现过戴高帽的装扮。战国时期楚国的大诗人屈原就喜欢戴高帽子。他在《涉江》里面说：“余幼好此奇服兮，年既老而不衰。带长铗之陆离兮，冠切云之崔嵬。”意思是说，我年幼的时候就喜欢奇特的服装啊，年纪大了也热情不减。佩戴着光闪奇丽的长剑啊，头戴着高耸入云的切云帽。

甘肃瓜州榆林窟元代壁画中一对上香祈福的蒙古男女贵族。居右女子的头饰即为顾姑冠。

元朝的蒙古妇女也流行戴高帽子，人们把这种高帽子叫作“顾姑冠”。这种冠高三四尺，而且帽子的高度还和戴的人身份有关，由于这种冠太高，妇女出入营帐时只能把头低下，很不方便。

到了明朝中期，戴高帽子的习惯又一次流行了起来。有一位尚书，他“纱帽作高顶，靴着高底，舆用高杠，人呼为‘三高先生’”。意思是这个尚书喜欢把乌纱帽做得很高，官靴的底子做得很厚，抬轿的木杠也做得很高，来显示自己的威仪。

我们现在通常把说让人高兴的话叫“戴高帽”，关于此还有一个笑话：有个京官要到外地去任职，走之前去和他的老师告别。他的老师告诫他说：“外地的官不容易当，最好谨慎些。”那人说：“我准备了高帽一百顶，见到一人就送他一顶，这样应该不会和别人发生冲突了。”老师听后很生气地说：“我们应以正直的原则与人交往，为什么要这样做呢？”那人说：“天下像您这样不喜欢戴高帽的人，能有几个呢？”老师听后点了点头："你说的话还是有几分道理的。"那个人出来后对别人说："我原来一共有一百顶高帽子，现在只剩下九十九顶了。"可见，这学生不经意间就给老师送了顶"高帽子"。所以当别人夸赞我们的时候，我们一定要对自己有清醒的认识，不要被别人戴了"高帽子"。

"羽扇纶巾"的装束为什么受到诸葛亮、周瑜的青睐？

冠、乌纱帽等在古代主要是贵族戴的帽子，普通百姓则以佩戴头巾为主。

在魏晋以前，普通的士兵用青巾裹头。因此士兵常被称为"苍头"，苍是青色的意思。到了魏晋南北朝，"苍头"又用来称呼下人，也就是戴青色头巾的仆役。头巾也有其他颜色，比如西汉末年的红巾军起义，顾名思义，就是一群戴着红色头巾的人起来造反。这种头巾，贵族是不屑于戴的。但到了汉朝末年，出现了一个奇特的现象，就是当时的贵族士人在很多场合不再按儒家的礼制戴冠，而是改为佩戴头巾。三国时代，这种装束就发展成了当时时尚的装束。那时候的人奉行"身体发肤，受之父母，不敢毁伤"的原则，就是我们的身躯、四肢、头发和肌肤，都是父母赐予的，不能对这些有所毁坏伤害，因此当时的人是不理发的。人们用头巾包裹头发，头巾的飘带下垂，显得十分潇洒飘逸，成为一时的时尚潮流，这就是所谓的纶（guān）巾。东晋裴启《语林》记载，三国时期，蜀国的丞相诸葛亮与魏国的司马懿指挥军队在渭水边大战，司马懿全身盔甲套得严严实实，神情严肃，站在高处观察对岸诸葛亮的军阵。他发现诸葛亮坐在车子上，佩戴着粗布做的头巾，手里拿着白色羽毛做的扇子，神态自若地指挥，军队都严格按照他的号令排兵布阵，井井有条。司马懿看到后不禁感叹说："唉，我不如诸葛亮啊，诸葛亮真可以算得上是名士啊！"因为诸葛亮的名气大，派头足，后人又把纶巾称为"诸葛巾"。苏轼《念奴娇·赤壁怀古》中描写周瑜："羽扇纶巾，谈笑间，樯橹灰飞烟灭。"和诸葛亮的打扮一样，周瑜也是"羽扇纶巾"。可见，戴头巾、握羽扇是当时士人的普遍装束。

“不借”在古代是一种鞋子的别名，猜一猜这是哪种鞋？

“不借”实际上指的是草鞋。草鞋的材料来源多样，有的用韧性较强的野生植物茎秆，也有的使用稻草或者麦秸、玉米秸。因为这种鞋方便易做，价格便宜，普通百姓都可能拥有，所以不用向别人借穿，人们便戏称草鞋为“不借”。草鞋是中国老百姓自古以来的劳动用鞋，当然，也有皇帝穿草鞋的记载，汉文帝刘恒就曾经穿着“不借”上朝，来表示自己的节俭爱民，被传为佳话。

草鞋在古代也叫躧（xǐ），因为脱掉草鞋很方便，所以古人常常用“脱躧”来表示做事情很容易。

我们熟知的三国故事里面，蜀国的建立者刘备，相传在少年时，因为家境败落，就是以编草鞋和卖草鞋为生的。可见做草鞋也是一门手艺活。

冬季下雪天如果遇上结冰的路面，古人还给草鞋套上铁制的脚码子，也就是脚钉，有点类似今天田径运动员穿的钉鞋，走起路来也会比较稳当了。

除草鞋之外，人们常穿的是麻、葛等材料做的单底的鞋，在宋代之前，人们把这种单鞋称作屦（jù）或履（lǚ）。宋代之后，人们才用“鞋”字作为鞋类的通称。

大诗人发明登山鞋？据说这种鞋还传到了国外。

晋代的大诗人谢灵运出生在一个显赫的家庭，祖辈和父辈都曾做过大官，因此家产丰足。谢灵运喜欢游山玩水，用现在的话来说，是一个野外登山爱好者。他总是到那些偏僻险峻的地方去游玩，也写下了很多优美的诗句。据说谢灵运因为外出游历的需要，还发明了一种登山时穿的特制木屐。

木屐是一种木头做的鞋子，古代的木屐一般为两齿木屐，即在木制鞋底下安装两个木齿，鞋底钻小孔，方便穿缠绳带以固定脚面，绳带的材料有布帛、皮革或葛麻。古代也有平底木屐，无齿。考古学家在浙江宁波慈湖遗址发掘到了一双新石器时期的木屐，设计已趋于成熟。春秋时期，穿着木屐的记载更多了。到了西晋，男女所穿的木屐

在式样上已有所区别：男子所穿的木屐前端是方的，因此被称作方头屐；女式木屐前端做成圆弧形，被称为圆头屐。到了南北朝时期的梁朝，还风行一种高跟木屐，后齿比前齿高。当时的贵族男子脂粉气很足，喜欢穿这种高跟木屐，走起路来像女孩子一样曼妙，成为当时贵族青年的一股潮流。

谢灵运发明的木屐在鞋子下面再加了一个木底，前后都装有木齿。这样在上山时去掉前面的鞋齿，下山时去掉后面的鞋齿，就可以保持上下山时身体的平衡。这种木屐引起了当时很多人的仿效，后人便把这种便于登山的木屐叫作“谢公屐”。

唐朝以后，木屐逐渐从人们的生活中消失了。但是，现在的日本依然保留着穿木屐的习惯，这种风俗习惯就是从中国传过去的。

清代女子也爱穿高跟鞋，她们的“高跟”鞋和现代女孩的高跟鞋有什么不同？

观看清代宫廷电视剧的时候，宫廷女子脚上所穿的“高跟鞋”给我们留下了深刻的印象，其实这种鞋就是满族特有的绣花高底鞋。满族妇女的鞋子独具特色，鞋底一般是木底，鞋底中间脚心的部位凸出一块，凸出的部分用白布包裹，或者表面涂抹白粉装饰，因此这种木底也叫“粉底”，考究的粉底还会在四周镶嵌宝石等饰物。木底的形状通常有两种：一种是上宽下窄，像马蹄的形状；一种是上细下宽，如同花盆状，所以这两种绣花鞋也叫“马蹄底鞋”或者“花盆底鞋”。

这种鞋最高的有两寸，也就是大约6厘米高，真可以说是当时的“高跟鞋”了。关于这种鞋的起源，有很多种说法，其中一种说法是，满族的祖先最早生活在今天的黑龙江一带，有着“削木为履”的习惯。就是用削好的木头镶在鞋子底部做跟，将脚垫高，这样就可以在寒冷

马蹄底和花盆底旗鞋

的天气里隔绝地面的凉气，也可以使女性身材显得高挑，走路时形态优美，婀娜多姿。但是，这种鞋子的缺点是不方便行走，因此到了清朝中期，满族老年妇女和小女孩就改穿平底鞋了，即用木头制成厚底的平底鞋，这样行走起来就很平稳了。

据说慈禧也是这种花盆底、马蹄底鞋的爱好者，她喜欢穿8厘米左右的高底鞋。

在古代，为什么出席一些重要场合需要脱袜子？

古人也穿袜子，但袜子的材料、样式和今天的都不一样。古代的袜子有皮质的，也有布做的，皮质的袜子叫作角袜，丝织品做的叫作罗袜。在秦汉的时候，袜子还不叫现在这个名字，而是叫作足衣，意思是给脚穿的衣服。到了魏晋的时候，罗袜已经很流行了。曹操的儿子曹植所写的《洛神赋》中就有一句提到了罗袜："凌波微步，罗袜生尘。"意思是洛水女神微步走在水面上，踏起极细的水花，好像罗袜沾染了尘土一样。这句诗使得洛水女神高雅脱俗的形象跃然纸上。

在古代，有些重要场合是需要脱袜子的。反映春秋时期历史的《左传》就记载，有一次卫国的国君和大臣们喝酒，有一个叫褚师声子的人穿着袜子就坐在席上了，卫国国君因此很生气。后来褚师声子解释说："我的脚得了病，脱了袜子恐怕会让国君您作呕，所以不敢脱掉袜子。"可这一解释并没有得到卫侯的谅解，卫侯拿着戟要剁掉他的双脚，吓得褚师声子赶紧乘车逃跑到其他国家去了。原来按照当时的礼节，大臣见国君，一定要解开袜子光着脚才能登席，这样才表示对国君的尊重。

古代的袜子不像现在的袜子那样具有弹性，所以穿袜子需要用带子系上，否则走起路来袜子就会扭扭歪歪，十分不舒服。

也因为没有弹性，古代的袜子需要很好的剪裁。一双袜子，必须适合这个人的脚。而且古代的袜子都比较厚，长度也很长，一直到膝盖，很像现在足球队员穿的袜子。罗袜很费绸缎，普通人家是不舍得做的。百姓们或者不穿袜子，或者用麻布做袜。所以，在古代，"布袜"就成了平民的象征之一。

我们现在连接衣服用纽扣或拉链，古人用什么呢？

元朝以前古人多是借助皮质或是布质的腰带系在衣服外面来束身。布帛制成的带子，可以打个结来固定；但是皮质的带子又硬又厚，无法弯曲打扣，只能将带头制成钩状，称为带钩，也简称为钩，用来勾连衣服。钩一般用金属或者玉石制成，做成各种动物的图案，比如龙形、龟形。在秦汉的时候，就出现衣带钩了。

现代人做的蝴蝶盘扣。中式盘扣独具特色，装饰性强，富有吉祥寓意。上海漕河泾中式盘扣制作工艺被评为上海市非物质文化遗产，受到保护。

衣带钩虽小，却有大作用。春秋时期，齐襄公的两个弟弟公子小白和公子纠在齐国内乱后争夺王位，公子纠的心腹管仲为了杀死小白，向他射了一箭，但却射到了小白的衣带钩上，这让小白幸免于难，最终登上了王位。他就是以后称霸诸侯的齐桓公。

到了明朝时，类似现代纽扣的金属领扣使用已较为普遍，在当时高领女装的领子上会有这样的一两个领扣。这时期还出现了盘扣，也叫盘纽，盘扣是用布条盘成各种图案式样，用来扣连衣襟，因此也可以叫作盘花。到了清朝，盘扣被广泛地应用到了马褂、旗袍上面。盘扣的花式类型非常丰富，有动植物造型的梅花扣、菊花扣、金鱼扣等；有文字造型的吉字扣、寿字扣、囍字扣等；还有盘成几何图形的，如一字扣、波形扣、三角形扣等。盘花扣不仅有连接衣襟的功能，还可以装饰服装。它反映了中国古代服饰重内涵、注意细节的特点。盘扣还传到朝鲜、越南等地，可谓影响深远。

我们现在用电熨斗熨衣服，古人的衣服皱了怎么办？

电熨斗是我们常用的生活用品。它的功能是把皱了的衣服熨平，方便实用。其实古代也有熨斗，据说其最早历史可追溯至商代，原来是作为刑具而发明的，大约到了汉代，人们发现它可以熨平褶皱的衣物，于是使用范围越来越广。

汉魏时候的熨斗，主要是用青铜铸成的，有的熨斗上还刻有“熨斗直衣”的铭文，可见那时候的劳动人民就已懂得了熨斗的用途。熨斗外形如斗，因此在汉代被称为威斗，唐朝称金斗，宋代叫火斗，明朝称为焦斗。古代富贵人家的熨斗制作精美，用料贵重，往往雕刻繁复，手柄也很考究。汉朝到唐朝这段时间，人们将“斗”内放入热水，比较接近今天的熨斗。到了明清时期，人们为了提高熨斗的功效，改用木炭加热。

古人为了避免衣服褶皱，除了熨斗，还使用一种浆洗的方法。古人浆洗的具体方法是：先用皂角将脏衣服洗干净，然后用小火煮开米汤水或淘米水，放至温凉，再把衣服放入温浆水中，搅拌衣服让衣服吃透浆水，浸泡三五分钟，然后捞出用清水漂净，晾干。这样洗出的衣服穿在身上服贴笔挺，而不是皱巴巴地搭在身上。而且白色的衣服经过浆洗，会显得更加洁白。

农村人家门楣上经常贴“五谷丰登”的横批，五谷是哪五谷？

五谷是古代五种粮食的统称，一般来说，五谷指的是稻、黍（shǔ）、稷（jì）、麦、菽（shū）。稻不用说，指大米，是我们现在的主食之一。大米有质地细嫩、甘香可口的特点，但在古代，因为种植产量不高，春秋时期的孔子，还把吃米饭和穿锦缎看成同等级的高级消费。黍指黄米，我们现在食用得很少。黍黏性很大，可以用来包粽子或者煮粥喝，也可以用来酿酒。稷又称为粟，是一种耐旱植物。稷的品种繁多，有“粟有五彩”的说法。古代早期的酒也有用稷酿造的。古人记载说稷米粒大而肥美，曾被称为“五谷之首”，古时在祭祀活动中常作为五谷祭品的代表，可见它的重要性。但由于稷产量不高，现在已经不作为我们的主食了。麦子也是现在的主食来源之一，周代就出现了小麦种植。春秋时期，麦子在中原已经成为主要作物，《诗经》里面就有收麦子的劳动场面的描写。麦子可以磨成面粉，做成各种面食。菽其实就是豆子，先秦时期，菽主要以煮食为主，也可以磨碎和其他谷类一起食用，这样的食物被称为“半菽之饭”。

我们常说“五味俱全”，古人做饭是怎样调味的？

调味的最初目的，其实是去除饮食材料中的异味，比如苦味、腥味等。到了后来，人们更加追求的是食物的美味，这一需求促进了调味品的不断发展和变化。

酱在中国古代烹饪中占有重要地位，古人认为酱在菜肴中的作用和将军在军队中的地位差不多。可见酱的重要性。

酸味主要是由醋来提供的。醋也叫“苦酒”，传说造酒的老祖师杜康发明了酒以后，他的儿子黑塔也跟着父亲，学会了酿酒的工艺。有一次，黑塔酿酒后觉得酒糟扔掉太可惜，于是就存放起来，在缸里浸泡。过了一段时间，黑塔打开缸，一股香气扑鼻而来，尝一尝还有酸甜的味道，于是醋就这么产生了。醋开始时叫作醯（xī）或者酢（cù），制醋大约从周代开始，周朝的皇帝还特地任命“醯人”这种官员，来负责酿醋和腌菜。当时的醋，还只是供贵族享用的珍贵调味品。汉代以后，醋的生产与应用才逐渐推广到寻常百姓家，成为我国最主要的酸味调料。到南北朝时期，我国的酿醋技术已十分发达，据《齐民要术》记载，当时已经能酿造出二十多种醋来。

辣椒是辣味的主要来源，但辣椒一直到了明朝才从南美洲一带传入中国。在此之前，古人调和辛辣味主要靠葱、姜、蒜、花椒、桂皮、芥子等天然调料，而辣椒一经传入，就迅速成为明朝人饮食的主要调味料。

咸味的来源是食盐。按照产地，食盐分为海盐、井盐、碱盐、池盐等。海盐用海水煮晒而成，井盐取咸味井水煎炼而成，碱盐是刮取碱土煎炼而成，池盐是取咸水湖泊之水风干而成。著名的咸水湖泊青海湖，就是池盐的重要产地。

甜味的主要来源是砂糖，砂糖是用甘蔗或甜菜熬制而成的。虽然早在战国时期，中国已经开始种植甘蔗，熬制“柘（zhè，即蔗）浆”当作饮料，但作为调味料的砂糖的加工技术，一直到唐代初年，由于唐太宗的关注，才从印度地区引入中原，中国才第一次用砂糖来增加食物的甜味。此前，为了提高食物的甜度，古人主要选用大自然中含糖较高的果类，比如枣、柿子等。当然，更主要的还是蜂蜜和饴糖。蜂蜜最初采自野蜂，到了秦汉时期，人们已经成熟地掌握了驯养家蜂的方法。饴糖即麦芽糖，麦芽糖是从发芽的麦子中发酵提炼而成的。

除此之外，人们还使用其他天然调味品，如苓（líng）、芗（xiāng）、桂皮、茱萸、韭、薤（xiè）等。苓也被称为甘草，芗就是紫苏草，薤就是小蒜。这其中最特别的还是韭菜，现在人都把韭菜当菜来食用，但在古代一直到魏晋时期，韭菜都是调味品。

“久在山西住，哪能不吃醋”，为什么山西人对醋情有独钟？

在过去，山西的农村有着“家家有醋缸，人人当醋匠”的景观。在每个乡野人家的庭院里，常常放一口麻纸闷着的大缸。夏日去山西农家，还能看到人们在烈日之下用“老醯儿”（相当于做醋的催化剂）来晒醋，因为做醋要跟着太阳，所以得不停地搬缸，这就是“夏伏晒”。而到了冬日则需要“冬捞冰”，也就是将醋放在寒冷的地方，使醋结冰。这样经过酷暑严寒的醋，才能醇香凛冽。

醋是越陈越好，正如酒一样，一年，五年，十年，三十年，不过，至少得五年以上才算是好醋。全国四大名醋山西老陈醋、四川保宁醋、镇江香醋和福建永春老醋，位于首位的正是山西老陈醋。山西老陈醋在历史上还形成了多种品牌，如美和居、宁化府、东湖等。美和居创办于1368年，酿出的醋呈酱红色，醋味经久不散，被称为“华夏第一醋”。而宁化府本是宁化王的府邸名字，宁化王是明代晋王的儿子，因为晋王特别喜爱食醋，所以宁化王开办益源庆醋坊，请最好的酿醋师多次实验，才试验出最好的老陈醋，而宁化府陈醋也成了山西著名的醋品牌。

山西人食醋、做醋、爱醋，因此形成了自身特有的醋文化，他们有自己的醋姑姑。每到醋坊封缸日，人们都要举行庄重的祭祀仪式，祭拜醋姑姑，希望醋姑姑能保证醋顺利酿成。每年七月初一和正月初一为祭祀醋姑姑的节日。醋姑姑是醋行业的祖师爷，据说她是帝尧时代，汾城南关部落首领的妻子，特别擅长熬小米饭。有一年夏天，小米饭熬多了大家吃不完，她就把饭储存了起来，等到第二天吃的时候，米饭里已经有了一股酸味，但人们为了不浪费粮食，还是端出来吃了。小米饭一吃进口，人们感觉到嘴巴里有一股浓浓的酸香味，并为这种酸味惊奇，纷纷要求再喝一口酸水。这就是最原始的醋，这位首领妻子也因此被山西人认为是醋的发明者，人们亲切地把她称为醋姑姑。甚至慢慢地醋姑姑脱离了单纯醋行业的祖师爷，在明清时期，遍布各地的山西会馆里除了供奉关公牌位外，还会供奉着“醋姑姑”的神位，她也成了山西形象的代表。

古代小朋友有糖果吃吗？

在汉代，岭南地区的人们会制造“石蜜”，汉代杨孚《异物志》记载，人们榨出甘蔗汁，把它叫作糖，又用火煮，加以曝晒，甘蔗汁就慢慢凝结成冰一样的固体，把它切成块，吃进嘴里，入口即化，当时人将它称作石蜜。

这种石蜜可以看成今天糖果的原型，但流传范围不广，而且口味单一。到了魏晋时，出现了饴糖，也叫琥珀饧（xíng），饧就是糖。琥珀饧是用浓稠的糖汁做成的小块固体糖块，东汉马皇后说的“含饴（yí）弄孙”，就是含着饴糖，逗弄孙子，这确实是一件很甜蜜的事情。

到了唐代，洛阳市场上开始出现制作“高级糖果”的作坊，作坊出售一种用砂糖、香苏（一种香料）和牛乳煎炼的乳糖。因为制糖人叫李环，所以人们将这种乳糖称为“李环饧”。这个作坊开张几天，就轰动了整个洛阳城，大家纷纷购买品尝。

明代制糖技术有了更大的进步。据记载，万历年间，人们就能用白砂糖、橙橘皮和薄荷等制成“缠糖”，用白砂糖、牛乳、酥、酪等制成“乳糖”，以及用冰糖和奶酪制成“带骨鲍螺”糖。江南地区还创制了淀粉果味软糖，深受人们喜爱，比如苏州的山楂丁、山楂糕，南京山楂糖等。苏州软糖已经有四百年的历史，至今依然流行。当时的糖还会包裹松子，制成“软松糖”，或者加上核桃仁，做成“软桃糖”，可见明朝的糖果种类已经很丰富了。

到了清朝，糖果的种类更是繁多，比如芝麻糖、牛皮糖、葱糖等。当时的集市上还出现了可以将热糖浆吹成各种鸟兽人物的职业吹糖人。这时候的广东地区，用糖果招待客人已经成为习惯。

“喝茶”在古代也叫“吃茶”，古人真的把茶叶吃掉了吗？

我们现在都说喝茶，古人将喝茶称为吃茶。“吃”就是“喝”的意思，现在的一些方言中仍有这样的用法，例如吃酒，就是喝酒的意思。

古人除了喝茶，还会用茶叶或者茶汁做菜。做菜的习惯至今在中国的一些地方还有所保留，比如龙井虾仁、龙井鸡丝、龙井鲍鱼、碧螺鱼片、碧螺炒蛋、樟茶鸭、毛峰熏鲥鱼等，另外，还有我们熟知的五香茶叶蛋。

茶叶完全成为饮料，是到了三国后期。东吴最后一个皇帝孙皓宴请群臣时，规定饮酒要喝七升左右。有一个受皇帝宠幸的大臣，因为酒量浅，于是皇帝悄悄地赐给他茶水当酒喝，这才避免了醉酒的尴尬。到两晋时期，饮茶更加流行。客人来家里做客，主人一定有献茶一项，来表示对客人的尊重。东晋有个将军很喜欢饮茶，每次一定要喝一斛（hú）二斗（一斛等于十斗），否则就觉得全身不舒服。

在《红楼梦》第三回中，林黛玉初进贾府，贾母留黛玉一起吃饭。“饭毕，各有丫鬟用小茶盘捧上茶来。当日林家教女以惜福养身，云饭后务待饭粒咽尽，过一时再吃茶，方不伤脾胃。”饭后立即喝茶好不好？其实，说饭后不能立即喝茶是不建议喝浓茶，茶中的成分会使一些蛋白质凝固，可能会影响吸收。但实际上，只要不是大量地喝两升多的水以至于冲淡胃液，不用太介意饭后立即喝茶。

中国的茶文化历史悠久。西汉时已经有饮茶和茶叶交易活动。魏晋时期，士人以茶代酒，来表现自己的清廉，有“以茶养廉”的说法。到了唐代，茶已经和普通食物等同，是日长必备品，《旧唐书》就记载：“茶为食物，无异米盐。”陆羽的《茶经》成为这个时期茶文化的集大成著作。宋元时期，斗茶盛行，品评茶艺，成为一时风尚。明清以后，茶树种植、茶叶制作技术日益精细化。如今，茶艺已经带有艺术色彩，是一种精神享受，相信这也是最早饮茶的先民始料未及的。

古人常喝的“熟水”是什么水？为什么具有保健功能？

古代的饮料除了解渴以外，还有保健、调养身体的作用，当时人将这种饮料称为“熟水”。

用紫苏叶子熬制而成的熟水，不仅芬芳怡人，还有消痰、润肺、发汗的作用。

苏东坡喜欢的是麦冬熟水，在他写给友人钱世明的书信中记录了这种熟水的配方，是用人参、麦冬和茯苓煮成，有清凉降火去燥的功效。

宋代著名词人李清照青睐的是豆蔻熟水。白豆蔻是一种外形像芭蕉的草本植物的果实。李清照从小体弱，一场病后，她开始用“豆蔻连梢煎熟水”，有解渴抗暑的作用。豆蔻熟水的制作方法，据《事林广记》记载，就是将白豆蔻壳洗干净，投进煮沸的汤瓶里面，密封几个时辰，就可以饮用了。

到了明代，熟水有了进一步的发展，比如李清照喜爱的豆蔻熟水，在此时已经发展成由白豆蔻、甘草、石菖蒲三种草本植物煎制而成。对祛除体内湿气、调理肠胃很有效果。

清代的熟水种类就更多了。我们翻阅清代宫廷医药档案就可以发现，慈禧和光绪的诊病处方中，御医常用甘菊、霜叶、鲜芦根、橘红、炒枳（zhǐ）壳来熬煮熟水，以起到身体保健的作用。

古人不仅使用各种熟水来保健止渴，早在战国时期，中国人已经懂得饮用果汁养生了。古人为了解暑，在冬季把冰雪储藏起来，到了夏天，再取出来用于降温或冰镇水果和饮品。

到了宋代，人们在夏天打开冰库，将储藏的冰凿取一些，放入果汁里，做成冷饮。类似冰激凌的食品，在宋朝也已出现，那时候称之为“冰酪”或者“冰酥”。

古人能“千杯不醉”，是因为古人的酒量比现代人的大吗？

所谓的“千杯不醉”，是虚指，指喝很多杯也不醉。这是因为在宋代以前，古人喝的大多是甜酒。甜酒酒精含量不高，味道偏甜，是宋代以前人们的主要饮用酒。这就是为什么现代人喝几杯酒就容易醉，而古人“千杯不醉”的原因了。因此，古人的酒量未必有现在的人大。

比如商周时期的甲骨文中，就出现了“鬯（chàng）”字，鬯就是一种香草甜酒，是用黍米加郁金香酿造成的；再如春秋战国时期的醴，是带有饮料性质的甜酒。唐代人饮用的主要还是甜酒。白居易就曾写诗说韩愈“近来韩阁老，疏我我心知。户大嫌甜酒，才高笑小诗”。“户大”是酒量大的意思，这首诗大意是最近韩阁老您疏远我，我心里知道。这是因为您酒量大，嫌我招待的甜酒不过瘾；才气又高，笑话我写的小诗。从这首诗我们也可以知道，唐代的酒度数不高。

白酒是宋元以后才逐渐流行起来的，其学名叫蒸馏酒，又因为白酒可以点燃，所以也叫烧酒。明代李时珍《本草纲目》记载了白酒酿造法：人们将浓酒和酒糟放入蒸馏容器里面，容器下面加热后，水汽蒸腾上升，遇冷后，就会凝结成水珠，水珠汇集起来就是白酒。并说白酒“其清如水，味极浓烈”，意思是说白酒清澈如水，味道又非常浓烈。

因此，“千杯不醉”这种说法，只适用于宋元以前的甜酒。宋元以后，白酒发明，酒精度数越来越高，几杯下肚，一些人就已经有醺醉晕眩的感觉，何况是千杯呢！

“抄手”和“云吞”是同一种食物吗？

不同地方的人对馄饨的叫法各不相同，馄饨有不少有趣的称呼。

在广东，馄饨被称为“云吞”，取的是馄饨的谐音。是广东有著名的小吃云吞面，就是将云吞和龙须面一起煮制，再加入食盐、生抽、胡椒粉和香油调味做成的。在香港，有的店家还会把云吞用油炸过，称为炸云吞，也受到广大顾客的青睐。

四川人称馄饨为“抄手”，最著名的抄手是成都的“龙抄手”。1941年，龙抄手的创制人张光武在成都悦来场开办饭馆，龙抄手成为该店的招牌菜。取名“龙”字，是因为张光武在筹建该店时，曾在浓花茶园商议，因此借用了其中“浓”字的谐音，因为四川人n、l不分，“浓”字发得像“龙”字，所以后来被传成了龙抄手。龙抄手的馄饨皮极薄，呈半透明状，一经推出便大受欢迎。四川人爱吃辣，“红油抄手”是他们的又一发明，就是将鲜肉馄饨搭配辣椒油食用。就连外地人吃了，虽然觉得辣也大呼过瘾。

福建、台湾一带称馄饨为“扁食”或者“扁肉”，这种馄饨的肉馅，一般是用槌子反复捶打而成，这样包出的馄饨，嚼起来很筋道。湖北人称馄饨为“饺子”或者“包面”。

先秦时期人们就喝“羹”，“羹”是一种什么食物？

在先秦时期，羹（gēng）就出现了，它主要是用肉或者菜煮成的浓汤。汉代的《说文解字》说五种味道调和的是羹，因此做羹的时候，要加上梅、盐、酱、醋等各种调料来炖煮。从周朝到汉朝，羹都是主食，吃饭时，羹总是摆在最靠近食者的地方。

羹的种类很多，如肉羹就可以分为牛羹、羊羹、兔羹、雉羹、鱼羹等。汉代张骞出使西域后，从西域带回了胡羹。这种羹是以羊骨、羊肉为主料加水煮成，再用葱头、香菜、石榴汁调味，胡羹已经很像今天的羊肉汤了。

在先秦时，只有贵族才能经常吃肉，因此，对于一般穷苦百姓或落难者而言，做羹只能放素菜。藜（lí）羹就是一种用藜菜做的素羹饭，《吕氏春秋》记载，孔子和弟子们在陈国和蔡国之间的地方遇到了困难，连续七天都没吃上米饭，连藜菜做的羹都没有，可见这时候有多窘迫了。孔子后来被尊奉为“圣人”，他的这次经历也被后人效仿，有些文人的诗文里常出现“藜羹”，以此标榜自己的清高雅洁。

真正贵族喝的羹是很讲究的，比如唐代冯贽的《云仙杂记》记载，唐代著名宰相李德裕“奢侈，每食一杯羹，其费约钱三万”，意思是李德裕很奢侈，他一次吃的羹价值就要差不多三万钱。

豆腐是古人在炼丹的时候发明的？这是怎么回事？

俗话说得好，“若要人长寿，多吃豆腐少吃肉”，也有人说“白菜豆腐保平安”。豆腐本身是高蛋白食品，而且不含胆固醇，有降血压、血脂的功效，非常益于人体健康。

传说豆腐和炼丹有关系。汉代的淮南王刘安是汉高祖刘邦的孙子。相传，刘安喜欢道术，总是梦想长生不老，所以不惜重金招来会炼丹的术士，在八公山炼丹，但总是不成功。一次他的手下献了个方子，建议用八公山的“珍珠”“大泉”“马跑”三种泉水为引子，磨制豆汁，然后放入盐卤（lǔ）炼丹。刘安于是依照此法而行，可还是未能炼成，但豆汁和卤却起了化学变化，变成了白白嫩嫩的东西，尝起来也十分美味，这就是世界上最早的豆腐。刘安也无意间成了做豆腐的发明者。

豆腐产生后，各地依照自己的口味，衍生出不同花样的豆腐制品，比如川菜中著名的麻婆豆腐，北京的王致和臭豆腐，广西的桂林白腐乳等。豆腐还流传到了海外，现在日本的豆制品就很有名气，其工艺就是唐朝的鉴真和尚东渡日本时带过去的。因为豆腐是淮南王刘安的发明，至今有些日本豆腐的包装上还印有“淮南堂”字样，以示正宗。

满汉全席真的有一百零八道菜，还要连续吃三天吗？

其实所谓宫廷满汉全席是不存在的。这个名字的出现，只是酒楼饭店为了招徕客人而杜撰出来的。清朝只分满席和汉席，是两种不同民族风格的菜系。满族有自己民族的饮食特色，据记录满族历史的《满文老档》记载，当时的贝勒们设宴时，都是席地而坐，吃的一般都是火锅炖肉，肉类一般来自马、牛、羊等大型牲畜和打猎得来的野兽。皇帝的国宴也是这样，大家围在一起，用刀子割肉吃，很有氛围。另外，当时的满族贵族也喜欢海参等水产品和各类干鲜果。清兵入关后，也把这种饮食习惯带到了中原。他们一方面很喜欢中原地区博大精深的饮食文化，一方面又保留了祖制。康熙皇帝不忍心每次宴会都杀很多牲畜，下令分别设置汉席和满席两种不同风格的菜系。

于是外省的官员也开始跟风效仿，当时人记载这种酒席叫作“满、汉席”，实际上还是满席、汉席两种酒席，但由于古书没有标点，大家都称之为“满汉席”，以为是两种菜系的融合。当时江南地区的酒楼为了吸引顾客，宣传自家的“满汉席”是宫廷正宗，又因为讲究排场，“满汉全席”的说法就流行开来了。

为什么中国人吃饭喜欢有“四菜一汤”？

据说四菜一汤的标准起源于朱元璋。相传，朱元璋刚登基没多久，由于多年战乱和天灾，百姓生活艰难，但达官贵人们的生活仍然奢侈，整日花天酒地。朱元璋本是农民出身，对于这种浪费行为十分不满，于是他和马皇后商量了一个办法。

在马皇后生日那天，朱元璋大宴群臣，满朝文武都准备了十分贵重的礼物来祝寿。大家本来还期待着吃皇宫的美味佳肴，可是菜端上桌，第一道菜居然是烧萝卜，大家面面相觑。朱元璋夹起一块萝卜，说：“萝卜是好东西，萝卜上了街，药店无买卖。愿众卿上街后，百姓喜笑颜开。”大家看皇帝都已动筷子，也陆续拿起筷子，吃起了平常根本不屑一顾的萝卜。第二道菜上来了，是炒韭菜，朱元璋说：“韭菜青又青，长治久安定人心。愿国家在众卿管理之下长治久安。”第三道菜和第四道菜上来了，是两碗青菜。朱元璋说：“两碗青菜一样香，两袖清风好丞相。愿众卿像青菜一样两袖清风。”最后上的是一大碗小葱豆腐汤，朱元璋说：“小葱豆腐青又白，公正廉洁如日月。愿众卿像小葱豆腐一样清清白白。”众大臣都纷纷称是。后来，巷子里流传开了这样的民谣：“皇帝请客四菜一汤，萝卜韭菜长治久安。小葱豆腐一青二白，太祖廉政百姓喜欢。”而四菜一汤的点菜规制也因此成了官员招待宴请的风尚。

据《清稗类钞·饮食类》记载，清代中晚期宴客标准即为“四菜一汤”。四菜是荤素各半，汤为荤素混合。一般情况下，二荤多为粉蒸鸡和炖鲫鱼，或炒肉片和炒鸡蛋，二素常是炒豇豆和粉丝豆芽。汤则是以冬瓜为主的火腿冬瓜汤或鸡丝冬瓜汤。主食一般为馒头、花卷，没有米饭，并且饭桌上备有公碗公筷公匙，作为取菜、汤之用。

川系名菜“鱼香肉丝”中为什么没有鱼?

川菜种类齐全，味道多变。鱼香肉丝则是川菜多味的代表，它的选料讲究，猪肉丝要求肥三瘦七，搭配冬笋丝、胡萝卜、黑木耳和泡辣椒末，加上各种调味料炒制而成。这道菜肉丝软嫩，可以吃出咸甜酸辣四种味道，肉丝和白色的笋丝、黑色的木耳相搭配，色泽亮丽，深得大家的喜爱。可是，这道菜说是“鱼香”，却没有鱼肉，这是为什么呢?

相传很久以前，在四川有户人家，丈夫常出远门做生意。他们家里人都很喜欢吃鱼，而且讲究调味，在烧鱼的时候一般会放些提鲜增味的配料：葱、姜、蒜、酒、醋、酱油等。有一天晚上，家中的女主人在炒菜时，为了节省，便把上次烧鱼时用剩的配料都放了进去。她以为这道菜会不太好吃，丈夫回来后不好交代，就犹豫要不要给丈夫重做一道菜。就在这时，丈夫做完买卖回家了，而且很快就把这道菜吃光了，还问了句：“怎么这么好吃，是用什么做的?”老婆这才把具体的过程给他讲了一遍。这道菜用原本烧鱼的配料来炒制其他菜肴，所以味道鲜美，取名为鱼香炒，就是现在的鱼香肉丝。传统鱼香肉丝的做法也并不像现在这样是肥三瘦七，而是全部都放瘦肉，只用葱头爆炒。后来，一些菜馆为了降低成本，就在鱼香肉丝里放入了青笋丝、木耳丝、冬笋丝等辅菜，使得这道菜菜式稳定，逐渐成为主流。现在，即使在四川本地，也很难吃到传统味型的鱼香肉丝了。当然，这种改良依然保留了鱼香肉丝的传统风味，“鱼香”系列菜也在中国慢慢流行起来，比如鱼香猪肝、鱼香茄子和鱼香三丝等，这些菜，也都是没有鱼肉的。

一道海鲜和家禽炖在一起的菜为什么起名叫“佛跳墙”?

传说这道菜创始于清朝。同治末年，福州钱庄一位官员很想结交权贵，于是设家宴宴请福建当地的主政官周莲。这位钱庄官员的夫人是绍兴人，为表示隆重，她亲自操刀，烹饪了一道大菜，名叫“福寿全”，将当地特产的海产与家禽，一并放入绍兴酒

坛内煨制而成。周莲品尝后很是满意，回去之后仍然念念不忘这道菜的美味，好几天都吃不下饭，命令自家的厨师郑春发依样仿制，于是郑春发登门求教这位夫人。他学到这门技术后，利用福建多海产的特色，加大海产的比例，少用家禽，使得这道菜带有了海鲜风味。后来郑春发开办了聚春园菜馆，继续改良这道菜，使之广获赞誉。福寿全也就成为这家菜馆的主打菜。有一天，几名秀才到菜馆聚会，店小二捧出一坛菜肴到秀才桌前，坛盖揭开，香气四溢，这几位秀才品尝后很是满意，其中一位秀才当即赋诗一首，其中一句写道：“坛启荤香飘四邻，佛闻弃禅跳墙来。”意思是坛子一打开，菜肴的荤香味道立刻就传到了四邻街坊那里，恐怕佛闻到了这股香味，也要跳出寺庙墙头，来品尝这道菜了。从此，便有人戏称这道菜为佛跳墙。又因为福州话福寿全与佛跳墙的发音有些类似，人们就逐渐用佛跳墙这一戏谑的名字来表达对这道菜的赞美了。

云南小吃“过桥米线”和桥有关系吗？

过桥米线源于云南蒙自市，历经一百多年，成为云南地区最具特色的风味小吃之一。这道菜也是在无意中发明的。传说蒙自市有个南湖，湖中有个小岛，一座小桥与岛相接，岛上风景优美，文人常在此读书。有位杨秀才也经常来这里读书，而且一读就是一天，他的妻子便天天通过小桥来送午饭。秀才读书十分刻苦，有时会忘记吃妻子送过来的饭食，有时饭凉了才想起来吃。结果身体每况愈下，学业自然也受到影响。妻子看在眼里，疼在心上，便把家中的母鸡杀了，用砂锅炖熟，想给丈夫补补身体。待她去送第二顿饭时，发现送去的食物原封未动，便打算将饭菜拿回去重新热一下。当她捧起砂锅时，却发现砂锅还热乎乎的，揭开盖子一看，原来是汤表面的一层厚厚的鸡油，起到了保温作用。受此启发，妻子便经常做这种油很多的热汤来保温，等到吃的时候再把米线、蔬菜、肉片等放在热鸡汤中烫熟，这样什么时候吃都是热的，秀才的身体也逐渐恢复。因为食法方便，烹调出来的米线鲜美可口，邻居们都纷纷仿效。由于秀才的妻子每次从家到岛上送饭都要经过一座小桥，大家就把这种米线称为过桥米线。

过桥米线的做法讲究，必须用大骨、壮母鸡、老鸭和云南宣威火腿为主料，还要放猪里脊肉片、鸡脯肉片、乌鱼片，以及猪腰片、肚头片、鱿鱼片等，经过几个小时的熬煮，制成香味浓郁的高汤。然后把过了开水的米线放入汤中，加入豌豆尖、韭菜、香菜、葱丝、姜丝、玉兰片、豆腐皮等辅料，用汤油封面保温。这样的汤汁滚烫，油面却不冒热气，因此吃的时候，一定要先把油面撇开，稍微凉一些再吃。

你知道用中国古代四大美女来命名的菜肴是哪四道吗？

中国古代的四大美女，她们是西施、貂蝉、王昭君、杨玉环。因为四大美女还产生了四种菜肴，这四种菜分别是昭君鸭、西施舌、贵妃鸡和貂蝉豆腐。

昭君鸭的来历传说和昭君有关。出生在楚地的王昭君，为了边境的和平远嫁匈奴和亲，但出塞后不习惯少数民族饮食，于是厨师就特别为她熬制了老鸭汤，并加入粉条和油面筋，昭君吃后感觉很合胃口。为了纪念昭君，人们便将这道菜命名为“昭君鸭”。

西施舌听起来有点儿吓人，在浙江杭州地区，这其实是一道美味点心。在西施的故里杭州，糕点师将糯米粉用水和好，将枣泥、核桃、青梅、桂花等搅拌做馅料，包好后放在舌形模具中压制成型，汤煮或油煎都可以。这种点心香甜糯软。为了纪念西施，当地人把它叫作“西施舌”。

名叫贵妃鸡的菜肴很多，其中比较知名的是上海的贵妃鸡。20世纪20年代末，有位名厨用鸡翅和各种调味料烹制了这道菜，并借当时梅兰芳表演的京剧《贵妃醉酒》的名字，命名为“京葱贵妃鸡”。后来人们加以改进，便更名为“贵妃鸡”。

貂蝉豆腐又名泥鳅钻豆腐。传说这道菜是一个渔民发明的，此人以捕捞鱼虾为生，在捕鱼的时候，常常会抓到一些泥鳅。有一次他路过街边，买了豆腐和葱，便将这三样东西一起炖煮，等到开锅时，发现泥鳅因为受热纷纷钻到了豆腐里。历史上有貂蝉离间董卓和吕布，最后董卓为吕布所杀的故事，后来人们便将这种能擒拿住像董卓一样狡猾的泥鳅的豆腐，取名为貂蝉豆腐。

上古时代就有火锅？大家都涮什么吃？

我国有着悠久的饮食文化，早在新石器时期，就发明了各种各样的饮食器具。火锅的前身“鼎”，是上古时代贵族做饭的常用器具。当时的鼎呈圆形，三足支撑，做饭的时候，就在三足下架柴烹煮肉食。为了保持鼎受热的稳定，当时的人们又在鼎腹下加了一个圆盘，里面放上点燃的木炭，这就是火锅的雏形。

陕西宝鸡市郊一座周朝墓中出土过类似火锅的鼎，里面铸了几个字，讲述了这个鼎的来由，大意就是鱼伯（鼎主人的名字）不敢吃冷食，妻子邢姬就命人做了一个带火的鼎。这算是我们现在能见到的最早的“火锅”实物。

唐宋时期，围坐火锅吃涮食较为盛行。宋代林洪有本食谱，里面就介绍了和友人一起吃火锅的场景。元代蒙古一带也很流行吃火锅，用来煮牛羊肉。清朝乾隆皇帝也爱吃火锅，当时的宫廷菜里就有“野味火锅”，用料是野鸡等。

既然连狗都不理睬，为什么“狗不理”包子还那么受人欢迎？

天津有家很有名气的包子店，名叫狗不理。据传，这家包子店始于清朝同治年间，店主姓高名贵友，附近的乡邻都习惯叫他的小名“狗仔”。高贵友制作的包子，不仅选料讲究，而且技术一流，味道鲜美，很有特色，深受广大食客赞扬与青睐，据说连慈禧太后也慕名品尝，还大加赞赏。这样一传十、十传百，他的包子名气渐渐大了起来，人们纷纷前来品尝。高贵友一个人又是收钱又是卖包子，忙不过来。后来他实在没办法，便想到一种变通的方法：食客可以依据自己买包子的数量，将零钱放入碗中。高贵友就会按碗中的钱数，把相应数量的包子放在碗里。在这整个过程中，高贵友始终忙碌，谁也不理睬。于是，大家编了个顺口溜：“狗仔卖包子，一概不理睬。”再后来，便有人将这种包子称为狗不理包子。这个名字一经传开，便远近闻名。直到今天，很多游客到了天津，也一定要去品尝狗不理包子。

现在我们用冰箱来保鲜食品，古人怎样对食物进行保鲜？

最早的时候，人们为了保鲜，会把食物放进山洞里。因为在炎热的夏天，山洞里的温度比外面要低很多。但是这种保鲜，最多也只能保持一天，于是聪明的古人想到了冬天从外面采集冰块，放入特制的地下冷库或者冰井里，等到夏天，就可以取出冰块来给食物保鲜和解暑了。古人把取出来的冰放入冰鉴里，冰鉴就是冷藏食物的大器皿，一些肉类、果蔬就是放进冰鉴进行保鲜的。最著名的冰鉴是湖北随州曾侯乙墓出土的青铜冰鉴，外形上方下圆，还配有盖子。它可以说是世界上经过精心设计的最古老的青铜“冰箱”了。

另外，古代还有可以移动的冰箱——冰船。古代渔民为了给鱼类保鲜，会在冬季采集河水表面结的冰块，储存在阴凉的冰窖里，等到夏天出海的时候，把冰取出来放到船上，再把捕捞到的鱼冷冻在冰里面，这样经过保鲜的鱼就能卖上好价钱了。明朝还有专门给皇帝进贡鲜鱼的“冰船”，当时有诗写道：“五月鲥鱼已至燕，荔枝卢橘未应先。”意思是阴历五月，天气渐热，可是江南的鲥鱼已经到达北京，比荔枝和卢橘（指枇杷）进贡的时间还早。这里使用的交通工具，就是这首诗最后所说的“炎天冰雪护江船”。

冰糖葫芦的发明与一位贵妃有关，这是怎么回事？

冰糖葫芦又叫“糖球”“红果”，据说，它的产生和南宋光宗皇帝有关。一次，光宗皇帝的宠妃黄贵妃得了病，吃不下饭，身体很虚弱，太医们都束手无策，皇帝也愁眉不展。于是皇帝下令张贴皇榜，悬赏各地的名医来京城诊治。一位江湖郎中揭了皇榜进宫。这位郎中诊断完毕后，只写了一个简单的方子，要求用冰糖和山楂（也叫红果）一起煎熬，每次饭前吃五到十枚，并说半个月后，黄贵妃的病就可以痊愈。黄贵妃按照这个方法服用之后，果然食欲恢复，疾病全消。从此以后，这种冰糖煎熬山楂的做法传到民间。为了食用方便，人们用竹木签把山楂一个个串起来，方便手拿。这种食

品流传到今天，就是我们所熟知的冰糖葫芦了。

传统冰糖葫芦的做法是，首先挑选新鲜饱满、大小均匀的山楂，洗净，用竹木签串起来。然后熬糖，将糖与水按二比一的比例倒入锅中，用猛火熬制，直到糖冒出细小密集的泡沫，然后将锅倾斜，将串好的山楂贴着熬好的热糖轻轻转动，这样，山楂就裹上薄薄一层糖浆，最后将蘸好糖的山楂串放到木板上，冷却二三分钟就可享用了。

研究表明，山楂有降血糖、降胆固醇的作用，尤其能开胃健脾，提高人的食欲，因此，酸甜可口的冰糖葫芦受到大家青睐就不足为奇了。

“筷子”原名为“箸”，为什么后来改叫“筷子”了？

筷子早在远古时期就已出现，远古人的饮食以烧烤为主，刚烤过的食物很烫，因此人们就想到用两根细木棍夹取食物。这种木棍就渐渐发展成了今天的筷子。

早期的筷子大多用竹木做成。最迟在战国时候，就已经出现用金、银、漆器和象牙等材料制作的筷子。这种奢侈品当然只是贵族在享受，《韩非子》就记载大臣箕子看到商纣王使用象牙筷子后，就预言纣王的骄奢会使商朝灭亡。

金筷子也很受后代皇帝的青睐，《开元天宝遗事》记载，一次朝廷宴席，唐玄宗把手中的金筷子赐给了当时的名臣宋璟（jǐng），宋璟受宠若惊，唐玄宗见状，告诉他说，不是赐给你金子，而是赐你筷子，来表彰你像它一样耿直。可见筷子也有“耿直”这一文化内涵。

筷子这种叫法出现较晚。按照《韩非子》的记载，筷子原名为“箸”，这个称呼大约一直使用到宋元时期，直到明朝，当时的普通人开始称呼箸为“筷子”。当时吴中（今苏州一带）的渔民最怕船停“住”，所以苏州一带人把“箸”叫成相反的“快子”，图个吉利，后来又在“快”字上加了竹字头，于是“筷子”这种称呼就渐渐被大家接受，“箸”字反倒慢慢退出了老百姓的生活。在一衣带水的日本却没有这种禁忌，直到今天还在用“箸”这个称呼。

中国古代有没有像现在这样有好几个单元、住着很多人的大楼？

福建土楼就是这样的古代经典建筑。福建土楼是福建客家人的住宅，从晋朝开始，中原地区战乱频繁，一些汉族人为了躲避战乱，陆续逃到福建，在那里扎下了根。因为来者为客，他们就被当地人称为客家人。客家人作为外来者，占据了当地人的土地和资源，最初受到当地人的排斥，由于这个原因，同时为了抵御各种自然灾害，客家人于是选择自家人住在一起，互相帮助，互相保护。如何能够让几代人住在一起，这就需要建一座大房子，于是就产生了福建土楼。

福建土楼的外部采用全封闭的建筑形式，就是说无论是圆形还是方形，都建成像城堡一样，围成封闭的形式。土楼的内部结构也很讲究，最中间的空地上是祠堂，住在同一座土楼中的人往往都是同族，所以大家供奉着相同的祖先。除了祠堂，有的还有供族人聚会的大厅。族人居住的房屋则围绕着祠堂建造，这样做既突出了祠堂的重要性，也可以更好地保护祠堂。

土楼一般都是三层以上的建筑，四层、五层的土楼也很常见。有的楼还分成几个单元，如被称作“土楼王子”的振成楼。这座楼一共有四层，分成六个单元，各个单元之间既可以互相连通，也可以关上门独立存在。这样做既可以保护各家的隐私，当发生火灾或是有盗贼入侵时，还可以起到一定的保护作用。振成楼里的居住条件也十分舒适，底层为厨房和餐厅，二层是粮仓，三、四层是卧室。1985年，它在美国洛杉矶举行的世界建筑展览会中展出，被人们称为“东方建筑明珠”。

福建土楼在2008年被列入了《世界遗产名录》，是中国第36个被联合国承认的世界遗产。

八仙桌是给八位仙人坐的，还是由八位仙人发明的？

清代黄花梨束腰八仙桌

八仙桌是四腿正方形饭桌，它因为设计合理，古人吃饭的时候都爱用它。八仙桌的桌面比较宽大，可以摆放很多饭菜，而且每面坐两个人，每人和饭菜的距离都相等。

关于八仙桌的由来，有两个有趣的故事。

传说八仙特别喜欢凑热闹。有一天这八位仙人路过一户人家，正赶上人家办喜事，于是就以远房亲戚的名义进了人家的院子，打算蹭顿饭吃。这家没有桌子，饭菜只能放在院子里的大石头上，虽然简陋，却不减热闹喜庆。谁知天公不作美，刚要开席，就下起雨来，所有人赶紧端着饭菜，躲进屋里避雨。

八仙看到好好的喜宴马上就要泡汤，互相使个眼色，进入屋里各显神通，变出了好几张方桌来，每张方桌配着四条长凳，主人进来一数，每桌八人，正好将屋子坐满。人们这才明白过来，原来是仙人驾到，赶紧请八仙上座。八仙则飘然远去了。

还有一个故事，唐朝的大画家吴道子太有名了，连八仙都去拜访他。主客一直相谈甚欢，到了吃饭的时候，吴道子却犯了愁，这八仙一共八位，普通的桌子坐不下，又不好让他们分开就餐。吴道子略一思索，想出一个办法，于是回到画室研墨提笔，在纸上画了一张方桌、四条长凳，吴道子的画技太精湛了，居然无中生有，最后一笔画完，桌子和长凳突然就变成真的了。于是吴道子就在这张桌子上摆出饭菜招待八仙，八仙一上桌，一边坐两位，正好坐满。八仙都对吴道子的细心非常满意，酒足饭饱之后，吕洞宾不由问道：“你这桌子非常实用，不知有没有名字？”吴道子略一思索，回答说：“这桌子既然是为了八仙设计的，不如就叫八仙桌吧！”

为什么暂时住在某处称为“下榻”？

古代有好几种家具，看上去有点像现在的床，古人却不把它们当床使。其中有代表性的一种是样式较简单的榻，它只有一张支撑板和四条腿，一般被当成坐具。还有一种坐具叫作罗汉床，总的来说，就是三面立有木板围子的榻。它在明清时期最为流行，还有炕桌、脚踏和它配套。炕桌就是放在罗汉床上使用的小桌子，桌腿比较矮，正适合人们坐在罗汉床上的高度；而脚踏则放在罗汉床前，垂着腿坐在罗汉床上的时候，把脚放在脚踏上，高度正合适。

“下榻”这个词其实来自一个典故。东汉有一个叫陈蕃的人，因为直言敢谏得罪了权臣，被贬到南昌附近的豫章郡做太守，地位相当于现在的省长，作为豫章郡最大的官，陈蕃仍然不改正直的本色，从不假公济私，也不和人应酬，使得想要巴结他的人都苦无门路，没办法讨好他，只好渐渐作罢。

明代黄花梨六足折叠式榻，可以从中间对折。

这样的陈蕃，却唯独和一个叫徐稚的人是好朋友。徐稚是豫章郡的平民，很多人知道他品德高尚，想要推荐他做官，都被他婉拒了。就是这样一个不慕权势的人，受到了陈蕃的礼遇。陈蕃当时刚到豫章郡，就向人打听徐稚的住处，想要第一个拜访他。陈蕃的手下则认为，太守刚到任就去拜访一个平民不太合适，因此劝他先进衙门休息，陈蕃却回答说：“为了礼遇徐稚这样的贤人，又有何不可呢？”陈蕃还特地为徐稚准备了一张专用的榻，平时挂起来不让任何人坐，只有徐稚来了，才把榻放下来，请徐稚坐在榻上说话。从此以后，人们就把暂居某处受到热情接待，称为“下榻”。

古人“席地而坐”是坐在席子上还是坐在地上?

席地而坐是古人的一种日常起居习惯，在唐朝及唐朝以前比较流行。所谓席地而坐，就是在地上铺上一张席子，家里人平时就坐在席子上吃饭聊天，倘若有客人来访，也要请他们坐在席子上。

古代的席子分为两种。一种叫“筵”，一种叫“席”。“筵”是用竹子编成的，“席”是用蒲草编成的。“筵”一般用来直接铺在室内的地面上，使地面看起来整洁美观。“席”呈长方形，铺在“筵”上面。“筵”一般只铺一层，而“席”可以铺上好几层。因为地上铺着筵，所以古人入室前要脱鞋，以免将泥土带入室内，踏脏铺在地上的筵。如果进入别人的房子而忘了脱鞋则被视为十分不礼貌的表现。不同身份的人，铺的席子数量也不同，天子要铺五重席，诸侯铺三重席，大夫铺两重席，贫困人家一般没有席子。有关坐席的礼仪，古人也十分讲究：父子不可以同席；男女不可以同席；席子如果不端正，四边没有与墙面平行，则不坐在席子上，即孔子所谓“席不正，不坐”。

汉代画像砖《丸剑宴舞图》。图中左边四人席地而坐：左上方一男子展开长袖，正欲起舞，旁边的女子吹排箫伴奏；左下方两人齐吹排箫。右上方一人弄丸，七弹齐飞；一人舞剑，并用肘耍瓶。右下方一女子挥长袖而舞，旁边的一人摇鼓伴舞。

那么，席地而坐是怎样的一种坐姿呢？古人席地而坐是将两个膝盖跪在席子上，两只脚背朝下，臀部落在脚后跟上。这个姿势有点像跪，但又有一些不同，因为跪的时候要求身体耸直，臀部不得落在脚后跟上，这与席地而坐是有区别的。此外，古人还有“虚坐尽后，食坐尽前”的坐法要求。即不进餐时身体要尽量坐在席子后方一些，以示谦恭；而进餐时则坐得靠前一些，以免饮食时污染坐席，对人不敬。

如今，在一些汉墓壁画、画像砖中还可以见到不少古人席地而坐宴饮娱乐的场面，这对于今人了解古人的生活礼仪都是有很大帮助的。

不下床就可以梳洗、上厕所？古人的床与我们现在的床不一样？

明代黄花梨簇云纹马蹄腿六柱式架子床。床架、承尘上都镂空雕刻着细致精美的花纹，整张床既华贵又无笨重之感。

古代的床和现代的床最大的区别就在于，古代的床上四角有立柱，可以供人挂帐子，形成密闭空间。床顶上还有和床一样大的盖子，盖的四角由床柱支撑着，叫“承尘”。承尘这个名字很好理解，有了它在床顶上承接灰尘，床上就会比较干净。这种有床柱、承尘的床就叫作架子床。到了明朝，架子床几乎完全普及，人们只有在午休小睡的时候，才会睡在榻或者罗汉床上。

古人睡觉时使用的卧具，发展到架子床还没有结束，在此基础上，又出现了更加复杂的拔步床。拔步床虽然是床，但看上去就像一座小房子。它是在架子床的基础上，把床架间用木板围住，就像墙壁一样，或者全部封闭，或者做成镂空雕花的样式。拔步床还向外扩大了床架的范围，使得拔步床内空间变大，除了睡觉的地方，还有地方可以放置夜壶、香炉、脸盆架，甚至能够放得下一个梳妆台。这样晚上起夜不用下床，早上醒来，也可以直接在床里梳洗，十分方便。制作一张拔步床不但要花费很多时间和材料，而且对工人的技术水平有严格要求。因为拔步床制作不易，所以价值非常高。

“床前明月光”中的床是睡觉用的床吗？

马扎在古代被称作胡床，由于携带方便，它很适合经常迁徙的游牧民族，因此最先在北方地区兴起。胡床传入中原地区后，同样由于方便携带而大受欢迎。特别是在出行或者战争中，有了胡床，随时随地都能够坐下休息，这为在路上的人提供了很大

的方便。

胡床传入中原之后，极大程度上改变了人们的生活习惯。最初中原人都习惯于席地而坐，即使有了榻，人们也不改旧习，更愿意按照席地而坐的方式，脱了鞋子，把腿和脚都放在榻上。有了胡床之后，人们渐渐开始把小腿垂下来坐着，脚踩在地上，就像现在的坐姿一样。这种改变看似微小，却带来了一系列的变革。例如，我们坐得高了，桌子也需要随之变高，其他家具的样式也相应地需要调整。而有了桌椅，中国人也由一人、一席、一案的分餐制，演变成了所有人围桌而坐，一同吃饭的习俗。

关于李白的这首“床前明月光，疑是地上霜。举头望明月，低头思故乡”，疑问是这样产生的：古代没有玻璃，为了防寒，窗户上会糊上一层纸或者布，李白当时如果真在房间里的床上，他一抬头，只能看到窗户上糊的东西，根本看不到月亮，怎么能说是“举头望明月”呢？如果把床解释成胡床，就完全没有问题了。这样的话，李白当时可能是拿着一个马扎坐在院子里，看到了地上的月光，于是吟了这样一首著名的诗歌。

太师椅中的“太师”指的是谁？

太师椅产生于宋朝。在不同版本的故事中，这个“太师”大多指的是祸国殃民、害死了岳飞的大奸臣秦桧。

据一个叫张端义的宋朝人说，太师秦桧有一天在家里举行宴会，他被阿谀奉承的人环绕着，坐在一张带有靠背的交椅上看戏。当时太师的兴致非常高，正巧有人讲了个笑话，他乐不可支，一仰头，帽子就掉在地上了。就这样一件小事，却被一个叫吴渊的有心人看到了，那人觉得这是一个奉承太师的好机会，回家之后就挖空心思设计了一种名叫托首的东西，赶紧送去孝敬太师。顾名思义，托首就是用来

龙雕太师椅

托脑袋的，把它安在椅背上面，增加了椅背的高度，使坐在椅子上的人一仰头，脑袋正好靠在托首上。

太师椅在很长一段时间里都是交椅的样式，直到明清时期，才变成现在四足椅的样子，显得更加庄重，使用的场合也越来越正式。

屏风是用来挡风的吗？为什么屋里明明没有风，却要放一个屏风？

屏风这种家具，就像它的名字一样，最初的作用是遮风。古人盖房子的水平有限，房间的门窗不能像现在这样严丝合缝，时常发生透风的现象，因此屏风这种家具很早就被设计出来了。司马迁在《史记》中记载，战国时期，齐国的宰相孟尝君每天都想着如何治国安民，还喜欢和他的谋士们讨论治国良策，为了防止突发的灵感被遗忘，孟尝君特地安排一个人待在屏风后面，这个人不言不语，唯一的任务就是记录孟尝君与门客的对话，以便日后参考。可见在战国时期就已经有屏风了。

北京故宫太和殿金灿灿的宝座及宝座后的扆，扆衬托得宝座更加高贵。

屏风不但可以遮风，还能够遮挡视线，漂亮的屏风本身又是不错的装饰品。这么多优点，使得屏风在中国古代一直很流行，也发展出了不同的样式。有绘着图画的“画屏”，有可以折叠的“折屏”，有专门放在床上遮风兼装饰用的“炕屏”……除此之外还有一种屏风，它的独特之处在于，不像其他屏风是为了遮挡视线，而是为了吸引人们的视线，这种屏风叫作“座屏”，在更早的古代，大概是周朝和汉朝，它被叫作扆（yǐ）。

扆这种家具只有皇帝才能够使用，皇帝正式接受大臣朝见的时候，就在大殿里放一个扆。古书上记载，这种扆“高八尺”。古代的一尺和现在的一尺不太一样，大致算来，八尺应该在1.8米到1.9米之间，所以扆绝对是个庞然大物，有它在背后衬托，皇帝会显得更加庄严威武。一开始皇帝是站在扆前的，后来变成在扆前摆一个宝座，皇帝坐在宝座上。这种做法一直持续到清朝，直到现在，故宫太和殿的宝座后面，还摆着这样一座雕龙金漆的大屏风。

古代有一种衣柜可以自动关门，它是怎么做到的？

中国古代的衣柜门，最初都是靠门轴和柜体相连的，门轴在古代被称作“枢”，由两部分组成，一部分是圆柱状的，另一部分是环状的，分别安装在门和柜体上。圆柱状的部分要套在环状部分之内，使圆柱状部分在环状部分内可以自由转动，柜门因此可以灵活开合。在《吕氏春秋》中有一句名言叫“流水不腐，户枢不蠹（dù）”，字面意思是说，流动的水不容易腐臭，而常常转动的门轴也不容易被虫蛀。它的寓意很深刻，是要告诉人们，学习、做事都要持之以恒，才能保持良好的效果。

明代圆角柜，上窄下宽，不仅看上去协调稳重，而且柜门开启后能自动关闭。

这种靠门轴开合的柜门，必须安在柜子外侧，所以这一部分会突出于柜子，露在外面。因此为了美观，柜顶也会突出柜子，以便遮挡门轴。工匠在制作这种突出的柜顶的时候，往往会将柜顶的四角磨圆，所以人们称这种柜子为“圆角柜”，又叫“面条柜”。面条柜常常被设计成上窄下宽的样式，这是为了视觉上的美观，因为人们的视点比较高，如果柜子上下宽度一样，通过人眼看上去，会产生上宽下窄的视觉效果。所以故意设计成上窄下宽之后，肉眼看上去上下似乎是一样宽的了。

这种柜子由于上下形状不同，重心的位置有所偏差，因此打开门之后，柜门会由于重力的作用，自动向内受力，缓缓关闭。

古代的这种橱柜为什么叫“气死猫”？

“气死猫”这个名字的来历，是因为这种橱柜的特殊样式。这种橱柜的独特之处在于，橱门是由一根一根的木条拼成的。橱门的木条可以竖直着并排放置，也可以组成简洁或繁复的几何图形，增加橱柜的艺术性。但是木条之间一定要有缝隙，缝隙间可以不做处理，就这么露着，也可以糊上纱。这些缝隙可以使橱柜的透气性增强，也可以使人们通过这些缝隙，看清橱柜里的物品。

紫檀直棱气死猫橱柜。透过有缝隙的橱门，可以清晰地看到里面的食物。

民间常用这种橱柜来存放食物和餐具，猫透过橱门上的木条，可以看到里面的好吃的，却被橱门挡住吃不到，因此被“气死”了，这就是“气死猫”这个戏称的来历。

“气死猫”相对于架子来说，四面遮挡，可以防止落灰，却又比一般的橱柜透气性好，因此用起来非常方便，不但可以存放食物等日常用品，也可以用来放书和珍贵物品。因为不用打开柜门就能看到里面的物品，所以也可以用来放置古玩。我们现在给书柜等家具装上有玻璃的门，就是出于同样的目的。

其实除了橱柜，还有一种异曲同工也叫“气死猫”的家具，是用竹条或者柳条手工编织的大篓子。它带有盖子，猫可以看到篓中的食物却拿不到，就被“气死”了。这种篓子便于搬运携带，十分适合出门带饭的时候使用。

古代有很多瓷做的枕头，枕着这么硬的枕头睡觉，古人不难受吗？

早在石器时代，古人就有枕在东西上睡觉的习惯了。石器时代出土的头骨，大都后脑勺扁平，显然是因为原始人每天枕在石头上睡觉，后脑勺才枕成了扁平的形状，后脑勺这种扁平的形状因此被称作“枕形”。在法国的某个遗址中，还发现了一个仍然枕在石头上的头骨。枕字从“木”字边，很多考古发现的实物证明，大致在春秋战国时期，古人常常是枕在木头上睡觉的。

宋代孩儿枕。瓷枕采用了天真顽皮的男童造型，十分惹人喜爱。

至于陶瓷枕，人们对它产生的时间有不同的推测，有人认为，以汉朝发达的陶瓷制作技术来看，那时就应该已经有陶瓷枕了，但是目前最早的实物出土于一座隋朝的墓葬中。

在宋朝，有一种胖娃娃拿荷叶样式的瓷枕非常流行，胖娃娃或趴或躺，荷叶自然弯曲的形状正好适合用作枕面，而且还有很好的寓意，叫作“莲生贵子”，是希望家里能够多子多孙，人丁兴旺。

明清以后，瓷枕已经不像唐宋那么流行，很多地方都只是用它来陪葬，不再枕着瓷枕睡觉了，以至于现代发现的很多瓷枕都是在古墓中出土的。在中国的一个重要瓷器制作中心磁州，明清时期还形成了一种风俗，就是在女儿出嫁的时候，一定要选择一对瓷猫，或者是一对男女样式的瓷枕作为陪嫁。

炎炎夏日，我们会开空调、电风扇降温，古人的纳凉用品有什么？

在古代有一种纳凉用的小家具叫作竹夫人，它产生得很早，唐代就有人提到过。竹夫人流行的时间又很长，现在的一些老爷爷老奶奶，很可能年轻的时候都用过它。

竹夫人是用竹子编成的柱状物体，形状类似于抱枕，但一般比较长，而且中间是空的，便于空气流通，保持干爽。试想夏天睡觉的时候，床上铺着凉席，然后再抱一个竹夫人，皮肤全都能贴在凉凉的竹子上，没有空调也能一夜好眠。

竹夫人又叫“竹几”，在唐代曾被称作“竹夹膝”。竹夹膝这个名字很好理解，睡觉的时候抱着长长的竹夫人，人们习惯于将它夹在膝盖之间。至于竹夫人这个称呼，其实是宋朝人的戏称，因为在炎炎夏日，竹夫人总在身边枕侧伴人入眠。

其实中国古代也有风扇，只不过不由电力驱动，这种不用电力驱动的风扇，据说是一个叫丁缓的西汉人发明的，目前难见实物。据说古代的风扇由七个齿轮互相联动，然后由人力转动齿轮，所以人们也称这个风扇为“七轮扇”。七轮扇虽然需要人工驱动，但好在比较省力，一个人用力转动，就能使得整个屋子都凉风习习。大概是由于七轮扇过于精致复杂，它在历史上并不流行，现在只知道南宋的皇宫里曾经有一台，宋人匠心独运，将七轮扇放在各种香花后面鼓风，使得宫殿里香风阵阵，既能降温，又满室飘香。到了明清期间，风扇才稍微常见一些。

“汤婆子”不是煲汤用的？也不是指姓汤的老奶奶？

汤婆子一般由金属或者陶瓷做成，形状像一只压扁了的水壶，壶肚很宽很平，壶口则又短又小。汤婆子中的“汤”字，在古代指的是热水。寒冷的冬日，人们将热水注入汤婆子，然后塞上塞子，并在汤婆子外面包几层布，这样做既防止烫伤，又能使汤婆子的热度保持得长一些。汤婆子一般用来放在被褥里取暖，是我们现在用的热水袋的雏形。

汤婆子的名称也像竹夫人一样，有一个发展的过程。汤婆子在唐朝就出现了，那时它的名字是暖足瓶；宋朝也有人将汤婆子称作脚婆，这都是由于在床上使用的时候，往往将它放在脚边的缘故。又因为汤婆子大多是用锡这种金属制成的，也有人将它称作“锡夫人”，有和“竹夫人”相对的意思。汤婆子还有一个别称是“汤媪（ǎo）”，“媪”就是老妇人的意思。

宋朝的大文人黄庭坚有一次买了一只汤婆子，心里很高兴，还特地写了两首诗，其中一句说“千金买脚婆，夜夜睡天明”，另一句说“天明更倾泻，颒（huì）面有余燠（yù）”，意思很简单，说自己只花了一千钱，就买到了一只脚婆，有了它，睡觉真舒服，每天都能一觉到天亮。不仅如此，到了白天，再把脚婆里的水倒出来洗脸，这时的水还能保持一些余温。

“气死风”是什么？说出它的另一个名字，你肯定恍然大悟。

古代有一种灯叫气死风，简称“气风灯”。气风灯其实就是灯笼，因为它用厚纸糊成灯罩遮住灯火，灯火在灯罩的保护下不易被风吹灭，便于在屋外使用，所以得名“气死风”。如果给气死风灯再加上提杆，就可以提着它出门了。气死风灯虽然远不如现代的手电筒方便，却也算得上是实用的古代发明了。

古人最常用的照明工具是油灯。顾名思义，油灯就是烧油的灯，它通过燃烧油产生的光亮来照明。油灯并不直接将油点燃，需要通过灯芯，灯芯一般是一根棉线，一头浸入油中，使得灯芯上浸满油，照明的时候点燃灯芯。灯芯里的油就会燃烧起来，棉线本身却由于浸满了灯油，从而隔绝了与氧气的接触，不易燃烧，所以一根灯芯能够使用很久。灯芯也时常会被火焰点燃，烧着的灯芯，有时会变成一种像花一样好看的形状，这叫作“灯花”。古人认为灯花是吉利的象征，如果出现了灯花，人们都会很高兴。但是灯花这种被点燃的灯芯吸油性能降低，有了灯花的油灯，火焰反而会变小，灯光也会变暗，因此需要将灯花剪去。

“小老鼠，上灯台。偷油吃，下不来。”这首儿歌中的灯台是什么呢？小老鼠上了灯台，为什么会下不来？灯台可以说是古代的“落地灯”，有底座，通过一根较高的柱子支撑，顶部点燃油灯。灯台的好处就是比较高，使得照明的范围也相应变广，而且灯台直接放在地上，便于随意移动位置。另外，灯台本身也可以作为精美的装饰品。

“马桶”早先的样子像老虎？那它为什么不叫虎桶？

早在春秋战国时期，马桶就已经存在了。那时的马桶样式非常简单，看起来类似野兽，却难以分辨出具体是哪一种，因此统称为“兽子”。兽子的开口位于兽嘴的位置，一般供男性小便时使用。到了汉代，兽子的样式更加精致，也更接近于老虎了，因此开始被称作“虎子”。

至于马桶为什么像老虎，有一个传说。汉朝的飞将军李广，某日和兄弟到山上打猎，看到一只老虎卧在面前，李广不但没被吓跑，反而淡定地张弓搭箭，一下子就把老虎射死了，李广对此很得意，就让人把自己使用的“兽子”铸成老虎的形状，以夸耀自己射虎的勇力。

虎子的名称也不太长久，唐代以后就改叫马子了。据记载，唐朝开国皇帝李渊的祖父名叫李虎，在中国古代有规定，皇帝和皇帝祖先的名字，所有人都不能随便说出口，需要说的时候，要换成别的字，这叫作避讳，所以为了避李渊祖父李虎的讳，人们就把“虎子”改成“马子”了。

不论是叫兽子、虎子还是马子，当时的马桶都只是在兽嘴处开一个小口，仅仅用来接小便，大便还是需要去茅厕解决。

那么马子后来为什么又变成“马桶”了呢？很简单，因为后来马子的样式变成了桶状，这时候的马桶就和现在的马桶差不多了，既能用来接大便又能接小便。另外，最初的兽子、虎子包括马子都是铜器、陶器或者漆器，发展到马桶的样式之后，基本上就都是木制的了。

古代没有钟表，如何计时呢？

提到古代的计时器，大家可能熟悉的是日晷（guǐ）。日晷又叫日规，最早出现于汉代，主要利用物体在太阳下的影子来测量时间。在不同的时间，太阳的位置和高度不一样，因此照射物体所投下的影子的大小和长度也都不一样。日晷就是根据这一点发明的，它一般由一个标有刻度的圆盘和指针组成，和现在的钟表不同的是，指针只有一根，不能动，而且垂直于刻度盘，安放在刻度盘的正中央。看时间的时候，观察的不是指针本身，而是指针在刻度盘上投下的影子。

还有一种名叫圭表的计时器，原理和日晷相同，而且出现得更早。圭表实际就是在地面上立起的一根柱子，时间刻度都标在地面上，通过圭表看时间的时候，观察的同样也是柱子投在地上的影子。

圭表和日晷因为要利用的是太阳下的影子，所以在没有太阳的时候，例如多云的白天和晚上都无法使用。

在古代更为广泛使用的计时工具，其实是漏壶。漏壶的出现也很早，起码在周朝就有了。它的原理也很简单，就是在壶的底部凿一个小洞，然后在壶里装满水，通过观察漏出小洞的水量来计时。由于用肉眼观察壶内的水位，难免会产生误差，因此有了“沉箭法”。“沉箭法”就是在漏壶内部放一个可以浮起来的托子，把箭固定在托子上，然后在漏壶的壶盖中央也凿一个孔，使箭穿过小孔，这样箭就能直立在漏壶上了，随着漏壶内水位的下降，漏壶里的箭也会下降，人们就可以通过观察箭的高度来知道时间了。

理论上说，每一壶水漏完的时间应该都是一样的，但是如果在一壶水还未完全漏光的时候，就往壶里添水，那么上一壶水没有全部漏完，真正耗费的时间会比实际的时间短，计时也就不准确了。为了解决这个问题，后来的古人开始使用两个壶，一个壶装满水，将水漏进第二个壶里，人们则通过第二个壶来观察时间。第二个壶里立一支箭，不同点在于，第一个壶里的水不断漏入第二个壶，第二个壶的水渐渐增多，水位不断上升，因此箭也会上升。这种设计，使第一个壶没有计时功能，可以随时蓄水，而流入第二个壶的水又是一定的，因此在精准度上，比使用一个漏壶要高很多。

古人没有闹钟，怎么能按时起床？

古代将一夜分为五更（gēng），一更相当于古代的一个时辰，也就是现在的两个小时，一更对应的时辰是戌时，叫黄昏；二更对应的是亥时，叫人定，意思是说所有人都安定下来休息了；三更是子时，叫夜半；四更属于丑时，叫鸡鸣，有的鸡这时候就开始鸣叫；最后是寅时的五更，叫平旦，也就是清晨。因此每更报时的人，到了清朝就被称作更夫。

在明朝，更夫被叫作“火夫”，也是由官方雇佣和管理的一种职业，主要负责在夜晚巡逻；遇到火灾或者盗贼，负责救助受害的人，并通报官府，帮助灭火和抓捕盗贼。火夫虽然也负责报时，但更重要的任务还是夜间巡逻。

火夫巡夜一般都带着梆子和锣，平时报时敲梆子，遇到警情则敲锣，有时还会用到铃铛。梆子就是一条中空的木棒，用木棍敲击梆子的表面，就会发出清脆的声音。火夫每一更敲完梆子，还要喊一些具有教育和警示意义的话。大家常听的可能是“天干物燥，小心火烛”，其实真正的口令比这要复杂得多，有时还会编成旋律唱出来。一个叫潘游龙的明朝人，就在书中记录了一条口令，内容是：“凡我甲户，钦奉明文，谨守律法，严禁盗赌，有犯连坐。”大致意思是说，这一片的所有人都要遵守法律条文，严禁盗窃和赌博，否则犯了法害人害己，会连累亲朋好友。除了口令之外，火夫有时也会喊一些皇帝的圣旨，或者官员的命令，以做宣传。

如果你穿越到唐朝的长安城，傍晚时分突然听到连绵不绝的鼓声，你应该怎么办？

答案是赶紧找个地方躲起来，因为鼓声结束之后仍然留在大街上的人，就犯了违反宵禁的罪，会被抓起来接受惩罚。

唐代的长安城，也就是现在的西安，是唐朝的首都。唐朝政府规定，每天夜晚所有人都不能随便出门，这种制度叫作宵禁。夜晚在街上巡逻的士兵如果发现触犯了宵

禁制度的人，即使是大官也会照罚不误。

最初，到了宵禁快要开始的时候，巡城的士兵为了提醒市民尽快回家，不得不一起大声喊叫，不但一片混乱，而且提醒的效果也不好。唐太宗时期，官员马周体察民情，发现了这种状况，于是建议皇帝在城中的六条主要街道上设立街鼓，到了时间敲鼓示意，大家听到鼓声，就知道宵禁要开始了。街鼓实行之后，果然非常好用，于是就延续下来。

街鼓每天早晚各敲一次，每次又分成几段。第一段鼓声开始到最后一段鼓声结束，时间比较长，使人们听到鼓声后有足够的时间赶回家去。早晨敲的鼓叫作晓鼓，四月至八月，在每天的五更二点开始敲；九月至第二年的三月，因为天亮得比较晚，所以推迟到五更三点开始。晓鼓响起之后，长安城的城门和皇宫的宫门会依次打开，人们也渐渐醒来，开始一天的生活。晚上的街鼓叫作夜鼓，由于资料有限，已经无法得知夜鼓开始的时间了，但是夜鼓结束的时间，应该是在一更，大约现在的晚上七点钟，在这之前，足足要敲八百下夜鼓。每天敲鼓的时间都由官方专门的计时机构掌握，较为准确，因此老百姓也可以通过街鼓来知道时间，从而安排每日的活动。

唐朝的宵禁基本上是每天都有的，但是由于元宵节的灯会只能在夜晚欣赏，因此只有在每年的正月十五元宵节前后，有三天没有宵禁的日子，大家可以在夜晚出来游玩观灯。

汉朝的官员每五天要放一次“洗澡假”，古人如何洗澡？

沐浴在现在的意思是洗澡，而在先秦，“沐”和“浴”是两个不同的概念，“沐”专指洗头，“浴”专指洗身体。另外，“洗”和“澡”的意思也不一样，“洗”指洗脚，“澡”指洗手。古代关于洗澡的复杂术语也说明，古人很早就开始重视卫生问题了。

中国古代，沐浴与人们生活的行为规范紧密联系，定时洗澡成为重要的礼仪。规定要求三天洗一次头，五天洗一次澡，因此汉朝的官员每五天一次的休假就叫“洗沐”，也叫“休沐”，意思就是，这一天放假，是为了让大家回家好好按规定沐浴。古书中还记载，身为儿女照顾年迈的父母时，也必须遵守这个时间规定，每五天烧温水为父母洗一次澡，每三天还要洗一次头，这才算尽到了孝道。

古代甚至还有一个专门到河边洗澡的节日——三月三。从上古的周朝开始，这一天大家都去河边洗澡，人们认为这样做能冲走晦气，这个过程叫作修禊（xì），届时还有女巫主持整个修禊仪式。魏晋时期，修禊的习俗演变成象征性地洗洗手脚，三月三更主要的活动，成了在水边饮酒踏青。

南方地区，特别是苏州、扬州，有一种叫“混堂”的公共浴室，在明清时期很流行，这个名称也一直保留到现在。混堂里有一个大池子，不论身份，交了钱就可以进去洗。浴池底下烧火，所有人都在这一个池子里。渐渐地，混堂竟然变成了一个重要的社交场所，大家都喜欢约在那里相见，一边美美地泡澡，一边闲聊解闷。

古人没有肥皂和洗衣液，如何清洁身体、清洗衣物呢?

春秋时期，就有一种纯天然无污染、不伤发质，还效果奇佳的洗涤剂——潘。潘其实就是加热的淘米水，一般用来洗头洗脸。例如清朝一个叫曹廷栋的人，写了一本关于养生的书，书中的第一章就详细地说明了淘米水的用法，他说：用小米的淘米水洗头发，大米的淘米水洗脸，这才是正确的做法。他还认为，古人之所以选择用淘米水洗澡洗头洗脸，是因为淘米水既能去除污垢，而且人因为接触了粮食而充满“精气”，对身体有益。

皂角树上结的皂荚，古人用它做成肥皂。

中国古代的肥皂，以皂荚为原料。皂荚是皂角树的果实，摘下来溶在水里，就能使用了。宋朝人以皂荚为基础，捣碎后加入香料和面粉，揉成丸状，做成了香皂。香皂中可以加入各种香料，洗完了身上不但清洁，还能沾染上香味，因此很受欢迎；还可以在香皂中加入药材，达到养生治病的效果。

还有一种液体，堪称古代的洗衣液，它的主要成分是草木灰加油脂。草木灰在中国很早就被使用了，汉代就有使用草木灰来洗涤衣服和帽子的记录。后来人们意外地发现，在草木灰的水中加入油脂，不但不油腻，反而更容易将衣服洗干净，这种方法于是流传下来。后来也有将草木灰和油脂制成固体肥皂使用的做法。

古代还有一种去污的物品，说起来有点不可思议，就是猪的胰脏。动物的胰脏内含有各种消化酶，可以分解脂肪、蛋白质和淀粉，所以用它来除污效果很好。但是拿一块胰脏往脸上抹毕竟不雅，因此使用胰脏的方法很快就被改进，那就是以胰脏为原料制作澡豆，澡豆除了胰脏之外，还要配以豆粉、香料，混合晒干呈块状，之后再使用。澡豆后来又发展成了胰子，虽然主要成分仍然是胰脏，但是改进了配方，效果更好。一直在清末西方的肥皂传入中国之前，人们都在使用胰子清洁身体。

为什么古代比现在更流行戴假发？

假发在西周时期就有了。西周的王后、君夫人等贵族妇女参加祭祀，按照礼仪要盛发高髻（jì），此时假发必不可少。

《诗经》中曾记述过卫国国母宣姜黑发稠美而不屑于使用假发的情况：“鬒（zhěn）发如云，不屑髢（dí）也。”这里的“髢”就是假发的意思。《左传》也记载过一个关于假发的故事：卫庄公看见戎州人己氏的妻子头发很漂亮，于是派人强行剪下来，给自己的妻子吕姜做成假发。

汉代的皇太后仍然用假发来承载沉重而复杂的头饰，后来演变成凤冠。

魏晋南北朝时期，假发技术大大进步，假发种类繁多。“蔽髻”便是一种很流行的假发，蔽髻上有金饰，饰物有严格的制度，非命妇（有封号的妇女）不能使用，而且饰物的数量也有规定，不同等级的命妇不能僭（jiàn）越。这个时期假发在民间也很流行，但比较简单，头发上的饰物不像蔽髻那样繁复华丽，也不再像周代和汉代梳高髻，而是将头发比较自由地披散开来。

唐代画家周昉《簪花仕女图》中的仕女戴着假发发式。

唐代的发型越梳越高大。据记载，杨贵妃常以假发作为首饰。贵族妇女以假发作首饰，称为“义髻”。以两鬓抱面的发型叫“抛家髻”，也就是假发大头。

宋代妇女也以高髻为时尚。此时有各种各样的假髻，可供不同层次的人物在不同的场合使用。在大城市已经有专门生产和销售假髻的铺子。

假髻在明代仍然流行，一般用铁丝织成圈，然后外面用假发或纱编织，再罩在真发上，用簪子插紧，时称“鼓”。鼓比原来的发髻大概要高出一半。假髻有“懒梳头”“双飞燕”“到枕松”等式样，明末清初特别时兴，在一些首饰店铺出售。

清代的高髻都以假发掺和衬垫梳理而成，有牡丹头、荷花头等发式，样式豪华，高耸达七寸余，犹如盛开的牡丹和荷花。

可见，假发在古代更流行与古代女子的复杂发型和头饰有关。

一字眉？柳叶眉？古代女子流行的眉形有哪些？

先秦时期流行宽眉或细眉，但都很长，比如长而弯曲的“蛾眉”，因形状很像蚕蛾的触须得名。汉代的长眉是在蛾眉的基础上演变而来的，长、稍宽。除此之外，还流行八字眉、愁眉、远山眉和翠眉等。汉武帝时，八字眉在宫中流行：眉头抬高、眉梢压低，形如“八”字。司马相如的妻子卓文君很漂亮，眉形像远山，所以受到世人的仿效，争相画“远山眉”。这种眉形在宋朝发展成一种翠绿色的眉。翠眉的流行倒使黑色眉变得新鲜。魏晋南北朝时，则短浓眉与长眉并存。据史书记载，隋炀帝巡幸江都时，一名女子因画长眉而貌美，为皇帝恩宠，引发后宫佳丽仿效狂潮。

唐朝时，唐玄宗曾令画工画《十眉图》：即鸳鸯眉（又名八字眉）、小山眉（又名

从新疆吐鲁番张礼臣墓出土的《舞乐屏风》绢画中，可见当时女子的眉形。

远山眉）、五岳眉、三峰眉、垂珠眉、月棱眉（又名却月眉）、分梢眉、涵烟眉、拂云眉（又名横烟眉）和倒晕眉。唐朝妇女的眉形比前代稍微宽粗些。虽然长眉仍然流行，但一般都为柳叶状，称“柳叶眉”。比柳叶眉略宽，弯曲如月的眉叫“月眉”或“却月眉”，月眉的两端一般画得比较尖，颜色也比较浓。其实，唐代妇女的主要眉形是阔眉。唐初的阔眉长而浓，类型多样。大约从贞元年间开始，阔眉由长变短。元和年间，“八字眉”再度兴起，不过与汉代不一样的是，不仅宽阔而且相当弯曲。

宋朝的主要眉形是“倒晕眉”，为宽阔的月形，尾端用笔晕染，由深及浅，逐渐向外部晕开，别有风韵。元代的眉形基本上是“一字眉”，不仅细长而且平齐。明清时期的妇女崇尚秀美，眉毛纤细弯曲，不再有争奇斗艳之势。

最早的画眉材料是黛，这是一种黑色矿物，也称“石黛”。使用前要先放在石砚上碾成粉末，然后加水调和。除了石黛，还有铜黛、青雀头黛和螺子黛。铜黛呈铜锈状，青雀头黛为深灰色，而隋唐以后的螺子黛已经加工过，使用时蘸水就行，也叫“石墨”或“画眉墨”，宋代时使用更加广泛，取代了先前的石黛。

古代女子怎么画唇妆？她们也用口红吗？

早在先秦时期，妇女已经有妆唇的习俗了。早期唇脂的主要原料是“丹”，即朱砂，是一种朱红色的矿物质颜料。但是，朱砂附着力差，容易溶化，于是古人加入动物油脂，又防水又鲜亮，是理想的化妆品。除了朱砂，古人也有用胭脂（一种红色面脂）来代替口脂的。在《红楼梦》里，平儿给贾宝玉看一种上等胭脂：“只要细簪子挑一点儿，抹在唇上，足够了。”

画唇又称“点唇”。“点”，顾名思义，不会将上下唇全部涂满，而是在粉妆时连嘴唇一起敷成白色，这样可以根据心意重新点画唇形，厚的画薄，大的画小。古代妇女的唇形，从汉代至清代，变化不下数十种，有的像樱桃，有的像梅花，有的像蝴蝶，有的像鸟尾……隋唐时期的唇形非常丰富。除了娇小浓艳的樱桃小口备受推崇以外，还有一种花朵形，上唇两瓣花形，下唇一瓣，所谓“朱唇一点桃花殷”。此外，还可在唇角外点两个圆点作为酒窝的强化，增添甜美妩媚之感。

宋明时期的妇女最崇尚的唇形仍然是樱桃小口，如贺铸《攀鞍态》词中所说：“逢迎一笑金难买，小樱唇、浅蛾黛。”到了清代，妇女常用胭脂涂满上唇（或略有削减），下唇则仅仅点染中部如樱桃，也有的在上下唇中间点一颗。

古代唇妆的色彩以红色为主，但有深浅浓淡之别。不过，也出现过用乌膏涂唇的奇俗。唐代元和年间还出现了“啼妆”“泪妆”，把妆化得像哭泣一样。此外，唐宋时还流行过用檀色点唇，檀色即浅绛色或浅红色。

古代女子戴耳环前也要打耳洞吗？

我国古代妇女的耳饰相当丰富，与现在类似，也分为不穿耳与穿耳两种。商周时流行一种开有缺口的圆环形饰物“玦（jué）”，就是不穿耳的耳饰，佩戴时将缺口处夹于耳垂即可。到了两汉，中原妇女中流行“耳珰”，就需要打耳洞了。此外，佩戴耳环（金属细丝弯成的圆环）和耳坠（金属圆环下连着坠饰）也需要打耳洞。

事实上，穿耳戴环在古时本是“卑贱者”的标志。原来，穿耳的初意并不在于装饰，而是为了警戒。这本是少数民族的一种风俗，在女子的耳上穿孔，挂上耳珠，是提醒她们注意操守，言行谨慎。当时的女孩在十岁以前，往往要被迫穿耳。穿耳由母亲或其他长辈们来实行，先用米粒在女孩的耳垂上反复碾磨，使其麻木，然后用针尖穿透，贯一根草或丝线，时间久了，便能形成小孔。做母亲的一边操作，一边还要教育孩子做一个循规蹈矩的女人。夏商周时期，战争频繁，战胜者将战败者作为奴隶。中原妇女看到少数民族的女奴隶戴着耳环耳坠，走起路来摇荡有声，很有风味，于是开始效仿，久而久之也就变成了汉人的风俗。后来，不仅普通妇女，连皇后和嫔（pín）妃也都穿耳戴环。所以穿耳戴环已经不再是卑贱者的标志，成为一种单纯的装饰。

古代女子如何美甲和护甲？她们为什么要戴指甲套？

古人十分重视指甲，连修剪指甲也要注意时辰。剪下来的指甲也不能随意扔掉，而是放在匣子里存放起来或埋入土中。丧葬礼仪中，指甲也要随同入葬。

古代妇女也将长指甲作为情感信物。唐代女诗人晁（cháo）采剪下自己的指甲送给心上人，在《子夜歌十八首》中写道："明窗弄玉指，指甲如水晶。剪之特寄郎，聊当携手行。"

古人如此重视指甲，蓄甲之风盛行，当然会想办法美甲和护甲。大约从唐宋开始，妇女们将凤仙花捣碎，用来染指甲。《红楼梦》里，晴雯请医生来看病，伸出手去，只见有两根指甲足有二三寸长，留有凤仙花染红的痕迹。南宋周密在《癸辛杂识》中详细记载了这种染指甲的方法：取凤仙花的花和叶，放在钵里捣碎，再加入少量明矾。洗净指甲后，将丝棉做成与指甲一样大小的薄片，浸入花汁，再放于指甲表面，用布条缠着过一晚。染一次颜色比较淡，可连续浸染几次，染好后颜色跟胭脂一样红，水也冲洗不掉，可保留数月。

除了染指甲美甲，古人因为指甲蓄得很长，容易脆断，所以也非常注重保护，由此产生了护指，又叫指甲套或金驱。护指用金、银、铜、玉、珍珠或宝石制成，长约四寸有余，细长略弯，指端尖细，背部通常是镂空的，以便通气。除大拇指外，其余四指都可戴，大多只戴食指或中指，也可只戴无名指和小拇指两指。戴上护指后，手指修长而华丽，并且意味着不必从事体力劳动，因此佩戴者多属于上流社会，非富即贵，所以戴护指也是一种身份的象征。

中国历史上最具代表性的美甲人物要数慈禧太后了。慈禧很爱留指甲，无名指和小手指的指甲最长时有七八寸。她每天要用温水浸泡和修剪指甲，根据手指的粗细和指甲的长短，精心选择指甲套来佩戴，以显示其尊贵的地位。曾为慈禧画像的美国画家卡尔曾这样描述过慈禧："手戴玉钏（chuàn）及玉护指，光辉夺目，精彩照人。"

古人有洗发水吗？他们怎么保养头发？

我国古代称洗发为“沐”，洗身为“浴”，从很早开始就用米汁洗发了。米汁的去污能力很强，又有多种维生素和矿物质，所以不仅可以清洁头发，还能滋润头部皮肤，有护发作用。

此外，香泽是古代常用的一种护发油剂。制作方法是这样的：用新绵包裹丁香、藿香、苜蓿（mùxu）和兰香，浸泡于酒中（夏天用冷酒，春秋用温酒，冬天用暖热的），夏天浸泡一夜，春秋二夜，冬天三夜。然后，将两份麻油和一份猪脂放入铜器中，再倒入浸香的酒。煮开后再用小火微煎，将浸泡过的香药放进去，煎到黄昏，到水分蒸发干净即可。在快成的时候，放一点青蒿（hāo）着色，最后用棉花遮住铜器嘴部过滤出香泽。丁香、藿香和青蒿都含有芳香性挥发油，并且能抑制一些皮肤真菌的生长，对于护发很有效果，所以其配方和制法一直被沿用了千年。

除了香泽，还有其他护发药物。唐代的人为了治疗脱发，用一升切碎的柏叶配附子二两，捣碎后，加入猪脂做成圆球，再用布包裹上。洗发时，在米汁中放入一颗圆球即可。此外，还有用八角附子、大醋和矾石煎汁，和脂油调和做成发膏来涂抹，据说可以使白发变黑。清代的慈禧太后也一直使用一种胶状黑发膏染发，所以在年迈时头发也依然乌黑亮泽。

慈禧太后除了用染发膏，也很注重平日的护发，常常使用一种“抿头散”，用梳子蘸水和药物反复梳头。抿过的头发既蓬松又留有香味。另一种药剂叫“香发散”，香味更浓，也深得慈禧的喜欢。香发散中的主要药物有：辛夷、玫瑰花、檀香、川锦纹、甘草、粉丹皮、山柰、公丁香、苏合油、白芷等。这些草药有抗菌消炎的作用，而且都很香。制作方法是将这些药草研磨后，用苏合油调制晾成干粉，用的时候撒一点在头发上，再用篦子篦几次。香发散能去油腻，又能抗菌，还不时飘出香气来，满足了慈禧养发护发又香发的要求。

我们现在有护肤霜，古代女子怎么护肤？

现在我们有各种各样的护肤霜，古代妇女也有各种各样的面脂。北魏时，用牛髓（suǐ）或牛脂配以温酒，再加入丁香、藿香和青蒿等制成比较简单的面脂，可以洁肤润肤，对一些细菌和皮肤真菌也有抑制作用。到唐代时，配方大大发展，使用的药物非常丰富，孙思邈曾记载过一个方子：将玉屑、石膏、珊瑚、当归、土瓜根、细辛、白芷、黄芪（qí）、桃仁、木兰皮、前胡、杏仁、青木香、冬瓜仁、矾石、秦皮、栀（zhī）子花等54种药料切碎，加入清酒腌一晚，再混合熊脂、白狗脂、牛髓、鹅脂和羊髓等用火煎，三沸三止，等酒气散尽，过滤掉渣滓，放入麝（shè）香末，沿同一方向快速搅拌到膏脂凝固和变色为止，最后装入瓷器密封。在这个配方中，有可滋养润肤的动植物油脂类药物，有芳香性药物，有抑真菌和细菌的药物，还有祛散风邪、利水除湿、清热解毒和活血祛瘀的药物。此外，像土瓜根、冬瓜仁、木兰皮等，还有消除面部黑斑的美白作用，玉屑和秦皮等甚至能去除瘢（bān）痕。

除了润肤的面脂，古人还使用面药来使肌肤白嫩光洁，这在唐朝的宫廷和民间特别流行。在孙思邈的《千金方》中有一个方法很像我们今天做的面膜：将朱砂、雄黄、水银霜各半两、胡粉二团和黄鹰屎一升混合后，取一两药同面脂混合，晚上睡觉前洗完脸后涂上，并用手指轻轻地按摩，使药物充分进入肌肤后再入睡。涂一次要保留五天，第六天的晚上再洗净重涂，如此反复做三次就可以达到理想的效果：“其色光净与未涂时百倍也。”此外，还有一种“太平公主秘方”，是用乌鸡血和桃花末涂在脸上和身上，几天后就会“光白如素”。

古人没有香水，如何营造体香？

古人没有香水，怎么才能营造迷人的体香呢？熏香、佩戴香囊、沐香浴这些办法当然可以获得后天外在的香气，但古人认为自然的体香还是要从饮食中获得。所以，唐宋时期非常流行食杏仁、饮杏露和饮香茶。杨贵妃不仅常常沐香汤浴，还爱吃香榧（fěi）子和荔枝。武则天爱饮“龙香汤”。至于“美容大王”慈禧太后则喜欢喝“驻香露”，因为可以使“面肤去黑素，媚好溢香气”。这种通过服用药物或饮食来获得体香的办法，古时称之为“香身”，能够香身的方剂被称为“体香方”。比如《红楼梦》里的薛宝钗，便是因为吃了“冷香丸”而周身散发着香气。

“铁杵磨成针”的故事流传甚广，古代的针真的是磨出来的吗？

当原始人终于学会把兽皮穿在身上保暖的时候，他们就意识到了一个难题，那就是如何缝衣服，而难中之难，莫过于怎么制作一枚针。早在石器时代，古人就解决了这个问题，他们耐心地将石头或骨头磨细，并钻孔，做成了石针和骨针。在北京山顶洞人遗址里，就发现了一枚骨针，由最新的测定结果可知，山顶洞人大约生活在三万年前，由此可以大致推断这枚骨针的年龄。无独有偶，辽宁省小孤山遗址也出土了骨针，时代同样在三万年前左右，小孤山的骨针比山顶洞人的骨针稍显精致。

后来还出现了竹针、木针等，到了春秋战国时期，很快出现了青铜针和铁针。我们都知道铁杵磨成针的故事，铁针真的是磨出来的吗？其实不是的，明朝人宋应星在他的《天工开物》中提到了铁针的真正制法。制针时，先要在一块铁上凿一个小孔，作为制针的模子，再把铁烧热软化，同时锤成细条，再让它穿过模子，铁条就变成一根铁线了。然后按照需要的长度将铁线截成一段一段的，最后将针的一头磨尖，另一头压扁穿孔，针就做好了。

“一言既出，驷马难追”，古人乘坐的马车都是由四匹马来拉的吗？

汉字是一种很形象的文字。例如古代的一辆马车上如果驾了两匹马，就叫作骈（pián），就是两匹马并排驾车的意思；一辆车上要是驾了三匹马，那就是骖（cān），骖字右半边的“参”，本来应该是“三”的大写写法“叁”。同理类推，一辆车上驾了四匹马，就是驷（sì）字了，由于很多车都是一车四马，人们就开始直接用驷来指马车，或者用驷作为马的单位。比如《论语》中有一句话叫“齐景公有马千驷”，实际上是说齐景公有一千匹驷马，也就是一共四千匹马。明白了驷的意思，“一言既出，驷马难追”也就很好理解了，它的本意其实是：说出口的话，即使是驾着四匹马拉的车子也追不回来，这句话用来表示说话要算数。

在中国的历史上，一直有一种“天子驾六”的说法。对于天子驾六的起源，有的人认为从夏代就开始了，有的人认为是周代，有的人则坚持认为这是秦汉的“新”规定，司马迁就认为天子驾六是秦始皇制定的。

关于这个问题，后来有了新证据。2002年，考古学家在洛阳发现了一个陪葬坑，里面埋着车和马。古人死后下葬，往往会在墓室里埋下车马、陶瓷等物品作为陪葬品。而2002年发现的这个车马坑，被专家认定是东周时期某一位周王的陪葬坑。坑中就有一辆驾着六匹马的车子，这说明，至晚在东周时期，就已经有了“天子驾六”的规定。但是到了东周晚期，也就是战国时期，在很多诸侯的墓里也发现了六匹马的马车，这可能是因为到了那个时候，周王室衰弱，强大的诸侯不把周王放在眼里，纷纷有恃无恐地摆起了王的排场。

我们现在出门有书包、行李箱，古人出门用什么装东西？

古人的衣服一般袖子宽大，袖口却很窄，在袖子里边缝一个小口袋，装些随身的贵重物品，既方便，又安全。

古人的袖子里究竟能装多少东西？听了这个故事就明白了。在战国时期，秦国入侵赵国，赵国就向魏国求援，魏国的国王却由于害怕强大的秦国，命令大将军晋鄙按兵不动，不肯对赵国施以援手。魏国的相国公子无忌却明白唇亡齿寒的道理，知道赵国一旦陷落，秦国一定会继续进攻魏国。公子无忌屡次劝谏魏王，都不被采纳，无奈之下，他决定偷出兵符，假传君命，让大将军晋鄙发兵救赵。偷兵符的时候都很顺利，去见将军晋鄙时，却被他识破了，无奈之下，公子无忌的随从朱亥就取出藏在袖子里的一个四十斤重的铁锥，杀死了将军晋鄙。公子无忌因此顺利接管了军队，出兵打退秦兵，遏制了秦国的称霸野心。衣袖里能藏下四十斤重的铁锥，可见当时的衣袖有多大了。

衣袖再大，也装不下干粮行李，所以人们出门的时候还要打包袱。所谓打包袱，就是把行李放在一块方形的布中央，然后把布相对的两个角分别系在一起，这样系不但能防止行李掉出来，还能把靠外的那个对角线挎在肩膀上背着走。打包袱的方法简单又方便，而且只需要一块布就能完成，因此很受老百姓的欢迎。现在虽然我们出门都用行李箱了，包袱这个词却并没有在汉语中消失，比如说某人的心理压力很大，人们就会说他“包袱很重”，意思是他承受着很大的压力，就好像背了一个沉重的包袱一样。

古代还有一种背行李的工具叫褡裢（dālian）。褡裢也是布做的，它是一种中间开口两端装东西的口袋，出门的时候把东西分别放在这两个口袋里，然后将褡裢搭在肩上，使两个口袋一前一后垂下来，这样前后重量一致，走路的时候能够保持平衡，而且布条搭在肩上，也不会觉得硌。直到现在，西北地区的一些人还在使用褡裢，可见它有多么好用。

古人的雨具有哪些？伞是鲁班发明的吗？

蓑笠是古代的雨衣，蓑和笠其实是两样东西，蓑就是披在身上的部分，像一个斗篷一样，笠则是带有宽帽檐的帽子。蓑和笠都是草或者麻编成的，做成由内而外向下垂的样子，穿着它们站在雨中，雨水就顺着蓑笠下垂的方向流下，而不会渗到里面，沾湿衣服。蓑笠制作材料简单，防水效果好，而且穿着它两只手都能空出来做别的事情，有很多优点，所以很受古人的喜爱。

说到雨具，现代人首先想到的肯定是伞。古代也有伞，样子和现代使用的不能折叠的伞差不多，但是不如现在的好用。因为古代没有能够防水的面料，伞面只能用普通的纸或者布，在表面涂一层防水的涂料做成，遇到瓢泼大雨时，雨伞很可能会渗水。

传说伞是鲁班的妹妹发明的。有一天鲁班带着妹妹到西湖游玩，他们正对着湖光山色流连忘返呢，突然就下起雨来，兄妹二人觉得十分扫兴。这时鲁小妹灵光一闪，对哥哥提出要比试一番，比试的内容是，在一夜之内，找到能在雨中游览西湖的方法。鲁班欣然同意，当晚就在西湖各处选了地点，忙活了一夜，一共造了十座亭子，使人下雨时可以站在亭中赏景。鲁小妹那边呢，反而一直把自己关在房中，第二天一出来，手上就拿了一把雨伞。鲁班对这座会移动的“亭子”叹服不已，痛快地认输了。这就是著名的西湖绸伞的来历。

古代没有邮局，古人如何传递个人信件？

送信实在是古代生活中的一大难题。古人出行本来就不方便，行进速度又非常慢，少量的驿站和快马还得供官方传递军政大事时使用，普通人想要送信怎么办？那就只能托顺路的人带去。要是送信人足够细心，真把信送到了，那只能说写信的人运气好，可惜这种好运气并不是常常有的。

接到一封家信实在是太难了，因此古代有很多动物送信的传说，比如大雁传书、鲤鱼传书，甚至在正史里，都记录着一个黄狗传书的故事。这条狗的主人是晋朝著

民国许监文所绘的《黄耳传书图》。画中小黄狗把信送到之后欢快的样子活灵活现。

名的文学家陆机，陆机当时正在首都做官，十分想念家乡的亲人，常常对着家里的黄狗述说自己的思念之情，那黄狗居然颇有灵性，不但听懂了陆机的话，还表示要替他送家信。陆机半信半疑之下，就写了一封信系在黄狗身上，黄狗就真的出发了。它顺着大路一直跑，遇到河水挡路，就跳上渡船，被带到对岸后，接着再跑。它不但成功把信送回了陆机的老家，还带来了家人的回信。这一条狗，比很多人都可靠。

送信难的状况一直持续到宋代，皇帝才大发慈悲，下旨允许“私书附递”，也就是说，允许人们把私人信件和官方的文件一起，通过驿站送出去。但是真正能够这样做的人，恐怕仍然只是那些达官贵人。

直到明代，才终于有了类似邮局的私营机构，叫作民信局，只要交纳一定的费用，民信局可以替所有人送信，甚至能够汇款和邮递包裹。

“十里一长亭，五里一短亭”，古代为什么会有那么多的“亭”？

这里的“亭”指的并不是我们现在所说的亭子。这个亭在秦朝就有了，每隔十里设置一个，主要负责接待来往的官员、抓捕盗贼、处理民间纠纷等基层工作。每个亭的最高负责人就是亭长，当年汉高祖刘邦还没有起义的时候，就曾经做过秦朝的亭长。

亭长究竟有多大权力？听过一个故事之后你就明白了。王莽在位的时候，有一个大官的手下夜晚路过奉常亭，受到亭长的盘问，他就把自己的官名告诉了亭长，谁知亭长当晚正巧喝了酒，趁着酒劲不依不饶，非要他出示证件来证明身份。这个大官的手下从来没有被一个小小亭长责难过，一怒之下，就用马鞭打了亭长。亭长被打，酒

劲上来，一还手，没轻没重的，竟然就把大官的手下杀死了，于是亭长被上级的官员抓住判了刑。亭长的家人为了救他，上书王莽，王莽知道了以后命令说：这位亭长是在执行公务，不能因此惩罚他。亭长于是被无罪释放，那位大官听了王莽的批示，赶紧亲自向王莽请罪。

亭既然是这样的功用，建筑的样式当然不能像亭子一样了，而是一个有墙、有门、有窗的房子。后来亭不再是官府设立的行政机构，却留在了诗词歌赋里，成了离别、送别的代名词。李白在他的《菩萨蛮》中就说“何处是归程？长亭更短亭”，意思是，一个长亭接着一个短亭，不停地走下去，回家的路何时才能走完呢？

古装剧里店小二总是问“客官是要打尖还是住店”，什么叫“打尖”？

“客官，您是打尖还是住店？”这句话是古代店小二常用语，我们在电视电影里常常听到，其中住店的意思很好理解，那么打尖是怎么回事呢？

有的时候，客人路过旅店时并不住下，只是吃一顿饭，稍作休息，然后继续上路。在北京和天津一带，人们将这种做法称作打尖。那么，为什么停下来吃饭叫作打尖呢？这其实是一个错别字。打尖本来应该是打火，打火的说法宋代就有了，由于“尖”字和“火”字在字形上非常相像，后来渐渐写错，“打火”就成了“打尖”。

打火就是点火做饭的意思，古代旅馆等级不同，提供食宿的水平和方式也不一样。一些没有条件、请不起厨子的旅馆，往往只为客人提供灶台、柴火等基本的做饭工具，由客人自己动手给自己烧饭吃。

同一家旅馆，为了接待不同消费水平的客人，也会根据房间的大小和设施，布置不同等级和价格的房间，有上房、下房之分，还有一种特殊的房间叫通铺，就是在一个房间里，由内到外设一张非常宽的床铺，能够同时供很多人并排躺在上面。每个住通铺的人只拥有一个床位，所有人就在一间屋里一起过夜。夜里鼾声梦话共舞，条件实在不好，但是胜在价格低廉，因此通铺也颇受欢迎。

古人为什么将路费称作“盘缠”？

宋徽宗时期的铜钱。“崇宁通宝”四个字是宋徽宗亲自题写的瘦金体。中间的方孔就是用来穿绳的。

我们都知道，在古代流行最久、最常见的货币，就是中间有孔的圆形铜钱。铜钱的主要成分是铜，它虽然样子像是现在的硬币，却基本上不分面值，而且铜钱的价值也较低，所以购买稍贵的东西，往往需要较大数量的铜钱，这样它的携带和点数都比较麻烦。

为了解决这个问题，古人想了个办法，就是用一根绳子，通过铜板中间的孔，把钱穿成一串，每一串固定穿一千枚铜钱，这一串钱就叫作一贯或者一吊钱。这样大笔交易的时候就方便多了，比如需要五千枚铜钱的时候，直接数出五贯钱来就可以了。

出门的时候，人们肯定需要带上不少铜钱，这些钱背起来重，又需要好好保护，于是大家想出办法：将这一串串的铜钱盘起来缠在腰上，再藏进衣服里。这样随身携带着路费，心里既踏实，又比扛着钱省力。后来这又盘又缠的铜钱就被称作盘缠了。

布匹也可以当货币？古人还用哪些物品充当货币？

大概是在夏商以前，人们就开始使用贝壳来充当货币了，在现在的汉字中，和钱财有关的字仍然带有“贝”字，如钱财的“财”、商贾（gǔ）的“贾”。古人为了交易和携带的方便，还会将“贝壳货币”稍做加工，例如将贝壳的边角磨平防止扎手，在贝壳上穿孔以便穿连携带，或者在贝壳上涂色、画上图案，以便区别。“贝壳货币”并不是只有天然贝壳可以充当，现代考古发现了很多磨成贝壳形状的玉、石头和兽骨，这些贝壳形状的物体，显然都被用作货币。直到周朝，还能发现贝壳货币的存在。

刀币，这也是先秦时期的货币，由青铜制成刀的形状，虽然形状比较特异，但是已经是由金属制成的了。还有一种青铜货币，样子像铲子，这样的货币被称作“布”。

战国到秦汉的一段时期，还曾经用布匹来充当货币。在考古出土的秦代和汉代律法中，都详细规定了流通布帛的形制，包括布的质量、大小、颜色和刺绣图案。试想，布帛又大又沉，显然没有金属或者贝壳制成的货币便利，为什么反而会流行呢？这是因为，布帛是每家都能拥有的一种物品。要知道，中国古代虽然很早就能够炼制青铜了，但是将青铜制成货币，也仍然是一项成本高、技术要求严格的工作。费时费力制成的少量刀币，完全无法满足整个社会对货币的需求。而贝壳也是同样的道理，不论是真正的海贝还是用骨头和石头磨成的贝币，数量都很少。

布帛的情况则正好相反，那时几乎每家每户都有纺纱织布的能力。如果能够用自家织出来的布，直接换取其他物品，何必要先将布换成钱币，然后再买东西呢？这样做还能在一定程度上省去铸钱的麻烦，因此也受到官方的支持。

在战国时期的楚国，有一种货币，虽然也是铜铸的，却因为其特异的形状，在此不得不提。这种货币叫作“蚁鼻钱”，大致是椭圆形的，上窄下宽，背面平滑平整，正面突出，并刻有文字或图案，蚁鼻钱因为形状看起来像是人脸，上面的图案又类似五官，所以俗称“鬼脸钱”。

开运动会时操场上常挂彩色的小旗子，古人会在什么时候挂彩旗？

古人在立春这一天挂彩色小旗迎接春天，称为春旗或春幡。在汉代，挂春幡是迎春活动的一部分，人们在立春日鞭春牛的时候就会挂起春幡。在宋代，人们在卖春牛或赠送春牛的时候，都会用春幡作装饰，春幡代表着人们对丰收的企盼。

除春幡外，彩胜也是人们在立春日互相赠送的礼品。彩胜是人们用彩色的绢布或纸剪成的小型春幡或其他饰物，可以戴在头上，也可以挂在花枝上，以表示迎春之意。彩胜是一种饰物，因此有各种各样的形状。剪成蝴蝶形的就是“彩蝶”；剪成燕子

齐白石绘《平安长寿》四条屏。内容分别为金桂墨兔、柿子鹌鹑、荷花翠鸟、寿桃，应四季之景，寓吉祥之意。

形的就是“彩燕”；唐中宗还赐给群臣“彩花”，可能就是用各色绢布或纸制成的，也属于“彩胜”一类。后世迎春戴的簪花，大概就是源于唐时的彩花。

清代宫中还有在立春日悬挂春屏的习俗，春屏也算是彩胜的一种。春屏是用绢制成的屏风，由大臣写上四字的吉祥语作为标题，设计好与文字相配的景物，再由画工按照大臣的设计画上景物，添上人物、器物，用花椒装饰好，之后再由大臣写上一首与标题相匹配的颂诗，春屏才算是做好了。春屏在立春这一天悬挂，第二年二月三日方才撤出。

立春时有“咬春”的习俗，“春”怎么“咬”呢？

在我国古代，立春日有制春盘、吃春饼的习俗。制春盘就是在盘中放新鲜蔬菜、果品、糖和饼。在古代的宫廷里，皇帝会在立春日的前一天命人制好春盘，立春日赐给身边的大臣。受宫廷习俗的影响，百姓也喜欢互相赠送春盘。

不同的春盘做法不尽相同，但大同小异。东晋的李鄂用萝卜和芹菜芽做春盘；元代的耶律楚材用粉丝、藕、豌豆、葱、韭黄、蒌蒿做春盘。而明清时代的春盘往往有萝卜，吃春饼的同时吃萝卜，这就叫“咬春”，实际上“咬”的是春饼和萝卜。因为萝卜可以解春困，而且还有通气的作用。

春饼是用面粉制成的小圆薄饼，是与春盘中的菜一起食用的。今天我们在食堂或超市里买到的那种卷着豆芽或韭菜的春饼，就是古时候春盘、春饼习俗的遗风。

除了春饼以外，人们还喜欢吃春卷。春卷是由古时的春茧发展而来的。农民为了祈求养蚕能有好的收获，就在立春日制作这种外形类似蚕茧的面点，把它作为蚕业兴

旺的征兆。元明时期出现的卷煎饼就是由春卷发展而来的，如今也是大街小巷处处可见的流行食品。当我们再次吃到春饼、春卷和煎饼果子的时候，遥想古人寄寓在这些食物上的美好愿望，会不会觉得它们更加美味了呢？

古人的元旦不是公历的1月1日？那是哪一天呢？

古代的元旦是指农历的正月初一，也就是今天的春节，而不是指当今的元旦。当今的元旦是指公历的1月1日。元旦一词专指公历1月1日，是辛亥革命以后的事情了。

“元旦”是什么意思呢？按照东汉许慎在《说文解字》中的解释，“元”是“始”的意思，指这一天是一年的开始；“旦”是“明”的意思，指开始这一天的天明时节，即早晨。“元旦”虽然是一年的头一天，但哪一天才是一年的开始，这在上古时候的各个朝代是不一致的。这和上古的“建正（zhēng）”制度有关。“建正”就是确定某一月为正月，这一月就是一年的开始。每个新建的朝代都要用重新“建正”来确立自己的权威。史书记载，夏代的正月是一月，所以元旦是在一月初一；商代的正月在农历十二月，所以商代的元旦在十二月初一；周代的正月在农历十一月，所以周代的元旦在十一月初一。一直到汉武帝时代，才又把元旦定在了农历的一月初一。

元旦，也就是春节，在古代有各种各样的称谓，比如上日、元日、元辰、元朔（农历每月初一月亮运行到地球与太阳中间，地面上此时看不见月光，这个现象称为朔）、岁朝（“朝”有“早晨”和“最初”的意思，元旦是一年之初）、三元、三朝（指一年的开始，一月的开始，一日的开始）、端日（“端”是“首”的意思，初一为一月之首）等。

元旦是一年的开始，所以人们非常重视，要进行祭祖、迎神、拜贺等各种各样的活动，久而久之就形成了丰富多彩的传统节俗。

春联为什么一般都贴在门框上?

在周朝的时候，人们就已经在大门两侧悬挂两块长方形的桃符，用来避邪驱魔。据记载，这种桃符长六寸，宽三寸，桃木板上写着传说中古代两位降鬼大神的名字——“神荼（tú）”和“郁垒”。此外，人们也会用桃木刻制或者绘画二人神像，悬挂或张贴于大门两旁。桃木颜色红润，人们认为红色可以避邪。古人又称桃木是五木之精，百鬼十分畏惧，所以将桃木挂在门上以保护家宅不被邪魔所侵。

到了五代，有个喜欢别出心裁的后蜀国国君叫孟昶(chǎng)。有一年除夕，他心血来潮，让学士辛寅逊在桃符上作两句诗,诗成后，孟昶认为辛寅逊诗作得不好，于是亲自作了两句：“新年纳余庆，嘉节号长春。”意思是新的一年享受着先祖的恩泽，新春佳节预示着春天常在。这便是迄今所见有记载的最早的春联。此事传出后，许多文人雅士纷纷效仿，将在桃符上题写对联视为雅事。从此之后，桃符的内容和性质逐渐发生了变化，由刻绘的降鬼驱魔的神灵变成了吉庆的文字，并一代代流传下来。

直到宋代，人们仍将这种桃木称为“桃符”，北宋诗人王安石就有“千门万户曈曈日，总把新桃换旧符”的诗句，写的就是春节时家家户户更换门口桃符的景象。

那么，“春联”的名称又是怎么出现的呢？传说明朝开国皇帝朱元璋登基之后，喜欢热闹，讲究排场，也喜欢贴桃符的习俗，就下令在民间推广，命令家家户户在门框上贴上用红纸条裁成的对联，用以迎接春节。红纸比桃木轻盈，书写也更为方便，于是，“春联”就这么沿用了下来，名称也渐渐固定。随着春联字数的增加，加上横批，将其张贴在门框周边是最合适不过了。

古人怎么拜年？这种快捷拜年法在古代很流行。

跟现代人一样，古人也非常重视拜年这件事。但有时因为太忙不能亲自拜年，人们就会派仆人拿着自己的名片代替主人拜年。拜年的名片也叫门状，门状有大有小，大的用整张纸写，小的用半张纸写，相当于现在的贺年卡片。这种派仆人投送的贺年

名片，就被称为飞帖。

飞帖拜年这种风气在明代很兴盛。当时北京的东西长安街住着许多官员，来代主人拜年的仆人们不管认识不认识，见到门就投名片，有些仆人甚至马都不下。这样投送的贺年名片，已不包含什么真正的情感了。到了清代，有人干脆在门上挂一个本子，拜年的人在本上写上名字，就算拜年了。还有人会在门上挂一个红纸袋接名片，称之为“接福”。而接到名片的人家，有时元旦（正月初一）一天就能收到一屋子的纸。投递名片拜年已经到了混乱的程度，以至于闹出了借他人之手以投送名片的笑话。传说宋代有一个叫吴四丈的人，生性爱开玩笑。元旦的时候他写好拜年的名片，却没有仆人来投送，就在自己家门口徘徊。恰在这时他的朋友沈公子派人来送名片了。吴四丈拿出沈公子的名片一看，发现收信人大多也是自己的亲戚朋友。他灵机一动，就请这位仆人喝酒，趁机偷偷把沈公子的名片都换成自己的了。仆人没有发现名片被人做了手脚，傻乎乎地向亲戚朋友逐一投送，结果送出的全是吴四丈的名片。这件事在当时被传为笑谈。

“压岁钱”的“压岁”是什么意思？过年不是长了一岁吗？

传说这个“岁”指的是古时候一种叫“祟（suì）”的妖怪。据说这种怪物身体黝黑，双手煞白。每到除夕之夜，“祟”就喜欢到小孩子的床边，用手摸熟睡的小孩子的头，被“祟”摸了头的孩子，会突然得病，发高烧，说胡话，等到病好了，原本聪明伶俐的孩子就变得痴痴傻傻。因此，为了不让孩子受到惊扰，长辈们往往在大年三十晚上，陪着孩子不睡觉，一起在灯下玩耍。

压胜钱也称花钱，起源于汉代，上面铸有吉祥寓意的图案，是专为祈福避邪的没有流通功能的铜币。春节时，长辈给晚辈压岁钱的最初之意是“压祟”，以期望镇住邪祟保佑儿童平安，压胜钱就是最早的压岁钱。

浙江嘉兴有一户人家老来得子，夫妻俩视孩子如珍宝。有一年除夕夜里，老两口拿出八枚铜钱陪着孩子玩，孩子玩累了睡下后，他们将铜钱用红纸包好放在孩子枕边，夫妻俩守着孩子不敢合眼。半夜里，突然一阵狂风吹熄了房间的蜡烛，黝黑的“祟”刚要把煞白的双手摸向孩子的头，突然从红纸里射出几道金光，把“祟”吓得逃之夭夭。第二天，老两口把这件事告诉了街坊邻居。人们纷纷效仿，在孩子的枕边放上红纸包着的铜钱，“祟”就再也不敢来伤害小孩子了。就这样，一传十，十传百，铜钱能压制“祟”的故事流传开来，这个钱也就被称为“压祟钱”，因为“岁”与“祟”谐音，“岁”又与“年”同义，索性就称为“压岁钱”。大年三十晚上不睡觉的习俗也被称为“守岁”。

其实，压岁钱的雏形早在汉代就已经出现，那时候叫“压胜钱”，并不是市面上流通的铜钱货币，而是人们佩戴在身上的一种钱币形状的避邪物品，上面刻铸着吉祥话和祝福语，也有龙凤、龟蛇等各种吉祥图案。

古代的商店春节也要停业放假，他们放几天假？

在不同的地方，不同的时代，工商业店铺春节放假的时间也不一样。有些地方，店铺是从正月初六开始营业的，称之为“开市”。开市的这一天要很早起来，焚香拜神，燃放鞭炮，打开店铺大门，各商铺互相拜贺，以求开门大吉。开市前，要向商铺的股东汇报一年的账目，有辞职的员工也要在这一天算清工资，可见这一天对工商业店铺来说是很关键的一天。

有些地方，举行开市仪式以后并不马上营业，而是接着关上店门，一直到正月十七才开市正常营业。还有的地方开市后不是整日营业，而是每日只营业半天，直到正月十五以后才恢复正常。

在店铺关门放假的日子里，人们没有办法买东西，所以一定要在年底准备好大量食物来度过商店停业的日子。

由于春节停业给人们带来了不便，也有一些商铺在大年初二就开始营业，甚至有人在大年初一就开始营业，这称为“连市”。有时商店不开门，顾客也会叩门而入。正月初六，与城里的商店“开市”同时，农村一些勤俭的人家也开始了农业劳动。

古人会给马、牛、羊、鸡、狗、猪等禽畜过生日？这些动物是怎样过生日的？

古人认为正月里的前八天分别是人和不同畜牧作物生日的说法，顺序依次是“一鸡、二狗、三猪、四羊、五牛、六马、七人、八谷”。正月初一是鸡的生日，这一天人们不仅不会杀它，还要把它画下来贴在门上；正月初七是人的生日，这一天对人不仅不杀（不执行死刑），还会把彩绸剪成人的形状戴在头上，或者把金属片制成人的形状贴在屏风上。可是对于马、牛、羊、狗、猪这五种家畜，只是不杀，就再没有别的什么特别对待了。可能古代先民觉得这样做有点不公平，所以就要在正月初七人日这一天把它们召回来，这就是“招牛马”的习俗。招牛马的时候，人们要在西门前召唤牛马牲畜，意思是要把它们叫回来，而且还要在宅子内撒上用灰拌的粟谷和豆子，意思也是以此招回它们。

在宅子内撒上用灰拌的粟谷和豆子以招回牛马的风俗，与嫁娶时撒谷豆以避杀神的风俗是相关的。这种风俗在汉代就产生了。汉代的京房认为自己女儿出嫁这一天不吉利，因为门前有“三煞”，也就是青羊、乌鸦和青牛这三种凶神，凶神在门，新娘就不能进门，否则就会损害尊长或者不能生子。可是新郎翼奉却不害怕，他在门前撒上豆谷，就把三煞凶神给吓跑了。后人看到撒豆谷的威力，于是就把它用到正月人日招牛马的活动中。招牛马时在宅内撒上粟豆和灰，驱走凶神恶煞，牛马就能顺利回来了。

二月二为什么被称为“龙抬头”日？

农历二月初二俗称“龙抬头”日。难道这一天真的有龙抬头吗？对于这一称呼，民间有许多传说加以解释，大都与求雨、龙王有关。其实它们都是后人编排而成的。考察文献，我们会发现二月初二之所以被称为“龙抬头”，与这一天的天象有关。

我国是农耕社会，农业耕作如何安排呢？根据自然节气的变化安排。节气的变化有很多的迹象，比如气温、物候等。还有一个重要的迹象，就是天象。所谓天象，就是天上日月星辰等天体的运行变化轨迹。古人在很早之前就已经学会观测天象变化，从而制定了历法。

对于天上星辰，古人将其分成二十八个星座，俗称二十八宿（xiù）。同时，根据东南西北四个方向，又将这二十八宿分成四组，每组各七个星座。其中，东方七宿由于形状类似一条龙，被称为苍龙；西方七宿类似一只老虎，被称为白虎；南方七宿类似一只鸟，被称为朱雀；北方七宿类似乌龟，被称为玄武。

每当二月初二前后，在黄昏时瞭望天际，就会发现东方七宿的角从地平线出现了，好像一条龙的头抬了起来。所以，人们就把这一天称为“龙抬头”日。这里的“龙”本是天象，后来被历代人们附会成为龙神，产生了各种各样的传说。而原本“龙抬头”其实是春耕开始的讯号，是农业活动的时间依据。

为什么正月里忌讳理发？为什么要在二月二理发？

正月忌讳理发其实来自口音的误传，而这个误传的源头还有两个说法，一说是从“思舅舅”而来，一说是从“思旧”而来。第一种说法来自一个剃头匠和他舅舅的故事。说的是古代有个年轻的剃头匠，跟舅舅特别亲近，但因为太穷，正月去拜访舅舅的时候拿不出礼物，于是就挑着剃头担子，到了舅舅家，十分用心地给舅舅剃头刮胡子，当作拜年礼。舅舅体会到他的孝心，逢人就自豪地说这头是外甥剃的。以后的每年正月，剃头匠都会雷打不动地来给舅舅剃头。没过几年，舅舅因病去世，剃头匠也再没机会给他最亲的舅舅剃头发。每到正月，看着角落的剃头挑子，剃头匠就会想起自己的舅舅，泪如雨下，正所谓正月思舅。而慢慢地，思舅就演变成了死舅。剃头匠正月思舅舅，也变成了正月剃头死舅舅。

而另一个“思旧”的说法来自清初，这还得从清兵入关说起。清朝建立之初规定，所有男人都必须剃头梳辫，甚至下令“留头不留发，留发不留头”，引发“扬州十日”“嘉定三屠”这样血流成河的悲剧。当时，清政府把所有的剃头匠都召集了起来，每人发给一个“吊投旗杆”，上面挂着圣旨，让他们凡看到留头发的都要上去剃掉。面

对如此强硬而又细致的政策渗透，明朝遗民越发思念前朝，但在当时的政治高压下，也无计可施，只好想出一个消极反抗办法，那就是正月不剃头，明着说是正月思念旧的一年（思旧），但其实是思念旧的朝代。而为了掩人耳目，思旧思旧，也就慢慢演变成了死舅舅。

二月二被称为龙抬头日。龙抬头这日要理发的原因有多种说法。一种说法是二月二之后春耕将始，男子可以理个发收一收正月闲散之心，开始一年的辛勤劳作；孩子可以理发，准备开始新一年的学业。另一种说法则是认为二月二剃头发，可以借抬龙头的这个好兆头顺便抬一抬自己的头，希望接下来的一年鸿运当头，福星高照。

为什么鸡蛋在春分这天容易竖起来？

春分竖蛋是中国习俗，因为据史料记载，春分竖蛋的传统起源于四千年前的中国，人们借竖蛋庆祝春天的来临。

竖蛋的玩法简单易行且富有趣味：选择一个光滑匀称、生下四五天的鸡蛋，轻手轻脚地在桌子上把它竖起来。虽然失败者颇多，但成功者也不少。春分成了竖蛋游戏的最佳时节，所以有“春分到，蛋儿俏”的说法。

春分这一天为什么鸡蛋容易竖起来？虽然说法颇多，但其中一些还是有一定的科学道理的。首先，春分是南北半球昼夜都一样长的日子，呈66.5度倾斜的地球地轴与地球绕太阳公转的轨道平面处于一种力相对平衡的状态，有利于竖蛋。其次，春分正值春季的中间，不冷不热，花红草绿，人们心情舒畅，思维敏捷，动作利索，竖蛋也易于成功。更重要的是，在显微镜下，我们可以看到鸡蛋的表面高低不平，有许多突起的“小山”。“山”高0.03毫米左右，山峰之间的距离在0.5—0.8毫米之间。根据三点构成一个三角形和三点决定一个平面的道理，只要找到三个“小山”和由这三个“小山”构成的三角形，并使鸡蛋的重心线通过这个三角形，那么这个鸡蛋就能竖起来了。此外，最好要选择生下后4—5天的鸡蛋，这是因为此时鸡蛋的蛋黄素带松弛，蛋黄下沉，鸡蛋重心下降，有利于鸡蛋的竖立。

古人的这个活动跟今天吃回转寿司、回转火锅有点像，是什么样的活动？

上巳（sì）节人们要举行许多活动，其中最有趣的就是曲水浮卵和曲水流杯了，这跟现代的回转寿司、回转火锅有点相似。

上巳节的时候，人们先将鸡蛋、鸭蛋等煮熟，涂染上各种颜色，然后放到水中，让它们顺流而下，人们守候在弯曲的溪水边，鸡蛋鸭蛋流到谁那里，谁就可以捡起来吃掉。曲水浮卵的风俗起源于一个上古的神话。传说商朝人的祖先叫契，契的母亲叫简狄，简狄在水中洗浴时看到一只鳦（xuán，形似燕子）掉下了一只卵，她吞下了鳦卵，结果怀孕生下了契。因为人的胚胎很像鸟的卵壳，形状都是椭圆形，人脱胎而出的样子很像鸟破壳而出，因此人们会把女性怀孕看作是吞卵的结果，于是卵就成了神灵之物，人们认为谁得到卵谁就容易生出孩子。在这种认知的支配下，曲水浮卵的习俗就产生了。

曲水流杯则是在一段弯曲的河道里，放上盛着酒的杯子，让酒杯浮在水面上并沿着河道流动，人们分别守在弯曲河道的一处，待酒杯漂流到自己眼前，就取出来喝掉。据说曲水流杯的习俗起源于西周的重臣周公旦。周公旦庆祝周朝的东都洛邑的建成就用曲水流杯来庆祝。这一风俗延续了几千年。晋朝的大书法家王羲之在《兰亭集序》里就提到，人们把兰亭那里的清澈溪流引出来作为流觞（shāng，酒杯）的曲水。

清明节只踏青？古人的清明节活动可比现在的丰富多了。

清明节在每年公历的4月5日前后，从太阳到达黄经15度开始。清明时节，春暖花开，最适于郊游，所以清明节的一个重要习俗就是踏青。

除踏青之外，清明节还有许多好玩的游戏，其中之一就是斗鸡。斗鸡就是让两只公鸡决斗，一决胜负。有些贵族人家为了让自己的鸡取胜，甚至给鸡装上金属爪子。唐朝的诗人王勃还专门为沛王李贤的斗鸡写过一篇著名的檄文《檄英王鸡》，向英王李

显的斗鸡挑战。

跟斗鸡相联系的，是斗鸡卵的游戏。斗鸡卵就是两个人分别拿鸡蛋比较尖的一头去顶对方的鸡蛋，顶破对方的鸡蛋就算赢。因为斗卵需要对蛋壳的厚度、顶鸡蛋的角度、使用的力度做出准确的判断，所以有人说，斗卵实际上就是斗心、斗智。

清明时人们还喜欢蹴鞠。“蹴鞠”就是古代的足球，玩法跟今天的足球类似，不过球的里面不是充气的，而是实心的。

清代陈枚绘《杨柳秋千》

秋千也是清明前后人们喜爱的一种游戏。秋千本是北方少数民族的游戏，齐桓公北伐少数民族时传入中原，成为中原人喜爱的游戏。唐朝时宫女玩秋千时衣袂飘飘犹如仙女，皇帝就把秋千称为“半仙之戏”。宋代还有“水秋千”的玩法，在船上设一个秋千，然后在秋千上跳水，比今天的跳水比赛更有趣。

清明节游戏当然少不了放风筝。放风筝可以追溯到汉代。汉高祖刘邦在征讨陈豨（xī）时靠放风筝来丈量未央宫的远近。

清明的许多娱乐和游戏，如踏青、斗鸡卵、踢足球、放风筝、荡秋千等等，直到今天仍深得人们的喜爱。

立夏和夏至，哪个节气标志着夏天的正式到来？

每年公历的5月5日或6日，太阳到达黄经45度为立夏。立夏标志着夏季的开始。但按气候学的标准，连续5日日平均气温稳定升达22℃以上为夏季开始。而实际上，立夏前后全国大部分地区平均气温在18—20℃上下，正是“百般红紫斗芳菲”的仲春和暮春时节。只有福州到南岭一线以南的地区真正进入了夏季。

公历每年6月21日或22日，太阳到达黄经90度时，为夏至。夏至这天，太阳直射地面的位置到达一年的最北端，几乎直射北回归线，北半球的白昼时间达到最长，而且越往北越长。如北京约15小时，而黑龙江的漠河则可达17小时以上，在北极圈内甚至会出现极昼现象，而南极圈内则出现极夜现象。夏至以后，太阳直射地面的位置逐渐南移，北半球的白昼时间日渐缩短。夏至这天虽然白昼最长，太阳角度最高，但并不是一年中天气最热的时候。这是因为近地表的热量还在继续积蓄，并没有达到最多。俗话说“热在三伏”，真正的暑热天气是以夏至和立秋为基点计算的。大约在7月中旬到8月中旬，我国各地的气温均为最高，有些地区的最高气温可达40℃左右。

为什么夏日最热的这些天被称为“三伏”天？

“三伏”天是按照我国古代的“干支纪日法”确定的。“干支纪日法”是使用干支记录日序的方法。干支是指甲、乙、丙、丁、戊、己、庚、辛、壬、癸等十天干，及子、丑、寅、卯、辰、巳、午、未、申、酉、戌、亥等十二地支。干支纪日法与干支纪年法一样，用干支相匹配的六十甲子来记录日序，从甲子开始到癸亥结束，六十天为一周，循环记录。

每年夏至以后的第三个庚日（指干支纪日中带有“庚”字的日子）是初伏，第四个庚日是中伏，立秋后第一个庚日为末伏，合起来称为“三伏”。庚日每10天重复一次，所以初伏为10天，中伏为10天或20天，末伏为10天。为什么中伏有10天和20天之分呢？这是因为夏至与立秋之间如果只有一个庚日，中伏就是10天，如果出现两个庚日则为20天。中伏为20天的时候，民间通常称为四伏天，但其实仍是三伏，只是中伏变长了。“伏”的含义是什么呢？古人认为夏日最炎热的这些天，阳气达到最盛，接着就由盛转衰，迎来秋凉天气。而这个时候，太阳的热力完全将阴气笼罩了。所以三伏天的“伏”是指阳气鼎盛，阴气藏伏。在三伏天，人们总有些汗出如雨的感觉，殊不知三伏天的命名中已经蕴含着对阴凉的等待和联想。

三伏天是一年中最热的日子，而三伏中最热的是中伏。这个时候人们要消暑，学校要放暑假，古代的私塾也会放假，称为“暑节”。

屈原？介子推？伍子胥？曹娥？端午节的起源到底是什么？

五月初五是端午节。关于端午节的起源，民间有凭吊介子推、伍子胥、曹娥、屈原四种说法。介子推辞官不言禄，结果在绵山抱着树被烧死，凭吊者北方人居多。伍子胥对吴有大功却被吴王夫差杀害，孝女曹娥等待溺水的父亲归来等了十七天仍不见父亲于是投江，凭吊这两个人的江苏、浙江人居多。屈原则为旷世奇才和忠臣，却因奸人谗言不得重用屡遭流放，楚国灭亡后，屈原投江而死，凭吊屈原者最初以湖北人居多，后来延至整个中华民族。

但是，这四种说法都不是端午节的真正起源。端午节的起源到底是什么？针对这个问题，著名学者闻一多写过一篇《端午考》。闻一多的考证虽然只是一家之言，却基本理清了这一古老节日数千年流变的脉络。闻一多认为，作为民间节日的端午，其起源地应是春秋时期的越吴地区（今江苏、浙江），后来溯江而上延伸至荆楚流域（湖北），再北上至中原。春秋时期，越吴之地刚刚开发，人们敬畏鱼虫水兽，于是造出龙形的舟，并向水中投掷虫食，以祈福消灾。秦汉以后，端午风俗传到湖北一带后则更为兴盛，人们认为端午之俗是为了凭吊屈原。其实，无论是介子推、曹娥，还是伍子胥、屈原，四人都是忠烈之人，把凭吊忠烈作为端午节的起源来看待，虽是误传附会，但闻先生认为，这也是对现实的一种反映。

端午之俗，起源于人们为生存而与水患水怪进行的抗争，后来却升华为人们对生命尊严的敬仰。我们做这样的理解更为合理。

曝晒节时别人晒绫罗绸缎，为什么晋朝的阮咸晒大裤衩？

六月初六曝（pù）晒节是古代汉族人的传统节日。这时候正值盛夏，是一年中最炎热的一段日子。由于春末夏初天气渐热，空气变得潮湿，因而衣物书籍极易受潮生霉，甚至被虫子蛀食，人们就把“六月六”定为“曝晒节”，在这一天翻箱倒柜，把自家的东西拿出来曝晒，旨在杀菌灭霉。

《世说新语》中就记载着两则有关曝晒节的趣闻，阮咸晒大裤衩的故事就是其中之一。阮咸是文学家阮籍的侄子，是个名士。他住在街南，生活拮据。六月初六这天，阮咸那些住在街北的富贵亲戚们都把华丽的锦绣衣裳搬到街上晒，大有竞争摆阔的意思。而和阮咸一起住在街南的亲戚们大多数是穷人，没什么好东西可晒。没想到，阮咸却把一条破裤衩用竹竿挑出曝晒。有人见了奇怪，就问他："为什么把这破东西拿出来晒？"阮咸说："未能免俗，聊复尔耳。"意思是说，人家晒东西，我也不能不随了风俗，得应付一下呀！

晋朝郝（Hǎo）隆"晒书"的故事也被记录在《世说新语》中。郝隆很有学问，也是名士。他虽然家境贫寒，但却学富五车，满腹经纶。曝晒节这天，有钱人家都晒昂贵的衣物，博得别人的艳羡和赞叹。郝隆没什么值钱的东西可晒，就躺在太阳底下晒肚皮。路人问他为什么晒肚皮？他幽默地说："你们没有看到吗？大家都在晒东西，我也得把肚子里的书晒一晒呀！"

这两则故事颇能为曝晒节增色。六月初六这一天，普通人家晒衣服，官宦人家晒官服，读书人晒书，和尚晒经卷。上海的裁缝们曾经在城隍庙举行晒袍会，趁机给自己做广告。

立秋这一天北方流行"贴秋膘"，南方人为什么要当"吃瓜"群众？

立秋这天，我国北方一些地区流行"贴秋膘"的习俗。伏天人们胃口普遍较差，食欲不振，所以不少人都会瘦一些。瘦了当然就要"补"，而"补"的办法就是到立秋这天"贴秋膘"。"贴秋膘"的意思就是吃美食佳肴来让自己长胖。这一天，普通百姓家吃炖肉、肘子，讲究一点的人家吃白切肉、红焖肉、红烧肉以及各种肉馅水饺、炖鸭、羊肉串、涮火锅等。

立秋除了"贴秋膘"外，还流行"咬秋"。咬秋的寓意是，炎炎夏日酷热难熬，时逢立秋，通过吃来将其咬住。在浙江的湖州，立秋时人们要吃西瓜，喝烧酒，认为这样做可防止疟疾；江苏各地立秋时人们也要吃西瓜，认为这样可以防止生秋痱子；在北京，人们立秋日早上吃甜瓜，晚上吃西瓜；天津人则讲究在立秋这一天吃西瓜或香瓜，据说这样可以防止腹泻；而咬秋的习俗到了上海则变成了亲友邻居相互馈赠西瓜，通过互相品尝，发现优良品种，交流改进栽种技术的活动。由于立秋时人们大多要吃瓜，所以“咬秋”也称为“咬瓜”。

乞巧节都有哪些五花八门的“才艺秀”？没点儿本事还真不行。

七夕在中国古代既是情人节，也是女儿节，古代的女孩子过节的方式就是乞巧。对古代的女孩子来说，织补针线的手艺是非常重要的。织女手巧非凡，会织无缝的天衣，而七夕这天她与情郎相会，心情一定会好，趁此良机，凡间的女孩子就会向她乞求，学得一点她那巧夺天工的手艺。

清代陈枚绘《桐荫乞巧图》描绘了七月初七京中仕女“乞巧”的场面。七夕之夜，女子相聚，以碗装水置于庭院，然后将一束针散放其中，图案的形状越好看，放针者的手就越灵巧。

七夕乞巧的方法有很多种，最常见的一种是“穿针乞巧”。这种风俗可以追溯到汉朝，最迟在南朝时期，穿针乞巧就已定型为七夕风俗。穿针的方法各朝各地均有差异，不过有一点是相同的，那就是都得用线，而且通常还是彩线。而用来穿线的针，汉代有七孔针，元代又有九尾针，要穿过所有针孔才算得上巧。而穿针乞巧是在晚上进行，无论月光还是星光亮度都不足，再加上微风轻拂，乞巧就更不容易了，非得运用巧思不可，这与其说是乞巧，倒不如说是比巧了。

到了后世，乞巧的方式不断翻新。有蟢（xǐ，一种蜘蛛，身体细长，暗褐色，腿很长）蛛乞巧。蟢蛛的出现在中国古代被视为喜庆的预兆。人们在七夕之夜把蟢蛛装在小盆子或小盒子里，第二天早晨，看蟢蛛结了多少网，结网越多，所乞来的巧就越多。还有一种乞巧方式是金盘种豆。金盘种豆就是把绿豆、红豆、小麦用水浸在盆里，让它们长出绿芽，芽长到三四寸时，用红蓝彩色丝线缠绕起来，这叫作“种生”。

月亮上为什么会有玉兔和嫦娥？

八月十五中秋节源于古时祭祀月亮的礼俗。

在祭月所拜祭的神和神物中，人们最早拜祭的是玉兔。根据学者闻一多先生的考证，最初人们认为月亮上有蟾蜍，由于“蜍”与“兔”音近混淆，蟾蜍变成了蟾兔，所以人们又认为月亮上既有蟾蜍，又有玉兔。再后来，又出现了玉兔捣药的传说，人们认为，玉兔捣的是长生不老的仙药。

除玉兔外，人们还要祭祀月姑娘嫦娥。嫦娥美貌非凡，是后羿的妻子，后羿是尧帝手下的神射手。那时候，天上出现了十个太阳，烧焦了庄稼，烤死了草木，人们没有了食物。于是尧命令后羿射掉九个太阳，只留了一个太阳。后来，后羿从西王母那里得到了不死药，交给嫦娥保管，相约两人分吃，长生不老。不料嫦娥经受不住天上生活的诱惑，趁后羿外出狩猎，独自吞食了不死药，飞升成仙。嫦娥由于背弃了丈夫，怕天庭诸神嘲笑，就飞到了月亮上。可是月宫空无一人，出奇的冷清，她在漫漫长夜中咀嚼孤独、悔恨的滋味。李商隐曾有诗感叹：“嫦娥应悔偷灵药，碧海青天夜夜心。”

按照闻一多先生的说法，嫦娥、蟾蜍和玉兔，三者本是同源，嫦娥奔月后化为蟾蜍，蟾蜍又在传说中分化为蟾蜍和玉兔二物。然而老百姓毕竟不是学者，不晓得月姑娘嫦娥与玉兔的同源关系，于是就分开祭拜了。

重阳节为什么要登高、佩茱萸?

据南朝文学家吴均在《续齐谐记》里记载，重阳节登高、佩茱萸的习俗源于汉代“桓景避难”的传说。传说东汉时汝南人桓景拜仙人费长房为师。有一次费长房对桓景说，某年九月初九有大灾，要他速速回家，告诉家人缝一些袋子，里面装上茱萸，系在臂上，然后登山饮菊花酒，这样才能躲过大祸。到了九月初九这一天，桓景按照师父的话做了，带着全家人登山，果然平安无事。晚上回到家中，发现鸡犬牛羊全都死了。此后人们每到九月初九就登高、野宴、佩戴茱萸、饮菊花酒，以求免祸。

这虽然是个荒诞的故事，但却反映出了先民的心理。古人认为“九为老阳，阳极必变”，从一数到九，阳数就数到了尽头，再数下去，就又要从一开始，这就是所谓的“阳极必变”，因而九是个盈极而亏，由盛转衰的隐含着不祥因素的数字，而九月初九是两个“老阳”之数重叠在一起，就更不吉利了，所以人们要寻找一个化解之法，这个解法就是登高、插茱萸。这个认识实际上是阴阳家唯心世界观的反映，却造成了重阳节登高、插茱萸的民俗，这在科学不发达的古代，是非常可以理解的。到了后世，人们重阳登高就不再是为了避祸或避邪了，其目的多在于游赏。重阳之日，天高气爽，万山红遍，层林尽染，百川澄清，是登高望远，游目骋怀的最佳时节。而所谓登高，主要是登山，也有人登楼台。而佩戴茱萸的习俗，到唐宋时已逐渐改为插茱萸了，所以王维诗中才会有“遥知兄弟登高处，遍插茱萸少一人”的句子。

农谚说:“今冬麦盖三层被，来年枕着馒头睡。”怎么给麦子盖被子呢?

这里的“被”指的是大雪。“大雪”是二十四节气之一，是冬季的第三个节气。“大雪”，顾名思义，应该就是“雪量大”的意思，但实际上，“大雪”节气降雪量却不一定很大，所以“大雪”的意思实际上是天气更冷，降雪的可能性比“小雪”更大了，并不指降雪量一定很大。

“大雪”时节一旦降下大雪，农民们就会非常高兴。这是因为覆盖着大地的厚厚积雪就像棉被一样，让地面及作物周围的温度不因寒流侵袭而降得过低，这就给过冬的农作物提供了良好的过冬环境；同时积雪融化还可以杀死害虫；此外大雪还有给田施肥的作用，因为雪水中氮化物的含量是普通雨水的五倍。民间有“今冬麦盖三层被，来年枕着馒头睡”的农谚，又有“瑞雪兆丰年”的说法，原因就在这里。如果雪下得不及时，人们还要偶尔在天气稍转暖时浇一两次冻水，来增强小麦越冬的能力。这样做一是可以保证小麦越冬时有适宜的水分供应，第二可以提高土壤的导热性，可有效地缩小田间温度的变化幅度，防止因温度剧烈升降导致冻害死苗的现象。

有人说“冬至不算节”，也有人说“冬至大如年”，冬至到底重不重要呢？

古人对冬至的理解是：阴气重到极点，阳气开始产生，太阳南移到了极点，白天短到了极点，日影长到极点，所以这一天叫“冬至”。现代天文科学的测定证实了这一点，冬至日太阳直射南回归线，是北半球全年白天最短、夜晚最长的一天。冬至这天，虽然北半球日照时间最少，但由于此时地面在炎热夏季积聚的热量还没完全消散，所以气温还不算最低。但由于地面辐射散失的热量比获得的太阳热量要多，因而气温短时间内会持续下降。冬至过后，全国各地都进入最寒冷的时期，也就是人们常说的“进九”。我国民间有“冷在三九，热在三伏”的俗语。

关于冬至，有两种截然不同的说法。一个是“冬至不算节”，一个是“冬至大如年”，这是怎么回事呢？这是因为，冬至的地位有一个变化的过程。古时候，中华先民曾把冬至看作岁首，视为像春节一样的重要节日，冬至日要贺冬、祭天、祭祖、迎神、避邪等。后来，当冬至节的重要性随历史发展而逐渐降低的时候，冬至节的一些风俗便渐渐融入了春节的风俗之中。

在明朝的时候，冬至还非常受重视，无论达官显贵还是平民百姓都会奔走相贺。但到了清朝就只有皇宫重视冬至了，百姓已不把它当作节日，只吃一碗饺子而已，所以北京有“冬至饺子夏至面”的说法。而在官场上，百官除了互相祝贺之外，还必须要做一件重要的事——戴有皮沿的暖帽。而且从这一天开始，按“官品”够得上穿“貂褂”的人都要穿起来，当时叫“翻褂子”。一件貂褂的价钱很贵，在当时又非穿不可，有钱的王公大臣自然不在话下，而有些官，像礼部、翰林院、御史台等清水衙门的人就要到估衣铺去买旧的，不管怎么旧，只要是一件貂褂就行了。

“数九寒天”指一年中最寒冷的日子，“数九”是什么意思？

数九，是从冬至起以九天为一组概括天气变化或农事活动的风俗。一般是从冬至日数起，九天算一个“九”，数到第九个“九”，共计八十一天。因为是数了九个“九”，所以又称为“九九”。概括九九天气变化或农事活动的歌谣称作《九九歌》。也有用图表等形式表现气候变化的，称为《九九消寒图》。

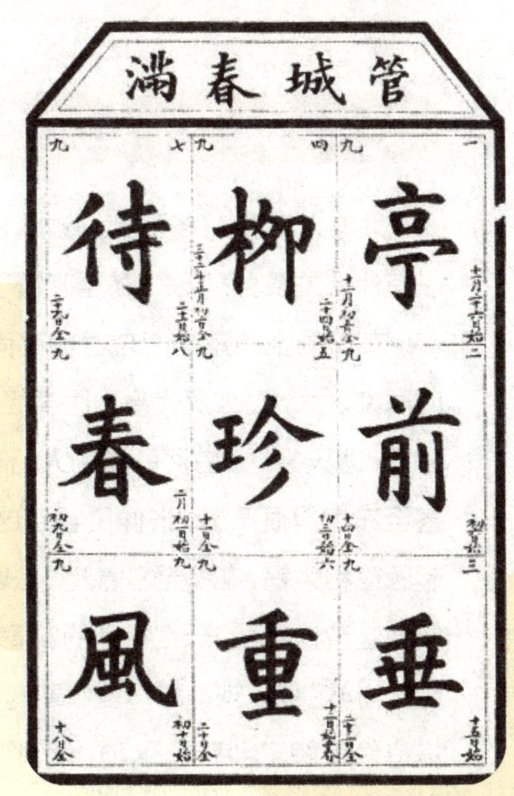

从冬至日起，一天写一笔，当把“亭前垂柳珍重待春风”这九个每个都是九画的繁体字描完的时候，正好就到了春暖花开的时节了。

《九九消寒图》最简单、最普遍的画法是在一张白纸上画九个大方格，上面写着图名，边上写着“九九歌”。每个大格中，再用竹笔帽印九个红圈圈。从冬至日起，每天用墨点一个圈。点的时候还可以只点一部分，以区别不同的天气。其中一首歌谣是这样唱的：“上画阴，下画晴，左风右雨雪当中。”就是说如果赶上阴天，就把红圈圈的上面染黑，如果是晴天就把下面一半染黑，其余的以此类推。等到把红圈圈全部染完了，春天也就来了。在老北京，最爱画《九九消寒图》的是一些小学生。他们把“亭前垂柳珍重待春风（風）”九个字写下来，然后再用白纸蒙上，把它们影写成空心字。这九个字每个字九画，按笔画每天描一笔，描完之后，正好就到了春暖花开、姹紫嫣红的时节，非常有意义。

《九九歌》的唱法，各地有很大不同。在北方，人们唱得比较普遍的是这一首：“一九二九不出手；三九四九冰上走；五九六九，沿河看柳；七九河开，八九雁来；九九加一九，耕牛遍地走。”在南方，唱得比较普遍的是这一首：“一九二九，相唤不出手。三九二十七，篱头吹觱篥（bìlì，古代一种古簧管乐器）。四九三十六，夜眠如露宿。五九四十五，家家推盐虎。六九五十四，口中哂（shěn）暖气。七九六十三，行路把衣单。八九七十二，猫狗寻阴地。九九八十一，穷汉受罪毕。”

冬至的时候为什么北方人吃饺子，南方人却吃汤圆？

北方人常说，“冬至到，吃水饺”“冬至不端饺子碗，冻掉耳朵没人管”，冬至跟饺子有什么关系呢？原来，冬至吃饺子的习俗相传还与医圣张仲景有关。

东汉的张仲景是一位医德高尚、医术高超的大夫，他所写的《伤寒杂病论》集当时医家之大成，被历代奉为医学经典。有一次他在外出行医途中，途经白河地区，时值冬季，冰天雪地。白河两岸的人们缺衣少食，面黄肌瘦，冻得苦不堪言，有些人的耳朵甚至冻伤得很严重。张仲景看到这一景象，心里十分忧虑。他组织乡邻子弟在乡里支起医篷和大锅，在冬至日煮起“祛寒娇耳汤”分发给民众，很快就缓解了人们的冻疮和风寒之苦。这汤有什么特别的？原来，这“娇耳”是以面皮包成耳朵的形状，里面以熬制过的羊杂碎、辣椒和一些驱寒药材做馅儿。喝上一碗祛寒汤，两耳发热，浑身暖和，冻疮也缓解了。后来，这种“娇耳”的做法就渐渐流传开来，特别在冬至天寒地冻之时，吃“娇耳”能祛寒补身，又因为“娇耳”长得形似耳朵，人们相信以形补形，冬至吃“娇耳”也就成了养生习俗，后来，这种“娇耳”又被称为“饺儿”“饺子”。

而南方人却不吃饺子，他们常说，“家家捣米做汤圆，知是明朝冬至天”“冬节丸，一食就过年”。南方人又为什么在冬至吃汤圆？据史料记载，这一习俗大概在明清时期已经固定下来。这一天的汤圆，又称为“冬至圆”“冬节丸”，是用糯米粉和面，包上豆沙等馅儿搓成的丸子。因为冬至这一天昼最短，夜最长，人们利用夜里的时间将冬至圆包好，第二天祭祀祖先，并分送给亲朋好友。过了冬至之后，昼逐渐变长，光照逐渐充足，所以，吃汤圆寓意着光明的到来。冬至过后新年将至，远行的人们准备返乡，汤圆也象征着团团圆圆。除了汤圆之外，人们还会做赤豆糯米饭、糯糕等众多美食，并且在冬至这一天喝冬酿酒。

为什么要在腊月初八这一天“藏冰”？

古时候，人们有腊日藏冰的习俗。在腊八前，人们要凿冰，把冰凿成一尺见方的冰块。到腊月初八这天，就把冰块放进两丈深的冰窖中。然后再把那些要等到入春以后才拿到市场上卖的食物，放在冰块上，最后把冰窖封上。这样水果等易腐烂的食品就可以保持新鲜了。之所以要在腊八藏冰，是因为腊日前后的冰质量最好。

在清代，藏冰已成为朝廷的定制。清朝宫廷非常重视藏冰，藏冰的工作由工部负责，当时紫禁城内有五座冰窖，其中四座各藏冰5000块，另外一座藏冰9226块。到了夏日，就要把冰块从冰窖中取出，进献给宫中使用，这就是所谓的“进冰”。藏冰，是为了春夏天气暖热之后取出来制冷。所以人们在夏天也可以吃到冰镇水果，甚至可以用冰块来降温。

实际上，清朝时地方上也广设冰窖。比如苏州就有二十四座冰窖，还有专门的卖冰商人。冰商冬天储存冰块，到了夏天就把冰块批发给小商贩，由他们再零售给千家万户。古时没有冰箱，人们便把买回家的冰块放在由厚麻布做内衬的小方柜里，这种“保温冰柜”可使一块五六公斤重的冰块一昼夜不融化。

“腊月二十四，掸尘扫房子”，为什么要在这一天扫房子呢？

每逢春节来临，家家户户都要打扫卫生，清洗各种器具，拆洗被褥窗帘，洒扫房屋庭院，掸拂尘垢蛛网，疏浚明渠暗沟。大江南北，到处洋溢着欢欢喜喜搞卫生、干干净净迎新春的气氛。

有趣的是，扫尘的习俗居然源于一个颇为诡异的故事。传说，古代的人身上都附有一个三尸神，它像影子一样跟随着人，形影不离。三尸神是个喜欢阿谀奉承、搬弄是非的家伙，它经常在玉皇大帝面前造谣生事，把人间描述得混乱不堪。久而久之，在玉皇大帝的印象中，人间简直是个充满罪恶的肮脏世界。一次，三尸神密报，人间的百姓在诅咒天帝，想谋反天庭。玉皇大帝大怒，降旨迅速查明人间犯乱之事，凡是怨忿神明、亵渎神灵的人家，就把罪行写在屋檐下，再让蜘蛛张网遮掩以作记号。凡是做有记号的人家，在除夕之夜就让王灵官下凡把他们满门斩杀，一个不留。三尸神看到自己的诡计即将得逞，就不管青红皂白，恶狠狠地在九万九千九百九十九户人家的屋檐墙角做上记号，想把他们斩尽杀绝。正当三尸神作恶时，灶君发觉了它的行踪，大惊失色，急忙找来各家的灶王爷商量对策。最后，大家想出了一个好办法，就是从腊月二十三送灶之日起，到除夕接灶前，每户人家必须把房屋打扫得干干净净，哪户不清洁，灶王爷就拒不进宅。人们遵照灶王爷升天前的嘱咐，清扫尘土，掸去蛛网，擦净门窗，把自家的宅院打扫得焕然一新。等到王灵官除夕奉旨下界查看时，发现家家户户窗明几净，灯火辉煌，人们团聚欢乐，美好无比。王灵官找不到表明劣迹的记号，心中十分奇怪，便赶回天上，将人间祥和安乐、祈求新年如意的情况禀告玉皇大帝。玉皇大帝听后大为震怒，就降旨拘押三尸神，下令掌嘴三百，把它永拘天牢。从此，心地善良的灶君得到了大家的拥戴，每年腊月二十三人们都要祭灶，扫尘也随之成为民间的习俗。

本命年为什么要穿红戴红?

人们一般用十二生肖记录自己的出生年份,每个人生下来就有一个属于自己的属相,每过十二年会重新遇上与自己属相相同的年份,这一年就称为本命年。如一个人正值12岁、24岁、36岁……那就是恰逢自己的本命年了。在传统观念里,本命年往往被认为是不吉利的一年。“太岁当头坐,无喜恐有祸”,这句谚语就道出了人们对于本命年的担忧。

人们常认为,本命年里可能生病、破财、运气不好或遇到其他不顺心的事情。也有人认为,本命年顺了,往后的日子就开启人生的一个新阶段,鸿运当头,顺顺利利;本命年不顺遂,以后也难免厄运当头,倒霉到家。因此有些地方的人也称本命年为“槛儿年”。跨好了这道“槛儿”,就能把以后的路走好。

本命年的人们,最爱用挂红来避开厄运。在中国人的传统观念里,红色是太阳的颜色,象征着喜庆、光明、力量、成功,无论时代如何变迁,人们对于红色的崇尚一直没有改变,尤其认为红色有避邪护身的作用。

红腰带、红裤衩和红袜子俗称“本命年老三样”。大年三十这一天,恰逢本命年的人们,无论男女老少,都扎上了红腰带,特别是小孩子,更是要穿上红色的裤衩和袜子。不仅如此,有的人还在手腕上系上红绳,随身佩戴的饰品也要用红绳穿起来。还有的人会换上红色的鞋垫,希望来年踩尽所有厄运,化凶为吉。

其实,本命年顺与不顺并无规律可循,也是因人而异,大多数情况只是人们的心理作用在作怪。不过,本命年这种穿红戴红的风俗却一直广泛流传于民间,十分有趣。

十二生肖中的动物是如何选定和排序的?

十二生肖动物的选择和排定虽不见于文献记载,不过在民间却流传着不同的说法。

其中有三种说法最为大家熟悉。第一种就是动物赛跑排座次的传说。说的是当

年轩辕黄帝要选十二种动物担任宫廷卫士，为了公平起见，于是决定让所有动物来一次赛跑，然后按照动物到达的先后来排序。而这中间还发生了很多插曲，比如牛和老鼠起得最早，牛儿好心让老鼠坐在自己背上，快到终点时，老鼠却一下子先窜了出去，得了第一。

第二种说法认为，这是根据中国古代的阴阳观念和奇偶数决定的。古人认为数字排序也有阴阳，奇数为阳，偶数为阴，阴阳要搭配，正如奇偶要搭配一样。老鼠的足趾比较奇特，前足四趾，后足五趾，奇偶同体，无法按上述原则安排，于是就把老鼠排在了首位。在老鼠后面依次排列的是：牛（四趾）、虎（五趾）、兔（四趾）、龙（五趾）、蛇（无足同偶数）、马（一趾）、羊（四趾）、猴（五趾）、鸡（四趾）、狗（五趾）、猪（四趾）。这种将动物脚趾数和阴阳观念相配的说法，是个创新，但是并不能科学解释某些动物之间的排序问题，比如，牛、兔同为四趾，同为偶数，那牛为什么要排在兔的前面。

第三种说法则将日常观察到的动物活动习性和一天中的十二时辰相结合，这样地支和生肖的配属关系也得到了解释。在古代，用子、丑、寅、卯、辰、巳、午、未、申、酉、戌、亥来记录一天十二个时辰（一个时辰为两个小时）。子时为晚上11点到凌晨1点，传说人们发现这一时间，老鼠最为活跃；丑时为凌晨1点到3点，这是牛在反刍的时间（一说牛习惯夜间吃草，农家常在深夜起来挑灯喂牛，故称“丑牛”）；寅时为凌晨3点到5点，这是老虎开始到处游荡觅食、最凶猛的时候；卯时是早上5点到7点，是月亮（也称玉兔）还在照耀大地的时间（一说天刚亮，兔子出窝，喜欢吃带有晨露的青草，故为“卯兔”）；辰时是上午7点到9点，是传说中龙行雨的时刻（一说此时一般容易起雾，传说龙喜腾云驾雾，又值旭日东升，蒸蒸日上，故称“辰龙”）；巳时是上午9点到11点，是蛇伏在草中不出来伤人的时候（一说此时大雾散去，艳阳高照，蛇类出洞觅食，故称“巳蛇”）；午时是上午11点到下午1点，这时太阳当头，阳气刚生，而马是属“阳”的动物（一说古时野马未被人类驯服，每当午时，四处奔跑嘶鸣，故称“午马”）；未时是下午1点到3点，传说羊吃了未时的青草，草根的再生能力则愈来愈强，故属羊（一说此时是放羊的好时候）；申时是下午3点到5点，这是猴子最喜欢啼叫的时间；酉时是下午5点到7点，这是黄昏来临的时间，此时鸡开始进窝；戌时是晚上7点到9点，这时进入

黑夜，狗开始为主人守夜；亥时是晚上9点到11点，此时夜深人静，是猪睡得最熟香的时候（一说夜深人静的亥时，能听见猪拱槽的声音，故称作“亥猪”）。

“喜鹊叫，客人到。”为什么人们把喜鹊视为吉祥鸟？

喜鹊与中国人的渊源颇深。这种鸟儿最喜欢天晴，每当天气晴好的时候，喜鹊的活动十分频繁，经常可以听到“喳喳”的欢畅叫声。而古时候人们阴天时不远行，只有天放晴时才出门。所以，人们就自然把喜鹊叫与远方来客联系到了一起。古代交通不便，传递信件费时，又无其他通讯方式，突然有远方客人来到，或许就是思念多时的亲人、朋友，常常使人喜出望外，心情大好。人们对这能“报喜”的鸟儿便青睐有加，也称其为“灵鹊”。

趋吉求祥、趋利避害是中华儿女共同的民俗心理。久而久之，在人们的心里，喜鹊便是一种能够预示好兆头的鸟儿，并且这种“喜”的内涵也越来越丰富。其中一个便是人们耳熟能详的牛郎织女鹊桥相会的传说。据说入秋的第七天，喜鹊头顶上的毛会脱落，人们说这是被牛郎织女踩落的缘故。所以，搭鹊桥也就成为为美好姻缘牵线搭桥的象征。不仅如此，喜鹊总是成对活动，人们将其与比翼齐飞、琴瑟和谐联系起来，由此也形成了夫妻团聚的意象。因此喜鹊报喜，还有报夫妻团圆之喜的意思。

除此之外，民间还传说喜鹊能报加官晋爵的喜兆。在晋代干宝《搜神记》里记载了一个故事：常山张颢为梁国相，有一天雨后天晴，突然有一只山鹊从天而降，坠落在地，人们争相抢夺，山鹊化为圆石。张颢命人砸开石头一看，里面有一块金印，写着“忠孝侯印”。后来张颢果然官至太尉。于是人们便说喜鹊能带来加官晋爵的好运。

乌鸦喝水、乌鸦反哺的故事常常被人所称道，为什么乌鸦却被认为是不祥之鸟?

乌鸦和喜鹊同属于鸦科鸟类，人们将喜鹊视为报喜鸟，却将乌鸦视为不吉祥的象征。“乌鸦嘴”“乌合之众”“天下乌鸦一般黑”“乌鸦当头过，无灾必有祸”，这些民谚形象地说明了人们对乌鸦的厌恶，那为何人们如此厌恶乌鸦呢?

其实乌鸦在古代本是孝鸟，乌鸦反哺也常被称为孝道的典范。在唐代以前，乌鸦在中国民俗文化中是有吉祥和预言作用的神鸟，有“乌鸦报喜，始有周兴”的历史传说。不过到了唐代之后，乌鸦开始变成了不吉的象征。

人们将乌鸦称为报丧鸟，因为乌鸦是懂生命预测的鸟，每当有久病的人快要过世时，成群的乌鸦会飞到房前屋后的树上，尖利地啼叫。而常常在乌鸦叫过后不久，家里的病人便撒手人寰，人们在悲痛之余往往将家人的过世归罪于乌鸦，认为是乌鸦带来了死亡。不过，据科学研究，乌鸦报丧是有科学依据的。因为乌鸦爱吃腐肉，而久病的人病入膏肓之时，会散发出腐朽的气息，乌鸦的嗅觉非常灵敏，于是便寻着气息而来。虽然死亡与乌鸦无关，但它忠诚地提醒死亡却是谁都不喜欢的。因此人们凡是看到乌鸦从头顶飞过，或者听到乌鸦的叫声，甚至被乌鸦的“天屎”砸中，都会认为会招来灾祸。所以，人们用“乌鸦嘴”来形容一个人嘴里没好话；乌鸦喜成群活动，人们用“乌合之众”形容临时杂凑的、毫无组织纪律的一群人。而“天下乌鸦一般黑”“乌鸦当头过，无灾必有祸”更形象地说明了人们对乌鸦的厌恶。

长相丑陋的蝙蝠为什么被中国人喜爱?

我们现在看到的许多器具、石刻或古建筑装饰中都会刻着蝙蝠的纹样。为何古人这么喜欢蝙蝠?蝙蝠的“蝠”谐音“福”，家里绘刻蝙蝠纹样取的是“福”的美好寓意。如果是蝙蝠与铜钱放在一起的图案，寓意“福在眼前”；童子捉蝙蝠入花瓶的图案，寓意“平安福气自天来”，因为瓶子寓意平安。两只蝙蝠并在一起，就代表着福上

加福。五只蝙蝠，表示五福临门。五福齐全，被认为是人生功德圆满。

“福上加福”与“五福捧寿”纹样

而蝙蝠除了寓意“福”外，也寓意着“寿”。这里所说的蝙蝠是一种神奇的白蝙蝠，和常见的黑蝙蝠不同，这种蝙蝠通体雪白，并且能活一千岁。而古代还有一个经典的“五福捧寿”图案就由此寓意而来，四只蝙蝠均匀排列于四周，而另一只展翅于寿字的正中。除了白蝙蝠外，红蝙蝠更是可遇不可求，不仅能驱邪，更是象征着“洪福”。现今北京万寿寺山门内屋顶上就彩绘着百只红蝙蝠飞翔于白云（云象征着天）间的图案，寓意洪福齐天。

关公这位义薄云天的盖世英豪为何成了财神爷？

历史上各朝各代对关公的推崇长盛不衰。从隋代起，关羽就开始进入神界“殿堂”，被人们视为神加以崇拜。关羽生前只是位居下位的“亭侯”，死后却得到历代帝王的屡次加封。宋徽宗封其为武安王，明万历年间封其为“三界伏魔大帝”，明朝末年，关公作为第二任武圣，接替了第一任武圣姜太公的地位，与文圣孔子平起平坐。关羽在清朝也曾得到十次加封，到了光绪皇帝时，关羽的封号竟然长达二十六个字，更是旷古未有，令人惊叹。关公在中国历史上的影响力可见一斑。

手持“财源滚滚”字幅的武财神关公

帝王对关羽如此热情，自然激发了民间对其更深的崇拜。唐宋以来，祭祀关公的庙宇逐渐遍布天下，到了清朝，关公作为财神的形象已经基本确定，成为民间众多行业的保护神和祖师爷。相传关羽年轻时曾卖过豆腐，豆腐业也就借此供奉关羽为豆腐业的神；烛业则因关公秉烛达旦，恪守叔嫂之礼，而奉其为神；更有趣的是理发业、屠宰业、刀剪铺业，因为他们的工具都是刀，而关羽的兵器为青龙偃月刀，也把关公奉为了行业神……他们都坚信关公能给他们带来财富。

关公的老乡们——山西晋商，更是把关公奉为他们出门经商行走时的保护神。晋商们游走天下，闯荡江湖，依靠的不仅是自身的本事，还有彼此照应的肝胆义气，他们经常结义成为兄弟，凭着一股子团结互助、共同面对难关的精神，获得了成功，富甲一方。这些事迹流传开来，关公也成为其他许多地区商人心中的保护神。

关公的忠、诚、信、义是每一行业每一位商人都应恪守的经商之道。只有遵循这些基本的原则，获得正当之财，事业才能长久。所以，关公作为武财神得到了商人们的一致推崇，特别是在一些需要团结协作的行业，关公的精神和形象更是深入人心。

给老人祝寿为什么要用桃子，而不是其他水果？

中华民族有尊老爱老的传统，家里老人大寿必定会全家以及亲戚朋友欢聚一堂，为其祝寿。寿宴上必不可缺的就是寿桃了，若无鲜桃，就会用面粉蒸的寿桃来替代。在那些寿比南山的年画中，寿星手上也必会拿着一个寿桃。可令人疑惑的是，为什么祝寿的水果偏偏是桃子，而不是苹果、橘子等其他水果？

传说送寿桃祝寿的习俗与战国的军事家孙膑有关。相传孙膑年少时就离家拜鬼谷子为师，学习兵法。有一年五月初五，孙膑忽然想起那天是老母亲的六十大寿，而自己离家已经十二年，从未膝前尽孝，十分愧疚。师父鬼谷子知道后，就拿了个桃子让他回家为母亲祝寿。孙膑回家后，其他兄弟都准备了丰厚的祝寿礼品，而孙膑只能给满头白发的母亲送上那个桃子。而老母亲最心仪的却是这个桃子，接过来立马就咬了一口。此时，奇迹发生了，老母亲的白发忽然变黑，精神抖擞，容光焕发，看起来好像一下子年轻了二十岁。众人看了之后都惊叹不已。后来，人们回去纷纷效仿，寿桃也成为寿宴上的必备品。

桃子本身甜软，适合老人家食用，且含有丰富的纤维和维生素E，具有抗氧化抗衰老的作用。鲜桃不是一年四季都有，在没有鲜桃的时节，人们就用米粉或面粉捏成桃形，里面包入软糯易食的豆沙、枣泥、椰蓉等馅料，桃尖上涂上红色，蒸成寿桃，敬献给寿星。

腊八粥是用八种材料熬成的吗？

腊八粥一般是由江米、黄米、白米等各类米，大豆、云豆、豇豆等各种豆类，大枣、栗子、杏仁、花生、核桃、桂圆肉等各种干果以及豆腐、肉类熬制而成，不过在各个时代、各个地域，原料选用会有一些差异。宋代周密《武林旧事》记载，腊八当日，寺院和人家用胡桃、松子、乳蕈、柿栗之类的做腊八粥。而明代的腊八粥，按照《明宫史》所记，将红枣搥破泡汤，至初八早，加粳米、白果、核桃仁、栗子、菱米煮粥。清代熬腊八粥也十分流行，雍正皇帝时期，每到腊八节，雍正就会命僧侣在雍和宫中熬制六锅粥，依次供佛用，呈宫内食用，赏赐王公大臣和大喇嘛、文武百官、雍和宫众喇嘛，施舍百姓之用。名著《红楼梦》中也描写了当时熬制腊八粥的方法，即各色米豆加五种果品（红枣、栗子、花生、菱角、香芋）。

发展到今天的腊八粥在各地仍有不同的讲究，纵观各地的熬制材料，以北京所加的食材最多，一般不下二十种，一些讲究人家甚至会在腊八粥的果仁上做文章，将果仁雕成人形、动物形状以及各种花样。腊八粥熬好后，要先敬献祖先，然后送给亲朋好友，最后余下的才自己食用。在四川地区所食用的腊八粥则多是咸的，里面也多是大米粥中加蔬菜、肉类，如加黄豆、花生、白萝卜、胡萝卜、肉丁等。陕北地区在这一天则忌讳吃菜，说是吃菜的话，来年地中会长草，并且粥若喝不完，还会涂在门口的花卉、果树上，以感谢自然的馈赠。

为什么吃鱼时忌讳翻鱼身？不翻鱼身怎样吃到下面的鱼肉？

在古代，由于鱼与“余”同音，象征着年年有余。而若是翻鱼，就是翻余，那岂不是把富余给翻了过来，连富余都不要了？那可就是天生的穷命了。除了这个寓意外，对于渔民来说更忌讳翻鱼。渔民出海打鱼很容易遇见风浪，他们常常将翻鱼和翻船联系在一起，所以很忌讳翻东西，不光不翻鱼，碗、杯子也忌讳反过来倒扣，甚至在船上烙饼的话都尽可能不翻面。

那鱼不翻过来，下面的肉该怎么吃呢？人们有时把上面的肉吃完后，把大鱼骨夹掉，然后再吃下面的鱼肉，或者把鱼刺扒开，用筷子夹下面的鱼肉。在有些忌讳不太强的地方，鱼倒是可以翻过来的，但不能说“翻过来”这个词，而是说“顺过来”或者“划过来”；或者由不是渔民的人将鱼翻过去。

金字招牌？冲天招牌？小小招牌讲究多。

招牌，顾名思义，就是招揽客人的牌子。招，手呼也，意为用手召唤顾客。最初招牌是酒家门口挂的布帘子，后来酒家在帘子上写上“酒”字，成了最早的招牌。慢慢地，挂在门上的匾额，挂在门两边的对联，立在门前的牌子都成了招牌，比如老字号在门上挂的匾额“狗不理包子”“宁化府陈醋”，当铺在门上写的大大的“当”字等。有的行业还流行用实物当店铺招牌，比如修车铺在门前挂一辆老旧的自行车，肉铺在门口挂一只猪头，让人对店铺的营业范围一目了然，而如果挂的招牌跟经营内容不符的话，那就是“挂羊头卖狗肉”了。

店铺招牌有长有短，一般门上的店名为方便顾客熟记，所以较短。而为了提高身价，很多店名都会用名人题字，据说北京“六必居”酱菜铺的招牌就是明代大学士严嵩所题，嘉兴五芳斋牌额上的“粽子第一品”五个字就是近代学者费孝通所题。人们原先把用金漆写成的店名招牌叫作金字招牌，能用金漆也说明这家店生意兴隆，家底殷实，因此慢慢地金字招牌也就成为行业内佼佼者的代称了。

为了增强广告效果，除店名之外，店铺还会放着名字极长的招牌，或是立地式的，或是对联式的，或写在墙上，被称为“冲天招牌”。很多老店铺都会有立式冲天招牌，如饭店的招牌写着“本堂专应喜庆堂会，包办酒席，随意便酌，应时小卖”，旁边挂着“旨酒嘉肴”“飞觞醉月”的横匾。澡堂子也是旧时生活的一大特色，所挂的招牌绝不输给别的行业，招牌上多写“本堂专设款式官塘，温热三池，男女盆塘雅座”，旁边还会挂着对联“金鸡未唱汤先热，红日东升客远来”。

小孩子把筷子竖直插在米饭里会遭到大人的呵斥，这是为什么？

中国人有慎终追远的传统，常常缅怀祭祀先人。在很早的时候，人们就已经有祭祖的仪式，将瓜果、菜肴、米面供奉在先人牌位前，点香祷告。人们认为这样去世的先人就能享用到这些食物。农耕文明中发展起来的华夏民族，视米粮为最重要的生活物资，供奉先人绝少不了米食。

在绝大部分地区汉族人的丧葬风俗中，家中若不幸有人去世，就要在棺木或牌位前的供桌上放置一碗“到头饭”（也称“倒头饭”）。这碗饭上面插着一双筷子或两支木棍，意味着先人再也吃不到人间的饭了，吃了这最后一碗饭好上路。所以，将筷子插在米饭中，是专门为去世的人准备的，人们往往忌讳在日常生活中这样做。也有的人认为，将筷子插在米饭上，外形上并不雅观，看着总是别扭，久而久之，人们潜意识里就形成不要把筷子插在米饭上的观念。

竖筷插碗的“到头饭”意味着死亡与阴阳相隔，是丧礼中既定的规则、程序与标志，表达的是哀悼和生死两别的悲伤；同时也是香火与孝道的传递，给往生的老人吃到头饭，将来后人也才会给自己吃到头饭，自己的子孙才会仿效，才会行孝。但毕竟生死有别，日常生活中若是出现这一幕，人们往往忌讳万分。

古代的“小学”和今天的“小学”是一回事吗?

小学在古代有两种含义。一是指由官方建立的初级学校,是教育贵族子弟的地方。它招收八岁以上、十五岁以下的贵族子弟,教授礼、乐、射、御、书、数等课程,也就是教给他们有关礼仪(类似现在的德育教育)、音乐、射箭、驾驭马车、文字书法、算术等方面的知识和技能。

二是指中国传统的语言文字之学,包括文字学、音韵学和训诂学。汉代称文字学为小学,因儿童入小学先学习文字,文字是一切学问的基础,所以把文字学称为小学。汉代以后,小学的范围逐渐扩大,也包括了音韵学。唐代以后,小学成为文字学、音韵学和训诂学的总称。由于古人一直认为这三大内容关系非常密切,都是以文字为研究对象,分别研究文字的形、音、义的,因此,小学也叫文字学。

“太学”就是“大学”?“太学”与“国子监”又是什么关系?

北京国子监内太学门上的太学牌匾。国子监是古代国家设立的最高学府和教育行政管理机构。北京国子监始建于元代,至今已有七百多年的历史。其主体建筑依然保存完好,是唯一保存完整的古代最高学府校址,为全国重点文物保护单位。

“大学”在古代一般写作“太学”,又称上庠、东序、右学、东胶,是官办的教育王公贵族子弟的地方,高于小学一级。学生十五岁入太学。从西汉开始,太学的主要任务逐渐演变成讲学授徒、培育人才。汉武帝时期采纳董仲舒和公孙弘的建议,在京师长安设立太学,太学之中设五经博士职位,每名博士配备50名弟子,专门学习和研读儒家经典《诗》《书》《礼》《易》《春秋》。魏晋以后一直到明清,有些朝代设立太学,有些朝代设立与太学近似的国子学,或者同时设立太学与国子学,这些都是传授儒家经典的最高学府。明清时期，太学是当时最高学府国子监的俗称。

唐代还设立了专门的中央教育管理机构国子监，它同时也是最高学府。国子监来源于国子学。晋武帝时期设立了国子学，专门用来教育五品以上官僚子弟。隋炀帝时期改称国子监。在唐代，国子监隶属于尚书省的礼部，下辖国子学、太学、四门学、律学、书学、算学。国子学、太学与四门学都是传授儒学的，律学、书学、算学是培养法律、书法、数学人才的。明代永乐年间，明朝都城从南京迁至北京，同时在北京和南京设立京师国子监与南京国子监。清代的国子监沿袭明代，国子监的学生称为国子监生，国子监的学期从半年到十年不等。光绪年间设立学部，国子监才被废弃。

私学厉害还是公学厉害？这位著名的私立学校老师你一定听说过。

中国最早的学校制度是“学在官府”，即学校都是由官府创办的，社会上不存在私学。但是到了春秋时期，官办的学校日渐衰落，私人办学之风兴起。儒、道、墨、名、法、纵横、阴阳各家学派都有不少人聚徒讲学，学生多的达数千人，这其中最著名的代表人物就是孔子。战国时，私学大盛，促进了百家争鸣学术局面的形成。汉代以后，私学成为学校制度的重要组成部分。魏晋南北朝时期，社会动荡，官学兴废无常，私学相对地得到发展，除一般的私学外，还有进行宗教（佛教和道教）教育的私学。唐朝开元年间，唐玄宗下诏允许百姓设立私学，后来历代都允许私学存在。唐末出现的书院，也属于私学性质，但后来逐渐向官学演变。

明、清两代，私塾遍及城镇和乡村。一般城市中官学与私学并行，乡村里多设私学。私塾多为一师一馆，也就是每所私塾一般仅有一位教师。私塾主要有三种：第一种是在富裕人家设立的家塾，把老师请到家里来教；第二种是私塾老师自己在家开设学馆，学生到老师家里学习；第三种是有些庙宇和宗族利用自己的部分收入设立义塾，这种私塾不收学费，只要是庙里承认的学生和本族子弟都可入学就读。一般来说，私塾的学生年龄不限，既有十几岁的青少年，也有几岁的孩童。

古代学生拜师要给老师送“束脩”，老师回赠芹菜和葱，这是为什么？

在古代，学生拜师学艺有一套严格的礼仪规范。学生入学时，要行拜师礼。在拜师礼当中，学生初次与老师见面要行束脩（xiū）礼。束脩就是十条干肉。倘若老师收下束脩，便表示答应学生的请求。这个礼仪规范最早起源于春秋时期的大教育家孔子。他在《论语·述而》中说：“自行束脩以上，吾未尝无诲焉。”意思是无论学生家里多么贫穷，只要送给他十条干肉，他便会收其为弟子，细心教导。后来人们为了纪念孔子对教育做出的巨大贡献，就把学生入学时送给老师的礼物和所交的学费统称为“束脩”。

后来，束脩礼随着时代的变迁演化为了“六礼束脩”。学生拜师前，要写一个恭敬的拜师帖，老师接收拜师帖后，选择一个良辰吉日举行拜师仪式。拜师当天，学生要穿上正式的礼服，先拜孔子圣像，再拜老师，然后恭敬地送上自己精心准备的六件礼物：干肉条，代指原来的束脩；芹菜，取谐音“勤”，寓意业精于勤；莲子，寓意老师苦心教育；红豆，祝福学生鸿运高照；枣子，期望学生早日高中状元；桂圆，代指老师功德圆满，学生学业有成。最后，老师要回赠学生礼物，通常是一把芹菜、一把葱。芹菜是老师希望学生勤勉好学，葱则是寓意学生聪慧清白，这些都表达了老师对学生的美好祝愿。有些地方在拜师之日，老师还会召集同门学生，共饮和气汤，希望同门之间和和气气。

古代的博士也指学位最高的人吗？

今天的学士、硕士和博士都是学位名，其中博士通常指学位的最高一级。但在古代，博士的意思却不是这样的。

博士在秦代成为一种精通文史的官职，主要由拥有渊博学识的人担任。其主要职责是掌管国家图书，以备皇帝的咨询；同时还可以教授弟子，议论国家政事。

汉武帝时期接受董仲舒的建议，设立五经博士。五经是指《易》《书》《诗》《礼》《春秋》这五部重要的儒家经典。并从五经博士中选出一个有威望的人担任祭酒职务，负责管理博士。各个博士都有他们的专长，有些精通《诗经》，有些精通《春秋》。博士可以教授学生，博士的学生称为博士弟子。每经的博士不止一家，如可以同时有三家讲授《诗经》。所以到宣帝的时候，博士增加到十二人。博士就慢慢成为传授儒家经学和考核人才的学官，博士的职能也由皇帝的顾问转变为教学的老师。东汉以后，博士专门讲授儒家经学。此后，历代官办的学校都设立博士，有五经博士、国子博士、太学博士、四门博士等，主要职责都是传授儒家经典。

在历史上，除了传授儒家经典的博士外，也有其他方面的博士，如曹魏就曾设置过律博士，专门传授法律知识；北魏设置了医博士，传授医学知识；隋唐又增设了算博士、书博士、天文博士等，分别传授算学、书法和天文知识。博士作为官职，一直延续到清代才被废除。

另外，古代也称从事某种职业的人为博士，如茶博士、酒博士。

古代的“教授”和我们今天的“教授”意思相同吗？

现在的“教授”是指大学里获得最高职称的教师。中国古代已经有教授的称呼，但却不是这样的意思。

教授较早的意思是把知识传授给别人。后来教授逐渐演变成学官之名，职责相当于汉代的博士，即传授经学的学官。因为博士必须精通经学，并用他们所精通的学问来教授弟子，后来就逐渐用教授作为学官名。教授正式成为一种学官名，开始于宋代。宋朝初年继承唐代的学官制度，设立了学官博士。宋太宗时期为皇室的子孙设置老师，名为教授。后来宋代各州、县学都设有教授，主要由官员或当地名儒担任。宋代教授的主要职责是教导学生学习，并主管学校人事，掌管学校财产，筹备并参加地方在学校中举行的一些典礼。南宋时教授还兼管地方上的赈灾救荒等事。明、清地方府学也设置有教授。在清代，教授为正七品官，各省设置的名额在9至16人不等。

另外，在古代，教授有时也用作对私塾先生的尊称。如《京本通俗小说》里就有这样的话："吴教授看那入来的人，不是别人，却是十年前搬去的邻舍王婆。"其中的吴教授就是私塾的吴老师。

古代学校为什么要把教学内容刻在石碑上？

在纸没有发明之前，古代的教学主要靠老师与学生之间口耳相传，东汉蔡伦发明造纸术后，渐渐出现了纸质课本。

汉代教授儒家经典的博士官，因师承不同，在对学生传经的过程中，出现了争议。为了统一标准，东汉汉灵帝让学者先校定各家所传的经文，然后每经选择一家之说刻在石碑上，共有《鲁诗》《尚书》《周易》《春秋》《公羊传》《仪礼》和《论语》等七种经文被刊刻在46座石碑上，立在洛阳都城外的太学内，作为博士官们向太学学生讲授的标准经本，被称为"熹平石经"。"熹平石经"是古代最早的石刻官定儒学经本，可以说是标准的官方教科书。

汉代以后，虽然出现了纸质课本，但为了避免出现错误，统一标准，有些朝代的统治者也会像汉代一样，选择儒家的经典刊刻在石碑上，立于国子监和太学，作为统一的官方教材。如唐文宗时期刊刻了《周易》《尚书》《诗经》《周礼》《仪礼》《礼记》《春秋左氏传》《公羊传》《穀梁传》《孝经》《论语》《尔雅》等十二种儒家经典，共114块碑，被称为"开成石经"。清代乾隆年间，又将儒家的《周易》《左传》《尚书》《诗经》《周礼》《仪礼》《礼记》《公羊传》《穀梁传》《论语》《孝经》《尔雅》《孟子》十三经刻在189块碑上，连同乾隆皇帝的圣谕共190块，其中每块石碑顶部都有"乾隆御定石经之碑"字样，碑身两面均刻有经文，全部是用正楷体刻字，被称为"乾隆石经"，现仍保存在北京国子监和孔庙的夹道中。

"开成石经"和"乾隆石经"因刊刻在科举时代，就像一座大型石质书库，不仅是知识分子的必读之书，更是读经者抄录校对的标准，被誉为古代的"高考教材"。

古代学校也分年级分班上课吗？

古代也实行分年级分班教学，比较典型的就是明代在国子监推行的“六堂三级”制。

明代国子监分为六堂三级，六堂分别为率性、修道、诚心、正义、崇志、广业。堂，本义是厅堂，这里也指学习的不同阶段。其中在正义、崇志、广业堂的学习为学习的第一阶段，相当于低年级；在修道、诚心二堂的学习为学习的第二阶段，相当于中年级；在率性堂的学习为学习的第三阶段，相当于高年级。每堂都有十五间房屋，中间五间是老师办公的地方；左右各有五间，里面安放着大凳桌，是学生学习的场所。学生在国子监学习，需要从低年级逐渐升到高年级。学生如果熟悉“四书”，但还不熟悉其他儒家经典，就只能在正义、崇志、广业这三堂学习。在这三堂学习一年半之后，经考试合格，就可以升入修道、诚心二堂学习。在这两堂学习一年半后，学生如果能达到“经史兼通、文理俱优”的水平，就能进入率性堂学习。

清代六堂分内外班，内班学生平时住宿在学校；外班学生走读，平时可以不住学校，遇到有课的时候要到学校来上课。

古代有课程表吗？

现在的学校都有课程表，古代也有类似的课程表。

古代的学校因所处朝代和学校类别的不同，课程表也会有所不同，如京师太学里的课程表和乡村私塾的课程表就有很大差别。例如明代国子监的课程表，它与我们现在的周课程表不同，是一种月课程表。

明太祖朱元璋钦定的九条学规里面第九条这样规定：“原定每月背讲书日期：初一日假，初二日、初三日会讲，初四日背书，初五日、初六日复讲，初七日背书，初八日会讲，初九日、初十日背书，十一日复讲，十二日、十三日背书，十四日会讲，十五日假，十六日、十七日背书，十八日复讲，十九日、二十日背书，二十一日会讲，二十二日、二十三日背书，二十四日复讲，二十五日会讲，二十六日背书，二十七日、二十八日复讲，二十九日背书，三十日复讲。”从中可以看出，每月月初、月中各安排一天假期；会讲主要是由教师讲，每月六天；复讲是学生讲自己的心得体会，每月七或八天；每月大部分的时间是学生自己在背书，共有十四天。每次背的内容主要是和科举考试有关的四书五经。

另外，除了背书、会讲、复讲之外，还规定每日仿写一幅字，每幅要十六行，每行十六字。至于字体，没有规定，颜体、柳体都行，但必须做到点画撇捺合于书法。

参加科举考试需要背多少儒家经典？据说加起来有五十多万字？

唐宋教学和科举考试的主要内容就是儒家经典，主要有《易》《尚书》《诗》《仪礼》《周礼》《礼记》《春秋左氏传》《公羊传》《穀梁传》等，并按经书字数的多少，可分为大经、中经和小经。唐代规定，《礼记》《春秋左氏传》为大经，《诗》《周礼》《仪礼》为中经，《易》《尚书》《穀梁传》《公羊传》为小经。宋代略有变化，把《周礼》和《诗》也定为大经。

对于这些儒家经典，因为版本的不同，后人无法给出一个精确的字数，但大致说来，大经中的《礼记》有九万多字，《春秋左氏传》有近二十万字；中经中的《诗》有近四万字，《周礼》有四万多字，《仪礼》有五万多字；小经中的《易》有二万多字，《尚书》有二万多字，《穀梁传》和《公羊传》都有四万多字。这些经典加在一起，有五十多万字。古代的科举考试主要考查的就是这些经典，因此，对当时的学生来说，这些经典都是必须熟读成诵的，能不能背诵这些经典，关系着能不能顺利地通过一级又一级的科举考试。

明清两代，科举考试主要以“四书”即《论语》《孟子》《大学》和《中庸》这几部儒学经典为主，还以宋代朱熹的《四书集注》为主要的参考书。学生要想在考试中取得好的成绩，还必须能熟练背诵二十多万字的《四书集注》。

古代没有汉语拼音，如何注音？

最初人们用比况法注音，也就是找一个读音相同或相近的字来为另外一个字注音，也就是古籍中经常使用的“读若”法，例如，“氓”读若“盲”。这种注音方法可以大致描绘一个字的发音，但不能告诉读者精确的读音，因为用来注音的那个字的读音，后人往往也不能准确地知道它本来的读音，特别是如果用来注音的那个字是个生僻字，是一般人不容易掌握的字，这样注了音等于没注。不过，有了这个方法总比没有好，它可以大致为我们描绘一个字的发音。

直音法就是以同音字来为一个字注音的方法。例如，东汉的高诱是这样为《淮南子》里“玉待礛诸而成器”的“礛”字注音的：“礛，音蓝。”与比况法注音相比，直音法注音又具体一步，但如果注音所用的字是个生僻字，还是不能解决读者的问题。所以，用直音法注音，如果选用常见字，它是个简单易行的方法；如果选用的不是常见字，注了还是等于没注。并且有的字还没有同音字，或者同音字少，也没有办法为之注音。

后来人们又发明了反切法注音。反切就是用两个汉字来拼音，这种方法被古人或称为“反”，或称为“翻”，或称为“切”。具体的办法是用上字的声母和下字的韵母与声调合成一个音。如“贡”字的读音是“古送切”，即用“古”的声母g和“送”字的韵母和声调òng来合成“贡”的音gòng。用反切法注的音较比况法和直音法注出的音要准确，但仍存在着缺点，读者如果不知道反切上下字的读音，仍然读不出音来。

到了近代，在汉语拼音方案出现之前，还出现过一种用注音字母为汉字注音的方法。现在《新华字典》和《现代汉语词典》等工具书上拼音后面括号里所标注的就是注音字母，如ɑ（ㄚ），其中的“ㄚ”就是注音字母。汉语拼音方案出现后，注音字母法便不再被运用了。

为什么乘法口诀也被叫作“小九九”？

“小九九”是吴方言，也叫“小算盘”，原指九九乘法口诀，也叫九九歌。后比喻精细的算计、打算，也比喻心中有数。

中国人很早就开始有了“小九九”。在《荀子》《管子》《淮南子》和《战国策》等一些古籍中，就有“三九二十七”“六八四十八” “四八三十二”“六六三十六”之类的词句。我们今天所用的“九九乘法口诀”，是从“一一得一”开始，到“九九八十一”结束。而当时的“九九乘法口诀”却是倒过来的，它从“九九八十一”开始，到“二二得四”结束，并没有“一一得一”。因为它开头两个字是“九九”，所以人们就把这个“九九乘法口诀”简称为“九九”，又叫“小九九”。大约到了13世纪以后，它才被倒过来，成为现在的样子。

有“小九九”相应就有“大九九”。乘法口诀有两种，一种是45句的，一种是81句的。通常，把45句的乘法口诀称为“小九九”。“小九九”的特点是，每句乘法口诀里表示相乘的两个数第一个数不大于第二个数，遇到两个数相同时，那么这个数的乘法口诀就结束了。例如，五的乘法口诀是：一五得五，二五一十，三五十五，四五二十，五五二十五。而81句的乘法口诀被称为“大九九”。“小九九”的特点是，对于任何一个一位数的乘法口诀，都是从“一几”开始到“九几”结束。例如，六的乘法口诀是：一六得六，二六十二，三六十八，四六二十四，五六三十，六六三十六，七六四十二，八六四十八，九六五十四。

古人没有计算器，他们用什么工具来计算？

古人把数学称为“算学”。聪明的古人也有方便快捷的计算工具，那就是算筹和算盘。

算筹又称筭（suàn）、筹、策，是用竹、木、骨、石等制成的小棒，它可以用来表示数目，如“三”就用三根算筹来表示。算筹除记数外，还能以不同的位置排列来表示

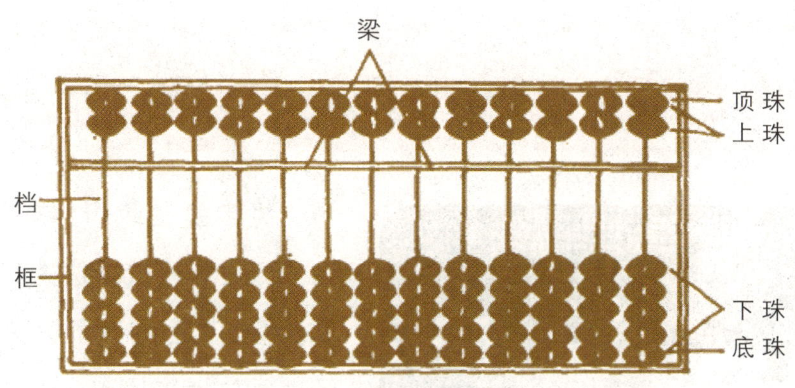

“上二下五珠”算盘图。这是最常见的算盘样式。

特定的数学模式。自先秦至宋元，不管是简单的加减运算，还是开方、精确的圆周率计算等，一般都是借助于算筹完成的。元明以后，用算筹进行的计算逐渐被珠算所取代。

珠算是借助于算盘进行的运算。算盘是由框、梁、档和珠四部分组成，它的形状是长方形。常用的算盘是七珠的大算盘，上面二颗珠，下面五颗珠。按一定口诀拨动上下格的珠子，可以进行加减乘除等运算，它的口诀又叫珠算口诀，其中的很多口诀已经固定为成语，例如“三下五除二”用来形容做事及动作干脆利索。其他还有“不管三七二十一”“九九归一”等口诀也都成为俗语谚语。与算筹相比，算盘拨珠方便，口诀也易学好记，利用它进行运算非常方便。即使与现代的科技产品计算器相比，它也有自身的优点，如可靠性强，不像计算器可能会有内部出错等风险。因此，在电子计算产品普及以前，它一直是我国广泛使用的有效的计算用具，至今仍有一些人在使用它。

2013年，联合国教科文组织正式将珠算列入人类非物质文化遗产名录。

现在的学校会提供奖学金给品学兼优的学生，古代有奖学金吗？

北京国子监展出的《监生领米图》。古代国子监的监生待遇优厚。

奖学金是政府、学校、团体或个人为鼓励学习成绩优秀的学生而颁发的奖金，其目的在于解决部分学生学习期间生活的困难，鼓励他们专心学习，在学业上或在某些创造性活动中取得优异成绩。古代虽没有专门的奖学金，但学生享有比现在的奖学金还要高的物质待遇，以保证学生顺利安心地完成学业。

如在明代，国家对国子监的监生待遇特别优厚，主要有以下几个方面：一是学生在校学习期间的伙食由国家提供；二是平时的衣服、帽子、鞋袜和被褥也由国家按时发放；三是每逢过节，还要发给学生一些赏赐，称为“节钱”，也就是过节费；四是已婚学生的妻子和孩子由国家供养，未婚学生结婚的话，由国家赏赐结婚所用的费用；五是学生放假回家省亲，由国家提供来往路费，并赏赐一些衣物和钱回家孝敬父母；六是免除家属的徭役赋税。

古代的学生犯了错会受什么样的惩罚？

戒尺，是古时候私塾老师对学生施行惩罚的木尺，又叫戒方、界方或戒饬（chì）。戒是警戒、惩戒的意思，尺是尺度、标准的意思。古人认为没有规矩，就不能成方圆。因此，学生在上学的时候，要遵守一定的规矩，包括遵守学校的规章制度和老师要求完成的作业等。如果不遵守规矩，就会受到一定的惩罚，其中之一就是老师用戒尺打手。

戒尺本为警示，不为惩罚，如鲁迅在《从百草园到三味书屋》里提到："他有一条戒尺，但是不常用，也有罚跪的规则，但也不常用。"是说他的启蒙老师寿镜吾老先生是一个博学且善待学生的人，在他的三味书屋里，有戒尺，还有罚跪的规则，但是都不常用。

当然，也有用戒尺把学生打痛的。邹韬奋在《我的母亲》一文回忆，他十岁的时候在父亲面前背"孟子见梁惠王"，当时桌上放着一根两指阔的竹板，也就是戒尺。当他背不出来的时候，就会被父亲用竹板打一下，半本书背下来，手掌会被打得发肿，打得陪在一旁的母亲心疼得不得了，却还要哭着说"打得好"。

明代竹雕留黄戒尺，长 44cm，宽 4.6cm，上面刻有"刘海戏金蟾"的图画。

现在有中考和高考等升学考试，古代也有这样的考试吗？

科举在不同的时代，考试程序不一样。在唐代，科举分作两级考试；在宋代，科举分作三级考试；明清科举分作四级考试。

以明清科举考试为例，科举考试的第一级是童试。明清时期，在地方府、州、县分别设立学校，能进入其中上学的人，就是通常所说的秀才。取得府、州、县学学生资格的考试为"童试"。童试又称为小考或小试，俗称为考秀才。童试三年二考，一般由三部分组成：县试、府试和院试。县试由当地的知县主持，考试日期多在农历的二月。县试有考四场也有考五场的。县试考试过关的学生才能参加府试。府试由各府的知府主持，府试考中的学生，才能参加院试。院试由各省的学政主持，分为"岁试"和"科试"两种，每年由学政主持考试一次，叫作"岁试"，其作用是督促学生们学习。在大比之年的前一年，由学政主持举行"科试"，考试成绩前几名的人，其中较大的省份约为前十名，中、小省份约为前五名，才准予他们参加次年在省城举行的乡试。

乡试是科举的第二级考试。参加乡试的除了秀才之外，还有贡生和监生。贡生是指那些从地方学校升到中央国子监去读书的学生。监生就是国子监的学生。明清时期的乡试分三场，每场考三天。乡试考试被录取的称为举人，第一名称为解元。举人可于第二年进京参加朝廷举行的会试。举人名额各省不等，按一省人口、物产、财赋等确定，大省有百余名，中、小省七八十名或四五十名。

会试是科举的第三级考试，由朝廷礼部主持。会试共考三场，每场考三天。会试考中者称“贡士”或“中式进士”，第一名称“会元”。会试考中的名额并无定额，每科从百余名到二三百名不等。考中贡士后方可参加接下来的殿试。

殿试是科举的最后一级考试。贡士均要参加殿试，考试后根据成绩重新排列名次，不会有人落榜。殿试只考一天。殿试成绩分为三甲，也就是三等。一甲有三人，称为进士及第；二甲有若干人，称为进士出身；三甲又有若干人，称为同进士出身。其中一甲第一名称为状元，第二名称为榜眼，第三名称为探花，合称三鼎甲。

为什么在殿试中很多考生写馆阁体来答卷？馆阁体是一种什么样的字体？

在科举考试时代，主要用毛笔书写，因此，书法对于每一位考生来说都是必须要熟练掌握的一门技能。在科举的童试、乡试和会试中，主要考查的是考生的真才实学，因此书法并不显得特别重要。书法的重要主要体现在最后的殿试中。殿试最后的排名关乎官位的高低，如中状元者可以直接留在皇帝身边做官，而排名靠后的就可能被安排到偏远的地方任职。殿试只考策问，也就是针对政事和经义，由皇帝提出问题，考生来回答。策问答卷的开头和结尾以及中间的书写均有一定格式及字数限制，并且强调书法。书写的字体要求黑、大、圆、光，也就是字体方正、笔画光圆、墨色乌黑，这种字体被称为“院体”“台阁体”或“馆阁体”。为什么这样称呼呢？因为当时翰林院中的官僚擅长写这种字体。

在殿试中考生用馆阁体答卷主要基于两点：一是参加殿试的考生将来都是朝廷的官员，既然是官员，就应掌握馆阁体，以便将来能用它来书写公文奏折；另外就是参加殿试阅卷的官员也多是从翰林院出来的官员，他们用惯了馆阁体，考生为了投其

所好，也用馆阁体。当然，因殿试不是淘汰考试，不管考生答题如何，最后都会被授予进士委以官职，因此，考生在殿试中用什么字体由自己决定，不一定非要用馆阁体，只不过因最后名次靠前的多用馆阁体，很多考生为了在殿试中排个好名次，也就牺牲自己的个性，用流行的馆阁体来答卷，以博得阅卷官的好感。

古代学生也热衷于买“优秀作文选”？

明清科举考试主要考的是八股文，只要文章写得好，就有机会考中。有人就从流传的八股文章中，选编成八股文选本，有的还加以评点，供考生学习、摹仿。明代，朝廷准许将乡试、会试中考生所答的比较好的试卷，选编成册，刊印发行，供后来的考生参考，这是选编八股文选本的开始。

当时的八股文选本，按选文的来源区分，有程墨、房稿、行卷和社稿等。其中程墨又称“程文墨卷”，主要选编举子应试的文章，因举子所作之文叫墨卷，也就是用黑色字书写的卷子，经负责选录的官员选录称为程文，所以叫“程墨”。明朝黎淳编选的《国朝试录》《明史》之中的《四书程文》，都是著名的程墨。房稿，主要选考中的进士的文章。行卷，主要选在乡试中考中的举人的文章。社稿主要选书院、文社的学生平时所写的作业。值得一提的是，清代不允许学生结社，所以没有社稿。

清代规定，凡是各种八股文选本，都必须由当时主管科举考试的礼部选定发行，私人不允许随便选编发行。如发现有私自选编发行的，选编的人，无论是进士、举人、监生、生员、童生，都要被查处。

科举考试为防止作弊都有哪些高招?

北京国子监内所陈列的古代准考证。为了防止假冒顶替，上面注明了应试者的面貌及身体特征。

在科举考试中，为了防止出现作弊行为，古人想出了各种方法，主要体现在考官、考生和阅卷几个方面。如为防止考官作弊，宋代创立了一种制度，即实行主考官临时差遣制，每次考试前才确定主考官，每次考试的主考官都不一样，并且考前保密，以杜绝考生找考官舞弊。同时对主考官实行“锁院制”，即主考官从接到任命开始，就得转移到贡院也就是当时的考场中居住，不允许外出或接待访客，以免漏题。

对于考生，也形成了一套严格的考试规程。明、清两代，在童试应考前，童生应向所在县主管考试的机构报名，填写姓名、籍贯、年龄和三代履历等；并且还需要五人联保，并请本县一名廪生做担保人，开具保结，名曰“认保”，主要担保四个方面：一是确定为本县籍贯。二是确定出身清白，不是娼优皂隶等人的后代。娼优是指娼妓和优伶，皂隶指旧时衙门里的差役，他们在古时都属于地位很低的贱民，后代没有参加科举考试的资格。三是确定没有请他人代作、代考之事。四是确定没在为父母守丧之时参加考试。以上四项确保无疑，才准许参加考试。考生在考试那天，进入贡院参加考试时，必须交验写有姓名、籍贯、担保人及相貌特征的“给帖”（相当于现在的准考证），考生进入贡院找到自己考试的号房后，就不允许任意进出。同时一切闲杂人等，也不准进出贡院。在宋代，如果是京官的子弟考中，他们还要参加由中书省特别为他们举行的复试，由专门的人为他们命题、监考和阅卷，以防他们作弊。

在改卷的过程中，为了防止阅卷官舞弊，采用“糊名”，也就是我们今天的密封制，将考生的姓名、籍贯、考号等，在交给阅卷官判卷前，都被封盖上。同时还将所有试卷（殿试的除外），请人重新抄写一遍后，再交阅卷官评判，以防止认笔迹、作暗号等舞弊行为发生。

为什么把上厕所叫作“出恭”？

出恭与“入敬”相对，它们合在一起的意思是说进出都要恭敬，本与上厕所没有关系。出恭与上厕所有关，源于古代科举考场中所用的一块牌子。从元代起，在举行科举考试的时候，考生进入考场后，就在一间狭小的号舍里答卷，不能随便走动和出入。因为考试的时间比较长，考生在考试过程中，如果想上厕所，需要先去领一个上面写有出恭的牌子，才能走出考场去上厕所，从厕所出来后，再换取另一个上面写有入敬的牌子，才能重新回到考场，这样做的目的是防止考生随便离开座位。为什么要用出恭与入敬呢？因为古代很讲究礼节，尤其是对于官员而言；而科举考试是选拔官员的，因此考生就要注意让自己的一举一动合乎礼节，包括上厕所，就是再内急，也要显得稳重，不慌不忙，就如出恭与入敬牌子上所标示的那样，进出都要恭恭敬敬。后来人们就把上厕所称为出恭，一般来说，出恭是大便的意思，出小恭代指小便。

古代的学生上学背书包吗？

用来装书的工具，叫书箧（qiè），又叫书笥（sì），就是书箱。明代著名学者宋濂在《送东阳马生序》里这样描述自己的求学经历：“当余之从师也，负箧曳屣（xǐ），行深山巨谷中。”这里的“负箧”就是背着书箱的意思，是说他在向老师求学时，背着书箱，穿着破旧的鞋，行走在大山深谷之中。书箱就是古代学子所用的书包，它是读书人的随身用品。在书包还没有诞生之前，读书人就是提着或背着便携式书箱，去私塾上课，去县城、省城甚至京城赶考。每个读书人都会把书箱视若珍宝，因为它是有知识、有身份的象征。书箱有木制和竹制的，有多

清代黄花梨木书箱。书箱长 36.8 厘米，宽 20 厘米，高 14 厘米，以非常珍贵的黄花梨木制成。这类优质木材书箱多为古代富贵人家的子弟所用。

种型制规格，有三层的，也有两层的，里面分层放笔、墨、纸、砚和书籍，还可以放一些日常生活用品。书箱一般由读书人自己背，有些家庭条件好的读书人，会雇佣专门的书童为他们背书箱。

古代的学生也有校服吗？

古代的学生也穿校服。例如在明代，为了便于统一管理国子监的学生，规定国子监的学生要穿襕（lán）衫。襕衫，也写作褴衫、蓝衫。襕衫本是唐代还没有当官的士子或刚考中进士的人所穿的服装。襕衫的样式为上衣下裳，圆领大袖，下施横襕为裳，所以称为襕衫，一般用白细布做成。襕衫也是北宋和南宋时期的男性平常所穿的衣服。据记载，当时襕衫的选色、样式都是由明太祖朱元璋亲自选定的，与以前略有不同。中间为玉色，有比德如玉的意思。玉柔和晶莹，温润含蓄，所以多用玉来比喻人们纯洁、美好的品德。外有青边，为玄素自闲的意思。玄素自闲也就是说像天一样素雅的青色，自然能显示出人的文雅。四面攒襕，攒襕，也就是四边攒聚的襕衫。衣与裳连，寓意是遵守规矩和道德规范。又有绦穗下垂，为柔顺而不敢凌傲的意思。

现在有住校生，古代也有学生住校吗？

住校生是指平时吃住和学习都在学校的学生。古代很早就有了住校生。《礼记》记载："十年出就外傅，居宿于外。""外傅"指老师。意思是说，儿童十岁到了上学读书的年龄，要跟着老师接受系统的教育，并寄宿在学校过集体生活。

汉代设在京师的太学招收各地的学子前来学习，其中就有住校生。《后汉书·鲁恭传》记载："十五，与母及丕俱居太学。"是说汉代的鲁恭在十五岁的时候，和他十岁的弟弟鲁丕以及他们的母亲一起住在太学。

明清时期的国子监所招的学生也是来自全国各地，朝廷为了便于管理，让他们平时都吃住在学校，并给他们提供优厚的待遇。如吃饭全由国家供给；衣服、帽子、鞋

袜、被褥也由国家按时发放；每逢节令，国家还给学生一些“赏节钱”；要是学生放假回家省亲，国家还提供路费；边远地区的学生及外国留学生的待遇则更好。当然，国子监的学生平时住在学校，也要遵守一定的纪律。如明代的学规规定，学生每天晚上都必须住在学校的宿舍里，并且不能在夜里醉酒喧哗，晚上还要点名，如果点名不在就会受到处罚。

古代学生放假吗？“准备过冬的衣服”还有专门的假期？

古代的学校也会在固定的时期给学生放假，不过每个朝代的假期制度不一样，以唐代为例，学生一年就有旬假、田假和授衣假三个假期。

唐代学生的假期与官员的假期密切相关。唐代规定，官员每十日放假一天，称为旬假、旬休或沐休。因为官学的老师同时也是朝廷的官员，所以老师每十天也会放假一天，官学的学生自然也会每十天有一个旬假。由于当时的官员多为地主出身，自魏晋南北朝以来，有在农忙时给官员田假的规定，以方便他们回家处理农事。田假一般在每年的农历五月，农历五月正是北方小麦收割的季节，唐代规定五月给官员田假十五天。与此相对应，官学的学生每年五月也会放田假，只不过不是十五天，而是一个月。《新唐书》记载：“每岁五月有田假，九月有授衣假。”授衣假也来自官员的假期。古时九月开始准备过冬的寒衣，叫“授衣”。《诗经》中有这样的诗句：“七月流火，九月授衣。”“流”是向下行的意思，“火”是星名，又称“大火”，每年农历六月此星出现于正南方，位置最高，七月以后就偏西向下，所以称“七月流火”，农历七月也是天气转凉的时节。到九月就要准备过冬的衣服了。农历九月正是秋末冬初，天气逐渐转冷，自魏晋南北朝以来，有在每年九月给官员授衣假的规定，方便官员准备过冬的衣服以适应季节变化。唐代规定九月给官员授衣假十五天，与此相对应，官学的学生每年九月也会放授衣假，同田假一样，也是一个月。因田假和授衣假假期都比较长，学校准许学生在这两个假期里回家探亲。如果学生家距离学校比较远，路程超过二百里，或者家中有大事，学校也会酌情延长学生的假期。

听说过留学生，可“还学生”是什么样的学生？

在唐朝的时候，中国在农业、商业、军事、文化等方面都出现了繁荣昌盛的景象。日本政府为了学习中国的先进文化技术，曾多次派遣使节来中国。但是遣唐使团是外交使团，在中国停留的时间不能过长，因而难以更好地学习中国的先进文化技术。为此日本政府第二次派出遣唐使的时候，同时还派遣了一些准备长时间在中国学习的青年和考察学习的青年。其中考察学习的学生叫“还学生”，在遣唐使回国的时候一起回国；长时间留下来学习的叫“留学生”。从此，留学生的称谓就沿用下来。

当时唐朝国力强盛，不光日本派遣留学生到中国学习，很多周边邻国都派遣学生留学中国。很多史书提到了新罗（朝鲜古国）、渤海（唐代东北地方政权）、吐蕃、日本诸国派遣留学生留学中国。和其他国家相比，日本派留学生来中国最早，也最多。其实日本学生留学中国开始于隋代，史书记载，曾有两批日本留学生随同日本的遣隋使一起来到中国。到了唐代，先后共有13批日本留学生随他们的遣唐使来中国留学，最多的时候，日本在中国的留学生超过550人，其中有一次从中国留学回国的学生就达105人。日本留学生中比较出名的有阿倍仲麻吕，他擅长写诗，和当时的著名诗人王维、李白曾有来往。还有一位叫膳大丘的日本留学生，专攻儒学，归国后，向日本天皇建议像中国一样尊孔子为文宣王，这是日本尊孔的开始。

唐朝对别的国家派来的留学生，在学习和生活方面都给予很多优惠的待遇。如唐玄宗开元初年时，日本使者请求派儒生讲授经学，唐玄宗派国子监的四门助教赵玄默到使者的寓所传授儒家经典，变通了在学校讲学的惯例。

“杏坛”指教书育人的地方，它和杏树有关吗？

“杏坛”相传是孔子讲学的场所，现在多用来指教书育人的地方。

《庄子》里记载，孔子带领弟子出游，感觉累了就坐在杏坛上休息，弟子读书，他弹琴吟唱。《庄子》里面的很多故事都是寓言，不一定真实，但因它明确标示出孔子

曾在杏坛讲学，所以后世的人就据此附会，在曲阜孔庙的大成殿前筑坛、建亭、立碑、植杏，用来纪念孔子。顾炎武《日知录》记载，在宋真宗年间，孔子的第四十五代孙孔道辅修缮祖庙，就在孔庙大成殿前，在讲堂原来的地基上用砖石筑成了一个讲坛，并围绕四周种植了一些杏树，就把它命名为杏坛。后人于是就将此地作为孔子杏坛讲学遗址，历代都加以整修和改建。现今曲阜孔庙大成殿前的杏坛，建于明代，呈长方形，青石基上建一座雕梁画栋的四角凉亭，亭子里面立有宋代书法家党怀英所书写的“杏坛”碑和清代乾隆皇帝所撰写的《杏坛赞》碑。杏坛前安放着一座金代石刻香炉，高约1米，形制古朴。杏坛周围长着几株杏树，每当初春的时候，树上开满杏花。孔子后裔所作《题杏坛》中有“独有杏坛春意早，年年花发旧时红”的诗句。

古人想看书可从哪里借阅？古代有图书馆吗？

我国古代把收藏图书的机构称为藏书馆，1910年在北京设立京师图书馆，才开始采用图书馆这一名称。

我国古代很早就有了类似图书馆的藏书机构，除藏书馆外，还有室、楼、院、阁等各种称谓。古代图书馆是随着书籍的出现而出现的。《尚书》记载，商代已有记录历史事件的书籍。殷商时代甲骨文的藏窖，是迄今见到的最早的文献保存遗址。公元前5世纪的周代守藏室是已知有文献记载的早期政府图书馆，著名的思想家老子就曾做过周代守藏室之吏，也就是管理藏书的史官。据史料记载，西汉时期，皇帝曾经三次下令在全国搜集图书，并专门建立了收藏图书的石渠阁、天禄阁、麒麟阁、兰台石室等皇家藏书机构，其中的石室是用石头砌成的皇家藏书室，以收藏档案为主体，建在宗庙内，由太常主管。西汉成帝时，刘向就曾奉命在天禄阁整理国家藏书，最后编成图书目录《别录》。

一般来说，早期包括后来一些著名的藏书机构多由官府修建，有些还建在宫廷中，如唐代的弘文馆、宋代的崇文院、明代的文渊阁、清代的“四库七阁”等，都是著名的官府藏书楼。随着社会经济、文化的发展，藏书机构也得到较大发展，特别在宋代以后，由于造纸术的普及和雕版印刷术的发展，书籍逐渐增多，民间开始出现私人藏书楼。现存最古老的私人藏书楼为浙江宁波天一阁，建于明代嘉靖时期。古代除了官府藏书机构和私人藏书机构外，还有国学、郡县学、书院藏书楼和寺庙道观藏书楼四种类型。

看书基本靠抄？古代有书店可以买书吗？

在纸还没有发明出来之前，书籍一般都是刻在竹简或写在布帛上，用竹简制作的书十分沉重且不便于携带，布帛书虽携带方便，但是成本十分昂贵。因此，当时书籍并不能被一般人所拥有，社会上也没有专门的书店。当时的书籍主要是靠“口耳相传”的方式流传，也就是说前人将书的内容背诵下来再教给后人。

我国最早的书店始于西汉。当时的书籍以竹木制成的简策居多，读书人要想得到书籍，最初只能靠从别人那里借书抄录，而且主要用于自己读，并不用于交易，后来逐渐出现了相互交换手抄经书复本的图书交易市场。随着书籍供求需要的日渐增多，就出现了专门出售书籍的书店。

随着社会的发展和商业的日益繁荣，汉代开始出现了一些新兴的商业城市，这为书店的发展创造了条件。另外，东汉时出现了造纸术，由于纸比较便宜且便于书写和携带，所以从那以后，纸质书也多了起来，随之各地的书店也逐渐多起来。《后汉书》就明确记载了东汉思想家王充早年家穷买不起书，他就经常逛洛阳的书店，看到想要的书，看一遍就能记住，所以最后成了一个博学的人。可见，在当时的大都市里，书店中的书籍品种较多。到了唐代中叶，因刻版印刷术已经兴起，书店更加繁荣。

人们常用"四体不勤，五谷不分"来形容读书人脱离劳动，古代读书人真的不用参加劳动吗？

四体，指人的两手和两脚；五谷是稻、黍、稷、麦、菽的总称，泛指粮食作物。"四体不勤，五谷不分"就是说四肢不勤快，五谷分不清，常用来形容读书人脱离劳动，缺乏常识。那么古代读书人真的不用参加劳动吗？

春秋时期，孔子带领他的弟子周游列国，有一次，他的学生子路掉队落在了后面，遇见一个年老的人，正用木杖挑着竹器向他走过来。子路就上前向那老人打听："您看见我的老师了吗？"谁知那老人却说："四体懒惰，连五谷都不能分辨，怎么能算老师呢？"说罢他就把木杖插在田中，开始耘田了。"四体不勤，五谷不分"本是一个山野村夫讽刺孔子的话，那么孔子到底是不是一个四肢不勤快，五谷分不清的人呢？

我们知道，孔子是一个圣人，懂得很多的知识，在当时以博学多能著称。孔子祖先本是宋国贵族，后来家道中落，到他这一代时已经沦为一个普通人。在孔子很小的时候，他父亲就去世了。他为了能有出息，就发奋勤学。孔子在小时候社会地位低下，因为生计掌握了大量劳动技能，所以用"四体不勤，五谷不分"来形容孔子是不准确的。它只是当时的普通民众对当官从政者的一种普遍看法。因为当时的当官从政者多不参加劳动，靠剥削民众为生，而孔子也曾为官，并且周游列国就是为了从政，他们就把孔子也看成是不劳动的人了。其实孔子的弟子也多是普通人，为了生活也是需要参加劳动的，如孔子的弟子樊迟就曾向孔子请教过如何种地种菜。

孔子之后的读书人，有很多出自民间，他们在没有被统治者所重用之前，也是需要靠自己的劳动来维持生活的。如汉代的朱买臣靠卖柴为生，每天在打完柴回家的路上，就把书放在柴上，边走边读。有了科举考试后，读书人以考取功名为目标，在没考中之前，那些来自农村的读书人，也是需要靠自己的劳动为生，一边读书一边耕田，称之为"耕读"。当然，也有些不愁生计的读书人逐渐脱离了劳动，成了迂腐的书生，才被人讥讽为"四体不勤，五谷不分"。

“蟾宫折桂”为什么用来比喻在科举考试中取得好成绩？

“蟾宫”即月宫。蟾蜍简称蟾，我国民间传说月亮上有只三足的蟾蜍，所以就用蟾为月的代称，月宫又称为蟾宫。在神话传说里，吴刚因学仙犯了错，被贬到月宫去砍桂树，桂树高五百丈，随砍随合，怎么也砍不倒。用“蟾宫折桂”比喻在考试中金榜题名，这一比喻义来自晋代的郤诜（Xì shēn）。

晋代的郤诜是一个博学多才的人。晋武帝司马炎泰始年间，郤诜因为在举贤良对策考试中文章写得好，被朝廷授予议郎的官职。后来他出任雍州刺史，临行前晋武帝问郤诜：“你自己觉得自己怎么样？”郤诜回答说：“我在举贤良对策考试中考中第一，就好像是在桂树林中折了一条桂枝，在昆山中拾得一片玉石。”意思就是说我的那篇文章虽然写得好，但也只是桂树林中的一枝。郤诜这样回答，有在皇帝面前自谦的意思。

唐代科举考试兴起后，人们便用蟾宫折桂来表示在科举考试中考中进士。清代曹雪芹《红楼梦》第九回：“彼时黛玉在窗下对镜理妆，听宝玉说上学去，因笑道：‘好！这一去，可要蟾宫折桂了！我不能送你了。’”

为什么把写得好的文章称为“大手笔”？

大手笔又作“如椽（chuán）笔”，这个典故出自唐代房玄龄等人所编写的《晋书》，里面有这样的记载，王珣在晋武帝时担任尚书右仆射，有一次做梦被授予一支像椽那样的大笔，他以为将有重要文章要作。果然后来晋武帝驾崩，朝廷命王珣撰写皇帝逝世的有关文件。这里的大手笔，指的就是旧时有关记载朝廷大事的文字。后来就用大笔或大手笔来喻指朝廷的诏令文书，也用以称颂有名的文章家或其作品。如张说与苏颋（tǐng）是唐文人，其中张说被封为燕国公，苏颋被封为许国公，二人以文章驰名，朝廷很多重要文件多出自他们两个人之手，所以被当时的人称赞为“燕许大手笔”。

为什么把没考上称为“名落孙山”？

“名落孙山”这个成语出自宋代范仲淹的后人范公偁（chēng）所写的《过庭录》，意思是在考试中失利，没有考上。为什么它会与没有考上有关呢？

范公偁在《过庭录》里记载了这样一个故事：吴地（今苏州一带）有一个名叫孙山的人，是个说话很幽默的才子。在大比之年，孙山要去京城参加科举考试，他的一位同乡的儿子正好也要去参加考试，于是同乡就托孙山带他儿子一同前往，方便相互照应。考试结束后发榜，榜上有名的就表示考中，名字不上榜的就表示没有考中。孙山有幸榜上有名，考中了，但他在考中的人当中，名次最低，所以他的名字被列在榜单的最后面。和他一同前去参加考试的同乡的儿子却在这次考试中失利，没能考中。孙山先返回到家里，他的同乡听说孙山回来了，他儿子还没回来，便前去向孙山打听他儿子考得怎样。孙山觉得两个人是一起去参加考试的，他考中了，而他同乡的儿子却没能考中，他不好意思直接告诉同乡他儿子没有考中，便幽默委婉地说了这样一句话：“解名尽处是孙山，贤郎更在孙山外。”就是说考中人的名单上最后一名是我孙山，您的儿子还排在我后面呢。既然孙山是榜上最后一名，孙山同乡的儿子名字还在孙山之后，那当然就表示同乡的儿子没能考中。说话风趣的才子孙山用幽默的语言回答了一个难以回答的问题。从此，人们便根据这个故事，把投考学校或参加各种考试而没有考上，叫作名落孙山。

“斗大的字不识一个”，“斗大”是多大？

人们常用“斗大的字不识一个”来形容一个人文化水平低，识字很少或不识字。“斗大的字不识一个”也常有“斗大的字认不上两石（dàn）”“斗大的字不认得一筐”“斗大的字不识半箩”“巴掌大字识不满一斗”“核桃大的字，没有认得一巴掌”“西瓜大的字识不了一担”等其他类似说法。如金庸《鹿鼎记》二十九回里韦小宝曾这样说自己：“我虽然做过和尚，但西瓜大的字识不了一担，借经书去看，皇上恐怕

斗是中国古代常用的量器。

不大相信。咱们得另想法子。”

在古代，筐、箩和担都是常见的用来盛放物品的器具，斗和石都是容积单位，十升为一斗，十斗为一石。古人一般用毛笔书写，用毛笔写出来的字，既有印在书上的蝇头小楷，又有题在匾额上斗大的字。古人学习写字，一般先写大字，等大字写好了，再写小楷，古人写大字的过程也就是识字的过程。但在古代，并不是每个人都能写字识字的，只有少部分读书人才有机会写字识字。所以古代有很多人不识字，因此才会用“斗大的字不识一个”等说法来形象地形容一个人不识字。因为如果一个人连斗大的字都不认识，就表示他没有接受过写字的基础训练，也就是没有经过识字练习，自然就不认识字了。

为什么用红笔写信是对别人的不尊重？

在中国传统文化中，红色是喜庆吉祥的颜色。但是倘若用红笔给人写信则会让人不悦，这是为什么？

古代人们使用红笔的场合非常有限，通常有三种情况。一是皇帝批阅奏折时。古代帝王用朱笔批阅奏折，朱笔就是蘸朱砂的毛笔，世人称之为“朱笔御批”。其次，每逢皇帝举行祭祀大典时，帝王都会亲自用朱笔抄录祭天文书，以此表示君权神授，老百姓们自然不敢擅自用朱笔写字。现在，这两种情况都距离我们有些远，让人们忌讳的“丹书不祥”则根源于第三种情况。古代监狱和牢房里的狱卒是用朱笔记录罪犯的姓名，直到现在，处以极刑的罪犯都是在其名字后面用红笔打上钩或叉。因此人们十分忌讳用红笔写信和书写自己的名字，认为这样不祥。如果不经意间用红笔写信给自己的朋友，则有绝交的含义。

现在，只有老师批改作业、会计记账等少数场合会使用红笔，“丹书不祥”一直影响至今。

身体奥秘

“酒窝”名字的来历跟酒有关系吗？

古人酿酒时，为了舀酒方便，在发酵容器中做出个小圆坑，人微笑时脸上出现的小圆窝与小圆坑形似，“酒窝”因此得名。因为酒窝笑的时候最明显，“酒窝”也被称为“笑窝”。

同时，因为“酒窝”形似梨子底部的凹陷，又获得了“梨涡（wō）”（同“梨窝”）的名字。后来文人也常用梨涡来指称酒窝，或者借指美女。

最早关于酒窝的赞美见于《诗经·卫风·硕人》：“巧笑倩兮，美目盼兮。”这一句现在还常被用来称赞美女笑起来酒窝醉人，眼眸转动时黑白分明，俏丽迷人。这里的“倩”字就是指微笑时出现在两颊的酒窝。

酒窝能为人的相貌增添甜美之感，还能增加亲和力，因此历来饱受称誉。其实，“酒窝”的学名是“面靥”，是面部皮肤与面部表情肌相对牵动形成的，是因脸部的某三块肌肉闭合不齐而留下的一个凹洞。从医学的角度，这算是一种人体的缺陷，不过从美观的角度，酒窝为面庞增色添彩，简直是上天赠予的美的礼物。

额前的头发为什么被称作“刘海”？

古时候，女孩子到了十五岁时便把头发盘起来，表示成年；男孩子则于十五岁时束发为髻，到二十岁时要束发戴冠，举行冠礼，表示成年。而在未成年之前，小孩子的头发都是自然下垂的，所以人们常用“垂髫”代指儿童，如陶渊明在《桃花源记》里写道：“黄发垂髫，并怡然自乐。”这里“黄发”指老人，“垂髫”则指儿童。但男女幼童所留的头发又是有区别的：男孩子留的是额上左右两角的胎发，称为“兆”；女孩子留的是垂于额头中央的胎发，叫作“髦”。这种孩童时代所留的头发统称为“留孩发”。

到了唐代，民间出现了“刘海戏金蟾”的传说。相传唐代有一位仙童，名叫刘海，刘海的前额总是覆盖着一列整齐的短发，模样童稚可爱。所以民间画家在画仙童肖像时，便以刘海为模特，前额垂着短发，骑在蟾蜍上，手舞一串钱。现在我们在年画中

还可以看到刘海的模样。由于“刘海”与“留孩”古时发音完全相同，“留孩”又本是口语俗称，所以书面文字就写作“刘海”了。

古代男子也化妆？据说写《七步诗》的曹植不化妆不见人。

最早关于男子修饰容颜的记载大概可以追溯到汉代，据《汉书》记载，汉代流行在公务员的帽子上插鲜艳的羽毛，脖子上傅上白粉，称为羽林郎。古代的公务员毫无疑问都是男子，那个时候，女子是不能出来工作的。

东晋画家顾恺之《洛神赋图》局部，图中人物峨冠博带，秀美飘逸，可见“魏晋风度”。

实际上，在儒家文化中，仪容与人格理想是相联系的。君子待人接物时必须注意仪容的修饰。仪容不整是对他人的不尊重，是不讲究礼仪的表现，这样的人很难立于天地间。儒学是中国传统社会的思想根基，儒家的仪容观也被广泛接纳。实际上，仪容整洁是古代官员的一项考核指标，所以历代为官的男子，基本上都比较重视仪表。但士人们像女子一样化妆打扮，却并非社会的主流，除了在思想活跃、个性张扬的魏晋时期。

魏晋时期，玄学的流行带来审美观念的改变，当时人物品评之风盛行，品评的范围包括个人的品行、姿容、才情、言谈、气质等各方面，尤其讲究美丽的容貌和潇洒的风度。当时很多名士追求的是女性化的美，他们涂脂抹粉，身着华服，有的人甚至到了不化妆就不见人的地步，传说大才子曹植就是如此。秀美的姿容、旷达的个性，华彩的文章以及由内散发的飘逸气质，使魏晋时期的男子呈现出独特的气韵风度，后世称之为魏晋风度。

此后，随着儒学重新成为思想主流，儒家的仪容观也成为士人的仪表规范。君子追求仪容整肃，待人接物沉雅自然，服饰不过分华丽耀眼。化妆，则是女子的事情了。

古人也近视吗？他们的眼镜什么样？

明清时期的折叠眼镜

据传，明代有一首嘲讽近视眼的打油诗："笑君双眼太稀奇，子立身旁问谁是？日透窗棂拿弹子，月移花影拾柴枝。因看画壁磨伤鼻，为锁书箱夹着眉。更有一般堪笑处，吹灯烧破嘴唇皮。"由此看来，古人也近视，但他们有眼镜可戴吗？

宋朝已经有人尝试用水晶制造眼镜。明朝出现了"单照镜"，类似于现在的放大镜，可以随身携带，但只能拿在手里。明代的光学仪器制造家孙云球觉得"单照镜"使用不方便，于是用水晶制出了可架在鼻梁上的带眼镜腿的双镜片眼镜。此外，他还掌握了"对光"（验光）技术，研制出老花、近视、远视等各种光度的镜片，让不同年龄和视力的人可以选择配戴，这是我国自主验光配镜的开始。他留下一部名为《镜史》的科技著作，大大推动了眼镜制造技术的发展。

水晶眼镜在明代是皇帝的御赐品和贵族文人的专用品，造价非常高，普通人根本买不起。清代康熙年间，北京、上海、苏州、天津、广州等地的眼镜制作和销售发展迅速。清代乾隆时期，江南一带的人以戴眼镜为时髦，清代嘉庆年间，眼镜普及，张子秋《续都门竹枝词》中说："近视人人戴眼镜，铺中深浅制分明。"有趣的是，清代眼镜的深浅标度与现在大不同，是根据子丑寅卯十二地支来划分的。

为什么"丹凤眼"在古代被认为是尊贵和美貌的象征？

说到丹凤眼，最有名的人物是谁？他就是大名鼎鼎的关羽。《三国演义》中这样描述关羽的外形："身长九尺，髯长二尺，面如重枣，唇若涂脂，丹凤眼、卧蚕眉，相貌堂堂，威风凛凛。"关公被学武之人尊为祖师爷，称为关二爷。关羽的相貌描绘，衬托出他义薄云天、武功盖世的形象。这里单说一下"丹凤眼"，按照中国传统的审美观念，丹凤眼是最美丽高贵的眼睛。“凤”指凤凰，凤凰是传说中的神鸟，极为美丽高贵，在古代是皇后的代表。世界上并不存在凤凰，但是凤凰的形象一直流传了下来。丹凤眼形状狭长，内眼角微微呈钩状，眼裂向上、向外倾斜，外眼角上挑，多为单眼皮或内双眼角上翘，类似凤凰的眼型。相貌堂堂的关羽，就有这样一双丹凤眼。相传他凤目圆睁，就是要发威杀敌了。

丹凤眼是既美丽又威风的，中国文学史上还有一位不让须眉的威风女子，也是丹凤眼，她就是《红楼梦》中的王熙凤。曹雪芹这样描绘她的外貌：“一双丹凤三角眼，两弯柳叶吊梢眉。”“粉面含春威不露，丹唇未启笑先闻。”这样的形貌，和王熙凤精明强干、会来事儿的性格非常契合。

“感冒”成为请假利器古已有之？这件事古今惊人的一致。

感冒是最常见的一种疾病。可是，“感冒”这个高频率医学名词，却不是出自医学典籍，而是出自官场。

宋代是中国传统文化的繁荣时期，那时候全国的最高学府是太学，隶属国子监。和现在的大学一样，太学也有严格的考试制度和管理规定。太学的学子们也是住集体宿舍的，如果有特殊情况要在外留宿，必须要在请假簿上登记。登记最多的请假理由，你猜是什么？对了，就是感冒，不过那时候叫感风，以至于请假簿又被称为感风簿。太学学生毕业后大部分会成为官员，自然，“感风”这个百用不爽的请假理由也就被“光荣”地引入了官场，成为官员逃避当值、托故请假的利器。

“感风”一词源自中医理论，是感受到风寒的意思。中医认为，导致人体病痛的外因有六种，被称为“六淫”，也称“六邪”，即风、寒、暑、湿、燥、火，这六种反常的气候变化侵袭人体，就会引起不适。受到风邪的侵袭，就是感风了。至于感冒一词，是在清代流行起来的，据说也是来自官场的“发明”。清代官员更喜欢用“感冒”作为请假的理由，意思是说自己风邪侵体后，仍然为公务操劳，带病坚持至今，症状终于冒出来了，因此不得不请假休养。这个请假的理由，听起来是不是比感风更“高明”一些？因此，“感冒”成为清代官员完成公事以后请假休息的例称。后来，“感冒”的说法在民间也流行起来，成为上呼吸道感染的俗称。

关公为什么是红脸形象？

关公即关羽，他去世后逐渐被神化，被民间尊为“关公”。历史上真实的关羽生活在东汉末年到三国时期。在陈寿的《三国志》中，关于关公的外貌，只提到了他的美髯，并没有记载关公是大红脸，而在其他史学典籍中，也没有任何这样的记载。所以我们可以做出判断，真实的关羽并非大红脸。那关羽的红脸形象，是怎么产生并流传至今的呢？这其中蕴含着传统文化的丰富内涵。首先，在民间，红色脸谱象征着驱邪，人们认为红色是鲜血的颜色，是鲜活生命的象征，具有强大的避邪作用；依据儒家思想来看，红色是正色，是堂堂正正、高贵的颜色，代表正义；另外红色与血有关，能体现男人的血性；再者，红色在传统语言文化体系中也代表忠诚。赤胆忠心、赤诚、赤心、一颗红心等说法，都是褒扬忠诚之语。所以，在戏剧脸谱中，把赤胆忠心的好人都归入红脸门下。有句俗谚说：“红脸无坏人。”而关公被后世尊为“武圣”，是赤胆忠心、武艺超群的英雄人物，是正义的化身，是能驱邪除恶的关帝神。关公作为脸谱化的英雄人物，被文学艺术以及民间传说塑造成红脸的代表人物，也就不足为奇了。

包公为什么是黑脸形象？

包公是对包拯的尊称。包拯是北宋重臣，在《宋史》及其他史料中，都没有关于包拯外貌特征的记载。从合肥包公家祠以及各地所建包公塑像来看，包公是“白面长须，面目清秀”的儒生形象。那包公是如何变成黑脸的呢？这还得从历史文化中找原因。《宋史》中记载包拯刚正不阿，执法如山，皇亲国戚、达官显贵等都惧怕他，不敢胡作非为。至于疏通关节走关系的，不论亲疏贵贱，包拯一概拒绝，只认法不认人。

因此，就有人说他是个不讲情面的“包黑脸”，这当然并不是说他的皮肤黑，而是形容他铁面无私。因为铁是黑色，黑脸即铁脸。在中国长达数千年的封建社会中，统治阶层因为拥有特权而为所欲为、官官相护，百姓非常期盼能有不畏权贵、伸张正义的清官来为民做主。包拯的故事和形象在民间广为流传，深入人心，成为百姓心中的希望和偶像，也成了民间传说和文学艺术作品中执法如山的清官典型。在传统戏剧脸谱中，黑色代表嫉恶如仇的正义，因此把刚直鲁莽的人物都归入黑脸门下。所以，铁面无私、正气凛然的包公，作为公正的化身和民意的代表，也被塑造成黑脸形象可以说是情理之中了。包青天的黑脸形象深入人心、世代流传，反映了老百姓追求公平和正义，期盼吏治清明的愿望。

古人有没有牙刷？他们如何清洁牙齿？

虽然秦汉时期就已经出现牙签的雏形，但是并不普遍。含漱法更简单些，就像我们现在用漱口水一样。从三国两晋南北朝开始，古人已会用盐水来清洁牙齿。唐代医学家孙思邈在其著作《千金方》里说，每天早上放一点盐在嘴里，用温水含着，可以使“口齿牢密”。除了盐，还可以用浓茶。饮食完毕用浓茶漱口，既可以去油腻，又可以去齿中肉。据现代药理分析，茶叶中除了有维生素外，还有单宁和少量的氟化合物，有抗菌和杀菌的作用。除了盐和浓茶，还有用酒漱口的。

到隋唐五代时期，揩齿法开始流行。揩齿法主要有“手指揩齿法”和“杨枝揩齿法”。手指揩齿法出现在晚唐的敦煌壁画中，古人用右手中指蘸些盐或者药物，抹在牙齿上刷。用杨枝刷牙是从印度传入的，使用方法有两种：一种是将杨枝嚼成细条状，用来剔除牙齿间的残留物，兼具牙刷和牙签的功能；另一种是用杨枝蘸药刷牙。古医书中说，将杨枝的一头咬软，蘸了药物揩牙，可使牙“香而光洁”。除了杨枝，槐枝、桃枝和葛藤等也有苦涩辛辣的味道，所以也可以用来刷牙。

到了北宋末年，每天刷牙、早晚刷两次牙已经成了常识，出现了各种各样的揩齿药。宋代医方书《太平圣惠方》里载有一种药膏法：将柳枝、槐枝和桑枝放在一起煎水熬膏，再加入姜汁和细辛末等。这可以算是现代药物牙膏的雏形。

到了南宋，牙刷主体用骨、角、竹或木等材料制成，头部有两排毛孔，毛孔上插的材料是马尾。这和现代的牙刷已经很像了。不过此时仍然有人用布或者手指蘸上青盐擦牙齿，然后用清水漱口——清代《红楼梦》里的贾宝玉还这么做呢。

宋代还出现了很多去除口气的口香剂的秘方，“含香圆”就是其中一种。把鸡舌香、藿香、零陵香等十几味中药研为细末，再加蜜制成糖圆，含在口中，既能抗菌，又可以去除口气。

“七尺男儿”有2米多高？这么说，古代的“巨人”还真不少。

《汉书》上说项羽身高“八尺二寸”，小说《三国演义》中说诸葛亮和赵子云“身长八尺”，如果按照现代标准（三尺为一米），那么项羽、诸葛亮和赵子云就都是超过2米的巨人了？

事实上，古代的“尺”比现代的短，而且不同时期、不同地区和不同的尺子（如木尺、铁尺、铜尺、竹尺和骨尺等）长度也不同。一般来说，朝代越早，尺子越短。尺源自人们用手量物。《孔子家语》说：“布手知尺。”现存的商代骨尺和牙尺，长度在15~17厘米，大约为妇女手掌张开后从大拇指指尖到中指指尖的距离，也称为一拃。而周代的一尺大约为23厘米，是男性的一拃，都比现在的一尺（约33.3厘米）短很多。有关专家根据各种古籍和文物，推算出历代一尺大致的长度，大致范围为23.1厘米至32厘米之间。具体算来，项羽“八尺二寸”大约高1.89米，而诸葛亮和赵子云“身长八尺”约为1.92米（可能有夸张成分），在古代身高中算是出类拔萃的了。秦汉男子的身高一般在七尺至八尺之间（1.61米~1.84米），所以当时以身高七尺为成人的标准，“七尺”为成年男子的代称，而儿童被称为“五尺”或“六尺”。

“五体投地”是哪五体投地?

“五体投地”是指两手、双膝和头一起着地，是古印度一种最恭敬的行礼仪式。“五体投地”的具体做法，要先并足，正身合掌，俯首，然后以手揭衣，先右膝着地，再下左膝，接着两肘着地，伸出双手，手掌过额头，乘空做出接佛足的意念和姿态，再以头着地，良久才完成一拜。

佛经中所见“五体投地”大多用来表示最恭敬的行礼仪式，它的致敬对象一般是佛教修行者，也可以是外道修行者或王者，还可以是佛教修行地。

随着佛教在中国广泛传播，与中国本土文化互相渗透、融合，“五体投地”的意义范围在不断扩大，文化内涵不断丰富，由一开始使用字面意义到表示最恭敬的行礼仪式，后来又逐渐虚化，用以比喻佩服到了极点。

“总角”是一种什么样的发型？“总角之交”是指什么样的朋友?

“总角”的发型就是将头发分左右两半，在头顶各扎成一个结，形如两个羊角，因此得名“总角”。“总角”是古代八到十四岁少年男女通用的发型，因此后来也用来代指童年时期。比如《诗经·卫风·氓》中写道：“总角之宴，言笑晏晏。”意思是回忆两小无猜的童年时，说说笑笑乐得欢。再如陶渊明《荣木》诗序中说：“总角闻道，白首无成。”意思是从少年时就开始学习，直到老年还学无所成。

古画里的总角发型

这样说来，你差不多已经猜到“总角之交”是什么意思了吧？跟北京话里的“发小儿”差不多，都是指小时候一起玩的好朋友。《三国志》注引《江表传》，孙策说道："周公瑾（周瑜）英俊异才，与孤有总角之好。"这是孙策赞美周瑜的话，并且说两人从小就是好朋友。有"总角之好"的朋友，也就是总角之交了。

古人为什么有"过午不食"的说法？这样做是为了减肥吗？

我们首先来弄清这里的"午"指的是什么？按照中国古代的计时法，"午时"大约是从中午11点到下午1点这段时间。实际上，"过午不食"的说法源于佛教，佛教中把"过午不食"或"过中不食"叫作"持斋"，认为持斋是一种有利于身心的修行。不过，僧侣们除了诵经和料理佛事之外还要耕种劳作，所以他们晚上还得吃点东西，不过这时的晚餐人们称之为"药食"（即少食）。

在中国传统文化典籍中，也有很多关于少食、节食的说法。《黄帝内经》中记载："饮食自倍，肠胃乃伤。"意思是多吃伤害肠胃。孔子在《论语》中说："食无求饱。"意思是吃饭不追求吃得过饱。这些观点都强调了饮食过多对于肠胃的伤害。而从现代医学或生理学的观点看，少食和短时间不食，也是有利于人体健康的。因为我们的大脑是机体代谢中最旺盛的器官，它的耗氧量是整个身体的20%左右。如果我们吃了过多的食物，那么，大量的氧就要去消化胃中的食物，这时，大脑则会供氧不足，产生昏昏欲睡的感觉，这就是人们所说的"饭饱神虚"。另外，在人体的大小肠中，都存有大量的渣滓和病菌。如果我们在晚间不吃或者少吃食物，肠中的污物细菌就容易排掉，人体就不容易生病。相反，如果我们食量过大，就会增加消化和转化功能的负荷，使肠胃、心脏、肝胆等都得不到休息，从而影响健康。

为什么形容一个人本领大会说这个人"三头六臂"？

三头六臂原来是佛家语，在佛经记载中，哪吒原来是印度佛教中的护法神，就是三头六臂的异相。随着佛教传入中国，哪吒的形象也进行了一番中国化演变，成为民

间传说中托塔天王李靖之子，在明代小说《西游记》和《封神演义》里都有他的英姿。在《西游记》中，哪吒演化为玉皇大帝的战将，孩童天神；在《封神演义》中，哪吒是完全道教化的英雄神。他虽然年纪不大，却法力广大，可以变化为三头六臂，也有说是三头八臂，所以人称八臂哪吒，可同时使用八件武器，足蹬风火轮，双手使两杆火尖枪，其余六只手用六件法宝，变化多端。每逢父亲托塔天王挂帅出征，哪吒必然前往，有时当先锋，有时为大将，先后降服九十六个妖魔，是神话故事中古今驰名的少年英雄。

三头六臂的哪吒如此神通广大，因此，“三头六臂”后来被用到文学作品和日常语言中，形容一个人本领大，办事能力强。比如《红楼梦》第八十三回中，周瑞家的称赞王熙凤的管理能力：“这样大门头儿，除了奶奶这样心计儿当家罢了。别说是女人当不来，就是三头六臂的男人，还撑不住呢。”比三头六臂的男人还厉害，那得有多能干呢？难怪这话夸得王熙凤心花怒放。

为什么填写契约或者合同文书时，要用指头盖印呢？

世界上没有两个人的指纹是完全相同的。可以说指纹是一个人独一无二、不可复制的特征，所以警察侦查案情时要采录指纹，通过指纹来确认身份。而签订合约的时候，摁下的手印，就代表了本人的认可，是具有法律效力的。所以摁手印是一件很严肃，需要慎重对待的事情。这种确认契约的方式是很古老的传统了，我们从“印”字的造字法也可以看出来。

甲骨文　金文　小篆　楷书

“印”的甲骨文字形左边是手爪，右边像一个跪着的人。“印”表示一个人用手按住另一个跪着的人，会意为“按压”，可理解为用弯曲的手指执印章按压盖印之意。“印”原本是上下结构，随着汉字的演变而为左右结构。按压能在物体上留下痕迹，所以“印”还可以表示痕迹、记号的意思，如印痕、印迹、手印，由此又可引申为在人的大脑里留下很深的记忆，如印象、印记、烙印。看来，手印手印，“手”和“印”还真有着千丝万缕的联系。

“桃养人，杏伤人，李子树下埋死人”，这种说法对不对？

桃子不仅滋味甜美，而且营养丰富，是非常滋补的食品，所以人们把桃子和长寿健康联系在一起，过生日的时候要吃“寿桃”。从现代医学的角度看，桃子中含有蛋白质、脂肪、碳水化合物、维生素C、钙、镁、膳食纤维等多种营养成分。一个中等大小的桃子（约200克）的热量大概在80~100大卡，差不多小半碗米饭，因此吃桃子会有很大的饱腹感。

杏酸甜可口，会伤人吗？其实，杏的营养成分非常丰富。杏的果肉通常为黄色，这是因为其中富含类胡萝卜素，吃杏能补充维生素A，具有很好的抗氧化作用。杏的果肉中也含有丰富的矿物质，有的品种的杏，每100克杏肉中，钙的含量高达200毫克。

李子也含有蛋白质、脂肪、维生素、膳食纤维、碳水化合物等多种营养成分。相对于桃和杏，可能对李子过敏的人会多一些。果蔬过敏可轻可重，对于大多数人来说，过敏症状仅为嘴唇水肿、皮疹等，但对有些人来说，情况可能会很严重，甚至导致休克，如不及时就医，有可能死亡。

桃、杏和李子都是营养丰富的水果，适量食用有利于身体健康，但如果一次食用过多，甚至到了腹胀难受的程度，那就是“伤人”了。

古人的脸≠面？脸指什么？面指什么？

现在，脸和面的意思差不多，我们也常常连起来说“脸面”，不过在古代，脸和面的意思并不完全相同。“脸”最初有两种意思，一种是指脸颊，通常是指女子脸上可以施粉的部位。白居易的《王昭君》诗中有“眉销残黛脸销红”之句，写美女的残妆，眉

毛淡了腮红褪了，这里的“脸”用的正是脸颊的意思。另一种意思是指眼皮。比如南朝梁武帝《代苏属国妇诗》：“帛上看未终，脸下泪如丝。”后来，“脸”的词义逐渐扩大，最终和“面”的意思一样了，而“面”的古今义基本没有变化，都是指头的前部，如面孔，面带微笑。

脸和面现在的意思基本一致，不过还是有语体色彩的区别。“脸”多用于口头语，“面”多用于书面语。比如骂人时，人们会说“不要脸”，而文雅一些的书面说法是“不顾颜面”。

至于“面子”，更多时候我们用的是它的引申义，指体面、光辉，比如“爱面子”“死要面子活受罪”。

为什么病入膏肓就是指病得很厉害？“膏肓”指人体的哪个部位？

我们看武侠片，会听到“内伤”这个说法，也经常看到这样的情节：一个人外表看起来好端端的，但是受了严重的内伤，很快就吐血而亡；一个人看起来浑身挂彩，多处受伤，但是养一养就好了，因为“皮肉伤不碍事”。从现代医学角度看，外伤在表面，容易修复，而内脏受损，很难修复，医治起来难度较大，特别是心脏。“病入膏肓”就是指疾病已经深入到心脏的位置，当然是病得很严重了。

“病入膏肓”的典故出自《左传》，春秋时期，有一次，晋景公得了重病，听说秦国有一个医术很高明的医生，便专程派人去请。结果医生还没来到的时候，晋景公因病势严重陷入半昏迷状态，恍惚中梦见他的病变成了两个小孩，正悄悄地在他身旁说话。一个说：“这次来的是良医，可能会伤到我们，咱们怎么躲开他？”另一个回答：“咱们躲到肓的上面，膏的下面，他的药力达不到，能把我们怎么样？”过了一会儿医生到了，他诊断后说：“这病没法儿治了。疾病在肓之上，膏之下，用灸法攻治不行，扎针又达不到，汤药的药力也达不到，实在治不了了。”晋景公一听，竟然印证了梦中的情景，赞叹地说：“果然是良医啊！”然后送了一份厚礼给他。不久，晋景公果然辞世了。

“膏”指的是心尖的脂肪，“肓”指的是胸腔内的横膈膜，分隔胸、腹两腔。晋景公的病已经深入到心脏，当时的医术肯定是治不了的。

“日出而作，日落而息”是不是健康的生活方式？什么时间起床和睡觉比较适宜？

古代中国是一个传统的农耕社会，百姓的生活绿色简单，顺应天时，根据季节、时令的变化安排生活节奏。太阳出来人们就开始干活，太阳落下就回家休息，过着“日出而作，日落而息”的生活。现代医学认为，人体达到深度睡眠的状态，一般是晚上十点至午夜两点，这是人体新陈代谢最旺盛的时刻，也是身体各器官得到休息、复原的最佳时间。

对大多数人来说，这个时间进入深度睡眠并且保证每天7~8小时的睡眠是非常健康的生活方式。但这也不是绝对的，有的人由于工作的关系，无法在晚上十点前入睡，但只要确保睡眠质量，睡够自己需要的时间，第二天起来精力充沛，也是可以的。

麻沸散是现代麻醉药的前身吗？

早在东汉时期，华佗就发明了世界上最早的麻醉药，名字叫“麻沸散”。在手术之前，华佗先命病人用酒服下麻沸散，等病人没有知觉后，才做手术。相传有一次，华佗外出治病途中遇到一位腹痛如绞的病人，华佗诊断后断定他的脾烂了，需要马上摘除，于是他取出麻沸散，拌酒让病人服下。病人“睡着”后，华佗随即给他剖腹切除了病脾。随后将血止住，缝合好伤口，涂上生肌收口的药膏。一个月后，病人便痊愈了。

罗贯中在写《三国演义》时也用上了这个发明：华佗为关羽刮骨疗伤时，他建议关羽用麻沸散，遭到拒绝。结果关羽谈笑自若，边下棋边做了手术，这一细节在打造

关羽盖世英雄的形象层面是十分给力的。在后面的情节中，罗贯中又用麻沸散作道具来刻画曹操的奸诈多疑。曹操得了头痛病，招华佗来医病。华佗建议曹操利用麻沸散进行开颅手术，可惜曹操疑心太重，误认为他要谋害自己，下令将他处死。在临刑前，华佗将麻沸散的配方交给一狱卒，可恨的是，狱卒的妻子怕连累自己，将配方烧毁。麻沸散就此失传。当然，这些故事都是小说家的演绎，其历史真实性早就无从考证了。

麻沸散是外科手术史上一项划时代的贡献，对后世影响深远。由于麻沸散配方自华佗死后就失传了，直至宋代，我国麻醉技术才有所发展，出现了局部麻醉等麻醉方法。而欧洲直到19世纪中叶才开始在手术中使用麻醉药。

小说里常有“碧血丹心”的说法，无良商人又被称为“黑心商”，心到底是什么颜色的？

我们都知道，从生物学意义上来说，人体的血液是红色的，心脏也是红色的。那么“碧血丹心”“黑心”这些说法是怎么来的呢？

“碧血”源于苌弘化碧的典故。相传，周朝忠臣苌弘因为得罪朝中权贵蒙冤被杀，有人慕名收集他的血液藏于匣中，三年后全都化为碧玉。后来，“碧血”就被用来指为正义事业所流的血。比如近现代女革命家秋瑾在慷慨就义前曾作诗：“一腔热血勤珍重，洒去犹能化碧涛。”南宋民族英雄文天祥不肯投降元军，留下了千古名句“人生自古谁无死，留取丹心照汗青”。“丹心”从此成为赤诚忠心的代名词，也常和“碧血”连在一起，形容英雄豪杰的忠诚坚贞。南宋陆游在《金错刀行》中写道：“千年史册耻无名，一片丹心报天子。”

忠诚的心是“丹心”，是火热赤诚的红色之心。相反，黑色的心，好像变质了一样。奸诈的、无情的、贪婪的人或事物，在生活中被人们称为“黑心”。比如生产、售卖假冒伪劣产品的商人是黑心商。

“伤筋断骨一百天”的说法是否符合医学道理？

如果骨折了，或者扭伤了软骨组织，也就是所谓的“筋”，真的需要卧床休息一百天吗？这句流传已久的俗语到底符不符合医学道理呢？

实际上，骨折或者软组织损伤，需要注意固定伤处，休息静养，不能立即活动，这个大原则是对的。至于休息多久，能否活动，多久开始活动，这些则要具体情况具体对待。因为软组织和骨折愈合过程受到许多因素的影响，比如年龄、身体情况、损伤部位、损伤程度等。像股骨骨折的小孩子一个月左右就可基本愈合，成年人则往往需要三个月以上才能愈合。如果骨折处固定不牢，或者过早活动，会影响到骨折的愈合速度，所以患者要多休息静养。但如果是前臂或关节部位骨折了，固定一百天那么久，就会造成关节僵化，不能进行正常的活动，甚至残疾。相反，有些骨折，比如股骨、颈骨骨折，固定一百天以上也不一定能愈合，更不要说活动了。所以，对俗语的理解，重要的是领会要义，但不能作为医学处方，毕竟这只是百姓从生活经验中得出的简单朴素的认识，不是严谨科学的医学指导守则。如果盲目地按照俗语去做，有可能会损害健康。

小孩子是不是吃得越饱、穿得越暖越好？为什么有“要想小儿安，三分饥与寒”的说法？

民间有俗语：要想小儿安，三分饥与寒。小孩子活泼好动，如果衣着过暖，就容易出汗受凉，继发多种疾病。所以需要根据气候变化随时给孩子增减衣服，让孩子处于七分暖三分寒的环境中，这样才能增强孩子的抵抗力。同样，小孩子的消化吸收功能也还未健全，如果吃得过饱，肠胃负担不了，就容易造成肠胃不舒服。所以让孩子吃个“七分饱”更有利于消化吸收。

所以，让孩子处于“三分饥与寒”，不是让孩子挨饿受冻，而是做到有节制地饮食，适时加减衣服，同时坚持体育锻炼。比起过度的饱暖，这样的方法更能促进孩子的健康成长。

古人说："食谷者生。"不吃主食到底行不行？

主食的主要成分碳水化合物是人体最主要的能量来源。如果长期不吃主食，身体缺乏足够的碳水化合物提供能量，会对身体造成不良影响。

孔子在《论语·乡党》篇中就说过"肉虽多，不使胜食气"，这里说宴席上肉虽然多但吃它不能超过主食。可见孔子十分重视主食的摄入。"食谷者生"，说的也是这个道理。但是吃主食也有讲究，主食越天然、加工程度越低，所含的膳食纤维越丰富，越有利于身体健康。相对于精加工的大米、面条、馒头，多吃小米、玉米、燕麦、杂豆、薯类等更健康。

形容一个人聪明常说"心眼儿多""七窍玲珑心"，聪明人的心脏比一般人的窟窿多吗？

心眼、心窍，说白了都是心脏中的窟窿。现代医学告诉我们，正常的心脏都只有一个房间隔和一个室间隔，把心脏内分成左右两个心房和左右两个心室共四个腔。如果心脏里面长了"心眼"，可能造成房间隔或者室间隔缺损，从而引起心脏功能下降或心力衰竭，严重者还可能导致猝死。在先天性心脏病患者中，心脏上有洞的患者占到了60%到70%，如果真的是心有七窍，很可能是严重的心脏病了。可见，"七窍玲珑心"只是个传说。

在有关"玲珑心"的众多传说中，最有名的要算明代小说《封神演义》中比干剖心的故事：商朝时期，纣王的宠妃妲己想陷害忠臣比干，就编了个谎话告诉纣王，说自己得了心痛病，快要疼死了，只有用比干的七窍玲珑心做药引才能治好。昏庸的纣王居然听信了妲己的话，要求比干把心剖出来。幸好比干得到姜子牙的法术保护，服食神符后可以保护五脏六腑，剖出心脏后仍然不死。但在回去的路上，比干遇到了一个卖无心菜的妇人，比干问了她一句："人若是无心如何？"妇人回答说："人无心即死。"结果比干顿时血流如注，大叫一声就死了。《红楼梦》中的林黛玉心细多思、才情不凡，曹雪芹写贾宝玉初见林黛玉时，即感到这个妹妹“心较比干多一窍，病如西子胜三分”。这句赞语极言黛玉的聪慧和美貌。

《史记》上说项羽是重瞳，就是一只眼睛有两个黑眼珠，真相到底是什么？

重瞳，又叫重华，是指一只眼睛中有两个瞳孔。古代相术认为重瞳是一种异相和吉相，象征着吉利和富贵，往往是帝王的象征。历史上记载的生有重瞳的人，无一例外都是帝王或是霸主。

史载最早生有重瞳的人，就是三皇五帝中的虞舜。舜帝又名重华，这名字便来源于他独特的重瞳。他出身贫寒却有大志，二十岁时便以孝闻名乡里，受到四方诸侯的推举，成为帝位的候选人之一。尧曾给舜布置了很多难题，来考验他是否有能力成为一代君主。舜不负所托完美地解决了所有问题，令尧非常满意。尧给了舜丰厚的奖励，不料这些资财却引起舜的家人的觊觎和争夺，幸好舜如有神助一般，每次身处险境都能化险为夷。经历重重考验之后，舜完成了从一介贫民到一代明君的升华。

项羽是历史上另一个重瞳的代表人物。“力拔山兮气盖世”的项羽最后在乌江自刎，英雄失路的悲壮，让他更加千古闻名，世人都为他的悲剧唏嘘感慨，诗文中多有吟咏。他的一双异眸也常被用来指代本人，比如清代文人钱谦益《徐州杂题》诗之二中写道：“重瞳遗迹已冥冥，戏马台前鬼火青。十丈黄楼临泗水，行人犹说霸王厅。”

不过，从现代医学的角度看，所谓天生异相的重瞳，其实就是瞳孔发生了粘连畸变，从O形变成∞形，但并不影响光束进来，就像照相机镜头分成两半仍然可以使用。重瞳又叫对子眼，现代医学认为是早期白内障的现象。由于眼珠颜色浅，看上去就像是大瞳孔套小瞳孔，所以叫重瞳。

萝卜白菜保平安？只吃素可以吗？

古人很早就对素食的好处有所认识。民间俗语说：萝卜白菜保平安。粗茶淡饭比大鱼大肉更利于养生。清代扬州八怪中最有名的郑板桥，在江苏兴化老家的厨房自撰一副门联："青菜萝卜糙米饭，瓦壶天水菊花茶。"这一联说明郑板桥深谙素食养生的道理。他吃的是青菜萝卜糙米饭，喝的是天然井水浸泡的菊花茶，用的是我国传统的瓦壶。郑板桥粗茶淡饭，不挑食，活到了古来稀的年龄。

另一方面，在艰苦的岁月里，吃肉其实是很奢侈的梦想，那时候不需要提倡素食，大家也只能吃素。今天，人们的生活水平已经大幅度提高，大鱼大肉、各种高蛋白、高脂肪、高热量的食物占领了大多数人的餐桌，因此，肥胖、心血管疾病等"富贵病"也变得随处可见。在这种情况下，倡导健康的饮食习惯变得非常有必要，素食主义也应运而生。不过纯素食到底对身体好不好呢？从现代营养学的角度来说，人类饮食的荤素黄金比例为2∶6，即两分荤六分素。多吃素食固然对身体有很多好处。素食中的营养非常容易被消化和吸收，不过对于还在长身体的青少年来说，完全不吃肉、蛋、奶等高蛋白的荤食是否有利于健康，还有待商榷。目前比较提倡的还是少量荤食搭配大量素食的饮食方法。

怎么吃才有益于健康？古人早就告诉过你。

古语中说：民以食为天。吃饭是老百姓的头等大事。吃得健康，吃得适量，才能有一个好身体，而身体是革命的本钱。怎么吃才有益于健康呢？古人讲究养生，中医记载了很多养生饮食之法，比如细嚼慢咽、按时定量、温寒适宜等。孔子提倡："食不语，寝不言。"在古人看来，吃饭时不说话，是一种良好的饮食礼仪，是有教养的表现。同时，这也是一种科学的饮食习惯。吃饭时说话，不仅会分散注意力，容易呛食，而且也不利于胃的容纳和食物的消化。

中医"细嚼慢咽"的主张与现代医学不谋而合。现代医学证实，细嚼慢咽不仅有利于消化吸收，保护肠胃，还能预防口腔疾病，也有利于减肥。因此，放慢生活的脚步，放慢咀嚼的速度，保证一定的用餐时间，是健康生活必需的。

《论语·乡党》中还记载了孔子晚年常提的饮食观："食不厌精，脍不厌细。"孔子的意思是粮食舂得越精细越好，肉切得越细越好。老年人的牙口不好，肠胃消化功能也减弱了，常吃粗粮容易消化不良，肉类如果不切细煮烂，就更加消化不了。古人对食物精加工的水平有限，日常饮食以粗粮为主，因此孔子提倡吃得精细一些是科学的。而在现代生活中，精加工的细粮早已成为餐桌的主力，粗粮反而是日常饮食中比较匮乏的，所以多吃粗粮反倒是需要提倡的。总而言之，粗细搭配，营养均衡才是健康的吃法。

天热时，大家常说"心静自然凉"，这种说法有什么科学道理吗？

现代科学实验证明，人的主观感觉会起到一定作用。"心静自然凉"的说法是符合科学的。当内心平静时，交感神经兴奋性就会下降，随之代谢与心率减慢，体内产生的热量就会减少。不过这句谚语并不是源于科学实验，而是源于佛学的思想。相传炎炎夏日，唐代诗人白居易去拜访恒寂禅师，发现禅师安静地坐在禅房里，毫无燥热的样子。白居易心有所感，写了一首《苦热题恒寂师禅室》的诗："人人避暑走如狂，独有禅师不出房。可是禅房无热到，但能心静即身凉。"这首诗充满禅意：心底清明安静，身体自然也就觉得清凉了。中医也有"心静自然凉"的理论，《黄帝内经》里说，天热时人"更宜调息净心，常如冰雪在心，炎热亦于吾心少减。不可以热为热，更生热矣"。天气炎热的时候，容易感到烦躁。越是烦躁，越是感到暑热难当。因为一个人心绪烦躁会使大脑兴奋、血管收缩、皮肤表面血流量下降，从而使皮肤温度变低，使身体热量不易散发。

为什么古人将担任重要职务的辅佐大臣称为“股肱之臣”？

要弄清楚“股肱（gōng）之臣”，先来弄清什么是“股肱”。“股”指大腿，“肱”是胳膊由肘到肩的部分。股和肱是支撑起身体的关键部位，所以古代用股肱之臣形象地指担任重要职务、支撑起朝廷主要工作的大臣。“股肱”和“良臣”发生联系，最早见于《尚书》。《尚书》中有“股肱惟人，良臣惟圣”之语，意思是手足长成才能成为一个完整的人，有良臣辅佐才能成就一代圣明君主。

《史记》里的“三十世家”，记载的都是古代股肱之臣的生平事迹，他们忠诚有力地辅佐君主，立下汗马功劳。

“冬吃萝卜夏吃姜，不劳医生开药方”，吃蔬菜还要分季节？

萝卜营养丰富，富含维生素及其他营养成分，具有抗癌、防止心血管疾病的作用。而生姜能在人体内产生氧化酶，有抗衰老的作用，生姜的提取物能刺激胃黏膜，促进血液循环，振奋胃功能。萝卜和姜都含有较丰富的营养成分，能促进人的身体健康。至于“冬吃萝卜”的原因可能是，以前的冬天，除了萝卜，没太多别的蔬菜可吃，而且冬天的萝卜最好吃，放到夏天就糠了。至于夏天吃姜，和季节关系并不大。如果喜欢姜和萝卜，无论冬天夏天都能吃。

为什么很多膏药要贴在肚脐上？

药物贴敷疗法是中医外治法的一种，已经有两千多年的历史。将药物制成膏、丹、丸、散、糊等，贴敷在皮肤上，然后用纱布或胶布封盖固定。其中最常用的是将药物贴在脐上的疗法。为什么要将药贴在肚脐上呢？

现代研究表明，脐部凹陷处的隐窝，在贴敷后可以形成自然的闭合状态，使得药物能长时间存放和发挥效力，而且脐下没有脂肪组织，所以药物从这里最容易穿透。另外，脐下有丰富的静脉网，所以药物穿透皮肤后可以进入血液循环和淋巴免疫系统，迅速弥散于全身，发挥药物的全身治疗作用。

形容对人赏识或喜爱叫"青眼有加"或者"青睐"，眼珠的颜色还会变？

"青眼有加"源于魏晋名士阮籍的故事。阮籍为人旷达不羁、不拘礼俗，他的狂放留下了很多有趣的典故。《晋书·阮籍传》记载：阮籍能作"青白眼"，两眼正视，眼球上黑的多，就是"青眼"；两眼斜视，眼球上白的多，就是"白眼"。阮籍对待不欢迎的人，就用"白眼"看待；对待欣赏的人，就用"青眼"相看。有一次，嵇喜来给阮籍的母亲吊唁，阮籍嫌他为人庸俗，就用白眼看他；嵇喜的弟弟嵇康听说了这件事，带着酒和琴来造访，阮籍高兴地以青眼相对。嵇康为人也旷达狂放，自由懒散，与阮籍意气相投，阮籍当然很高兴见到他。由于这个故事，后来就产生了"青睐""垂青""青盼""青照"这些词，都是表示对人喜爱、尊重、欣赏的意思。这里的"青"，指的是黑色的眼仁。

手指和心脏离得很远，但为什么说"十指连心"？

从现代医学的角度讲，这是因为指尖真皮层中有丰富的感觉神经末梢，所以手指有痛感的时候，会迅速地通过末梢神经传递到大脑里的神经中枢，产生强烈的感觉。而当伤心或心痛时，疼痛感也会迅速传递到指尖。古人很早就发现了这种联系，所以才有"十指连心"的说法。明代戏曲家汤显祖在《南柯记》中有一句诗是"焚烧十指连心痛，图得三生见面圆"。

有时，人们在使用这个词语时，也常用来指亲人的安危与自身休戚相关。亲人之间血脉相连，如果一方遇到什么事情，另一方会感同身受，好像十指连心的关系一样。

“拉钩”为什么表示对自己说的话负责？

“拉钩上吊，一百年不许变！”我们可能都用过拉钩的方式来表示一个约定或承诺。为什么勾手指会和承诺联系在一起呢？这也许和手指的作用有关。许慎在《说文解字》中讲：指，具有“旨”的含义，代表着个人的意旨和想法，因此手指相勾就有交心、交流内在想法的意思。另外，中国传统有指天为誓的盟誓形式，“指”在盟誓中担当了重要角色。盟誓时，人们用手指签字画押，有时还要割破手指，歃（shà）血为盟。鉴于手指在誓约中的重要作用，所以，勾手指也成为做出承诺的一种简化的表达方式，同时，勾手指还有心意相通的甜蜜意味，表示彼此十分默契。

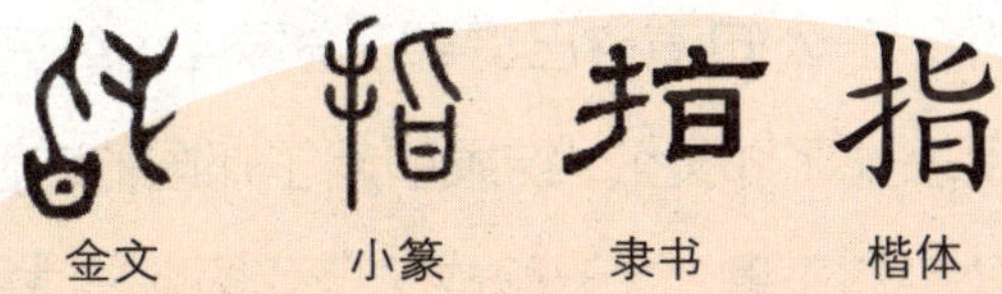

金文　小篆　隶书　楷体

手的第二个指头为什么叫食指？和吃有关吗？

食指的来历还真和吃有关，不过不是吃手指，而是用这根手指试探食物、汤水的冷热，或者放到嘴里尝一下食物的味道。这显然不符合现代文明的礼仪，它是上古时代的习惯，那时，人们是用手直接把食物抓起来吃的。所以，根据这根手指的职能，古人将它命名为食指。

“食指大动”的典故出自《左传》。春秋时期，郑国的公子宋（字子公）有一根能做美食预报的神奇食指。子公每次将要有口福吃到美食时，食指都会剧烈抖动。他出使晋国时食指大动，便吃到了石花鱼；出使楚国时食指大动，就吃到了天鹅肉；后来吃到合欢橘之前，也是食指大动。他的食指做出的美食预报，准确率百分之百。后来，“食指大动”就作为成语，表示有美味可吃的预兆，再后来，词义稍有变化，用来形容看到美食胃口大开、垂涎欲滴的样子。

“染指”一词是怎么来的？这个词跟手指有关吗？

要理解“染指”的词义，还得从“食指大动”的郑国子公说起。《左传》中记载了这个典故。有一回，子公在上朝前食指大动，他就知道又有口福了。到了朝堂之上，他看到堂柱上绑缚着一只大鼋（yuán）。鼋外形像鳖，据说肉味异常鲜美。当时的国君郑灵公知道子公有预知美食的特异功能，他将鼋肉分赏臣子享用，故意没有赏赐子公一份儿。子公被激怒了，他径直走到郑灵公面前，将手指伸入鼎中，尝了一口之后便扬长而去。这鼎可是国君和诸侯专用的食具，子公在朝堂上公然犯上，郑灵公当然非常恼火，声称要治子公的罪。子公知道自己得罪了郑灵公，终究难逃惩罚，于是在郑灵公找他算账之前，先出手杀掉了郑灵公，结果引起了郑国的内乱，子公也死于战乱中。郑国从此由盛而衰。子公染指王鼎，终于酿成了身死国败的大祸。

“染指”一词由此而来，并固定为一个词。它有多个义项，可以表示品尝食物，也可以表示参与某项事务或活动，更多的是用来表示插手不应参与的事务，分取非分利益。有一句诗是“馋子背人先染指，老妻报我只攒眉”。你来判断一下这里的“染指”是哪个意思？

古时候公堂上打犯人，为什么只打屁股不打别的地方？

从先秦的史料来看，最初用刑时并不是专打屁股，而是可以在背部、臀部、腿部甚至其他部位乱打一气的。西汉初还通行肉刑，就是对犯人施行在脸上刺字、割鼻

子、斩脚趾等刑罚。汉文帝时期齐国的太仓令（王室仓库主管）淳于意获罪，被押赴首都长安服刑。他的女儿缇萦（Tíyíng）上书，指出受过肉刑的人一辈子残废，即使想改过自新也没有机会，她表示自愿给官府当奴婢，请求为父亲赎罪。文帝深受感动，下令废除肉刑，改革刑制，最后确定将肉刑改为笞刑，有的打三百下，有的打五百下。但是受刑人常常被打死，幸而不死也往往致残，所以后来的景帝曾两次下令将打的数量缩减，最多的五百减少到二百，还补充了几项具体规定：刑具用竹子制成，长五尺，阔一寸，半寸厚，将竹节削平；只能打在臀部；用刑过程中打手不能换人。从此打屁股才成为一项最通行的刑罚，此后的变化只是刑具的尺寸大小和施刑数量的变化。从刑具、打手、施刑部位、数量的规定看，用打屁股代替其他刑罚，不失为一种人性化的进步，毕竟大多数这样受刑的人还可以保住性命。

还有一种传说，说是唐朝贞观四年时，有一次，唐太宗李世民在太医院观看了修订完成的《明堂针灸图》，得知人体的重要器官多在胸背部，这些部位被撞击拍打会有生命危险，臀部的重要穴位就少多了，于是，这位盛唐明君就规定把屁股作为施刑部位，从此打屁股的惩罚手段就沿袭了下来。不过从史料来看，直到明清时期才明文规定只打屁股或者“臀腿分受”，兼打大腿。

打屁股就不会伤人性命吗？事实上，打屁股虽然较之其他部位相对安全，但如果打得过重，臀部可能发生广泛的皮下淤血，引起微循环障碍或局部组织坏死，可使深静脉血栓脱落或使有毒物质进入重要器官，最终也会引起严重病症甚至死亡。

古人讲究“闭目养神”，为什么闭一会儿眼睛就感觉精神许多？

自古以来，闭目养神便是一种简单有效的养生办法。中医认为，眼睛是气血流动集中的地方。《黄帝内经》里说：“五脏六腑之精气，皆上注于目。”

现代研究表明，眼球的视网膜是与外界有直接联系的部分。眼睛和大脑的联系相当密切，可以说是大脑和心理活动的“窗户”。我们每天接收的各类信息中，大概有

80%来自视觉，20%来自听觉、触觉、嗅觉和味觉。对于大脑来说，差不多75%的工作都在处理来自眼睛的视觉信息。因此，人在闭目养神时，能阻断大脑接收外界大部分的信息，使脑电波处于平静的状态，使大脑得到很好的休息。所以，可别小看了闭目养神的效果，仅仅几分钟，精神就能为之一振。

“春困秋乏夏打盹，睡不醒的冬三月”，为什么一年四季都犯困？

这其实是人体随着季节气候变化的自然反应。

为什么在春天会觉得困乏？这是因为冬天气温低，为了能减少热量的散发，维持人体的正常体温，于是皮肤的毛细血管收缩，汗腺和毛孔也闭合起来。而进入春季后，气温升高，毛孔、汗腺和血管开始舒张，皮肤的血液循环和身体的新陈代谢重新旺盛起来。这样一来，供给大脑的血液与冬季相比就减少了许多，所以人们会觉得“春困”。

夏天打盹也是常事。在夏天，大量出汗造成水盐代谢失调，肠胃功能减弱，心血管系统的负担加重，人的身体处于过度消耗阶段。这也是让人感觉疲劳的原因。

到了凉爽宜人的秋天，出汗明显减少，水盐代谢、心血管系统和消化系统的功能日益正常，然而此时却有种疲惫感，被称为“秋乏”。这是为什么呢？其实，“秋乏”是对夏季人体超常消耗的补偿反应，是身体为了达到内外新平衡的过渡现象。

“睡不醒的冬三月”与天气寒冷和睡眠不足有关。在冬天，人们的户外活动减少，缺少阳光照射，导致体内褪黑素分泌不足，而褪黑素对人的睡眠有着重要的作用，所以会使身体感到疲惫和睡眠不足。

古代男子为什么不能随便剃除眉毛和胡须?

古代女子为了美观,会剃拔眉毛,再画上自己喜欢的眉形。而对于男性来说,就不能这么随随便便地剃除眉毛和胡须了,因为须眉代表着男性身份——秦汉时,要剃掉男人的眉毛和胡子后才处以宫刑,使之成为宦官。

此外,秦汉时期有一种比较常见的刑罚叫“耐刑”。“耐”是一个会意字,左边的“而”在金文中是胡须的样子,表示胡须,右边的“寸”表示“法度”。所以,“耐刑”指的是一种剃去胡须的刑罚(两年不能留胡子),比剃去头发的“髡(kūn)刑”要轻一级。把胡须剃掉就可以将犯人和一般人区别开来,成为一种刑罚,说明当时的男性一般都会留胡子。

胡须在男性仪容中是很重要的一项。须眉堂堂常常用来衬托男子的英雄气概。古人还不厌其烦地对胡子做了细致的分类:上唇的胡须叫“髭(zī)”,颊旁的叫“髯(rǎn)”,而下巴的叫“须”,不过有时也会“须髯”并称。史书上记载皇帝的相貌时会比较注重描写他们的胡须,刘邦是“龙颜美须”,孙权是“紫髯”,而李世民是“虬(qiú)髯”,都具备了英雄的特征。

为什么古时练武讲究“冬练三九,夏练三伏”?

古人在长期的锻炼过程中总结出“冬练三九,夏练三伏”的经验,意思是不管天气多冷或多热,都应该坚持锻炼,这样才能使身体“顺四时、适寒暑”,增强适应环境的能力,防病健体。为什么要专挑“三九”和“三伏”时节来说呢?

“三九”是指冬至后的第三个“九天”,即冬至后的第十九天到第二十七天。阴历里有一种计算时令的方法叫“九九”。从冬至日算起,每九天为一“九”,第一个九天叫“一九”,第二个九天叫“二九”,一直到“九九”(第九个九天)满八十一天为止——这时冬天就结束了。俗话说“一九二九不出手,三九四九冰上走”,一般来说,“三九”时天气最冷。最冷的时候也要锻炼,因为这不仅有利健康,也可以锻炼意志。俗话说:

“冬天动一动，少闹一场病，冬天懒一懒，多喝药一碗。”冬天到户外运动，身体受到低温的刺激，肌肉和血管收缩，能使心跳加快、呼吸加深和新陈代谢加强。此外，由于大脑皮质兴奋性增强，有利于灵敏准确地调节体温，使人的抗寒能力增强。

“三伏”包括初伏、中伏和末伏三个时段。夏至后的第三个庚日（庚日指干支纪日中带有“庚”字的日子）、第四个庚日分别为初伏和中伏的开始，立秋后的第一个庚日为末伏的第一天。一般来说，三伏大约处于阳历的7月中旬到8月中上旬之间，是一年中气温最高、气压最低并且最闷热潮湿的日子。在这种酷暑时分坚持锻炼，有很多好处。首先，锻炼能使心率减慢减少心脏负担，让心脏供血更加充分，可以适应夏季的体能高消耗。其次，夏天气压低，锻炼能使呼吸加深，血液中氧含量增高，能保证新陈代谢的需要。再次，锻炼能增强消化系统的功能，唾液分泌增加，可增进食欲，并保持大便通畅。

为什么古时头发可以作为定情信物？为什么把初婚夫妻称为“结发夫妻”？

古人受“身体发肤，受之父母，不敢毁伤”的儒家思想的影响，对头发看得很重，轻易是不能割剪的，因此，如果女子剪下青丝作为定情信物，可以表示对这段感情极为珍重，心意坚定。

头发跟爱情和婚姻的关系是很密切的。“结发夫妻”一词出自汉代苏武诗“结发为夫妻，恩爱两不疑”。“结发”是束发的意思。古代的成人礼上，男子要“加冠”，把头发盘成发髻，然后再戴上帽子；女子要“及笄”，将头发盘起来，再用“笄”（古代盘头发或别住帽子用的簪子）簪好。男女行过成人礼，意味着已经长大成人，可以结婚了，因此“结发”与成婚有了关系。《孔雀东南飞》里写道：“结发同枕席，黄泉共为友。”这里的“结发”指的就是结婚。在上古时代，“结发”是一种婚俗礼仪，于是后来人们把初婚夫妻称为“结发夫妻”。

“结发”作为一种婚俗礼仪，具体是什么样的呢？女子许嫁之后用一种叫“缨”的

丝绳来束发，表示已经许配。成婚时由新郎解下。唐代中后期，系缨脱缨的“结发”方式转变为“合髻”。“合髻”即两个新人同坐于床，男左女右，分别剪下自己的一缕头发，然后把这两缕头发绾结缠绕在一起并且交给新娘保存起来，表示结发同心、永不分离。直至明代，“合髻”这种婚仪仍然还存在。

古人牙痛怎么办？他们会补牙吗？

早在两千多年前的春秋战国时期，《黄帝内经》就有牙痛的描述，里面的“齿龋（qǔ）”一词，指的就是牙齿蛀空朽痛。东汉的医圣张仲景曾用有毒的雄黄使牙髓失活，免除疼痛。

我国最早记载的牙齿充填术，大概出自汉墓出土的《五十二病方》，里面有用榆皮、白芷、美桂及其他几种药物填牙齿的方法。唐代《新修本草》中记述了用汞合金补牙的办法：将银、锡和少量的铜、锌以一定的比例配制成合金，锉（cuò）成粉末，然后与汞水银调和，凝固后就可以成为相当坚硬的汞合金，用这种汞合金来“补牙齿缺落”，能“凝硬如银”。后来，明代的李时珍在《本草纲目》中也提到了这个方法，其中含银薄、白锡、水银等成分的配方与现代的汞合金配方已经非常相似。

比较成熟的镶牙法大概出现在宋代。宋代已经有专门补牙镶牙的大夫了。后来典籍中记述过一位技术高超的大夫，称能将病齿“易之一新”，牙齿能终身保持整齐，这说明我国当时义齿修复的水平已经比较高了。到了清代乾隆年间，补牙已经成为一种生意不错的行业，在市场上有了专门的补齿铺。一些文献记载过古代假牙的材质，种类很多，除了象牙和牛骨之外，甚至还有坚硬但昂贵的檀香。

古人也晒“日光浴”？他们也去海边度假吗？

古人进行日光浴，叫作“负暄（xuān）”“檐曝（yánpù）”和“曝背”等。

战国时期的《列子》一书记载过一个故事：宋国有个农夫，穷得没厚衣服穿，所以“自曝于日”来取暖。唐代包佶有诗说：“唯借南荣地，清晨暂负暄。”这是“负暄”一词的出处，穷苦百姓把冬天的太阳叫作“黄锦袄子”，他们的“日光浴”不过是饥寒交迫时的迫不得已。但上层阶级与此不同，他们进行日光浴，图的是日光照射时的享受。战国时，赵惠文王的弟弟赵胜常在屋檐下晒日光浴，等待樵夫和牧人回来，这就是“檐曝”的由来。唐代诗人白居易在《负冬日》一诗中也写过冬天晒太阳的美妙感觉：“杲（gǎo）杲冬日出，照我屋南隅（yú）。负暄闭目坐，和气生肌肤。初似饮醇醪（chúnláo），又如蛰（zhé）者苏。”

后来，随着医学的发展，人们逐渐认识到了日光防病治病的作用。如果老是待在屋里，就会像阴处的草木一样脆弱，经受不了风雨。《齐东野语》记载，南宋时有人曾患“冷疾”（可能是风湿性关节炎），无药可治，“惟日中炙背”，最后痊愈了，这大概是利用了日光中的红外线对于慢性关节炎的治疗效果。

很多医家和养生家都主张老年人在冬天要多晒晒背部，即“曝背”。唐代诗人李颀在《野老曝背》一诗中描述过这种延年益寿的养生法：“百岁老翁不种田，惟知曝背乐残年。”清代画家高桐轩总结了一套“养生十乐”，其中就有“曝背之乐”。现代医学认为，日光中的紫外线可以合成人体需要的维生素D，对于活跃新陈代谢和健全神经系统功能都很有好处。

《黄帝内经》这本书和黄帝有什么关系？

《康熙字典》是清朝康熙年间编纂的综合性大字典，而《黄帝内经》却不是黄帝时期的著作。黄帝是上古时期的帝王，那个时期中国还没有文字。黄帝姓公孙氏，因为他生于“轩辕之丘”，又名“轩辕氏”；他曾建国于有熊，又名“有熊氏”。他战胜了蚩

尤以后成为天子，因“有土德之瑞”，土的颜色是黄的，所以称“黄帝”。《黄帝内经》以黄帝、岐伯、雷公对话、问答的形式阐述病机病理以及如何治疗和养生，是古代医家假托轩辕黄帝之名联合编纂的一部医学典籍，一般认为成编于春秋战国时期。大家可能会问，为什么编医书不署真名而要假托黄帝的名义呢？这是因为老百姓有尊古贱今的心理，假托古代帝王圣人之言，容易被信任和接受。从现代商业学的角度看，这也算是一种图书的营销策略吧。

《黄帝内经》所引的古文献有五十余种，是仅存的战国以前医学的集大成之作，是现存最早的中医理论著作，对后世中医学理论的奠定有深远影响。《黄帝内经》分为《素问》和《灵枢》两部分，《素问》偏重人体生理、病理、疾病治疗原则原理，以及人与自然等基本理论；《灵枢》则偏重于人体解剖、脏腑经络、腧（shù）穴针灸等等。这两部分内容都是医学理论的阐述，基本不涉及疾病治疗的具体方案与技术。因此，它成为中医学发展的理论基础，是历代医学家论述疾病与健康的理论依据，尽管历代医者的医学主张有差异，但几乎没有与《黄帝内经》理论相背离的。

两个人都感冒，却用不同的药？“医圣”张仲景告诉你答案。

张仲景，名机，是我国东汉时期著名医学家，被后世誉为“医圣”，有“医门之仲景，儒门之孔子”的说法。他所著的《伤寒杂病论》是研习中医必备的经典著作，被奉为“医经”。唐宋以后，这本著作被分为《伤寒论》和《金匮要略》两个部分。

《伤寒杂病论》确立的辩证论治原则，成为中医临床的基本原则。张仲景总结自己多年行医的经验教训，从而形成了一套系统完整的临床方法。有一次，两个病人同时来找张仲景看病，都说头痛发烧、咳嗽鼻塞。经过询问，原来二人都淋了一场大雨。张仲景给他们切了脉，确诊为感冒，并给他们各开了剂量相同的麻黄汤。第二天，一个病人发了汗感冒好了大半，一个病人出汗后却头疼得更厉害了。为什么同样的病，服相同的药，疗效却不一样呢？张仲景仔细回忆昨天诊治时的情景，猛然想起在给第一个病人切脉时，病人手腕上有汗，脉也较弱，而第二个病人手腕上却无汗，他在诊断时忽略了这些差异。本来就出汗的病人，再服下发汗的药，不就更虚弱了吗？于是他立即改变治疗方法，给病人重新开方抓药，果然病情很快就好转了。这件事让张仲景认识到，诊病不能仅看表面的症状，还要通过望、闻、问、切多方面的诊断，结合病人的生理特点以及时令节气、地区环境、生活习俗等因素进行综合分析，找准病因，才能辨证论治。

张仲景的医学思想和临床治疗方法，对中医的发展影响极为深远，张仲景因此也被后人尊称为“医圣”。

我国古代的医德典范是谁？

孙思邈是我国唐代著名的医学家，被世人称为“药王”。他所著的《备急千金要方》和《千金翼方》（合称《千金方》）是我国最早的临床医学百科全书。

《千金方》开篇就是医德教育，这是其他医书没有的，其中的“大医习业”篇，强调医者只有具备高尚的道德修养，才能学好医学知识。还有“大医精诚”一篇，讲到作为救治天下苍生的医者，应该做到医术精湛、医德高尚，否则不可为医。

《千金方》以脏腑归类各种疾病。书中首次提出一些新的疾病名称，如白癜风、结核、悸心痛等，这些名称现在还在使用。《千金方》提倡综合治疗，往往一种病需要药物、针灸、按摩、食疗等多种方法综合治疗。

怎么才能做一个好医生呢？孙思邈提出了方法：“胆欲大而心欲小，智欲圆而行欲方。”在诊断病情和实施治疗的过程中，行医者既要自信胆大，避免畏手畏脚贻误了病情，又要小心谨慎，仔细观察和判断，随时注意病情变化。要根据实际情况及时制定和调整治疗方法，灵活变通，不能拘泥于医书和成说，同时要行为端正，坚守医生的职业道德。孙思邈的医学思想和医德主张，值得后人认真研究和继承。

《本草纲目》是一本讲花草的书吗？

《本草纲目》是明代医药学家李时珍的传世之作，是我国古代著作中论述中医最全面、最丰富、最系统的典籍。这部书涵盖了医药、植物、动物、矿物、冶金、地质、化学、物候、天文、地理和农桑等众多学科的知识，被英国进化论奠基人达尔文誉为“中国的百科全书”。

《本草纲目》全书共52卷，分16纲，62目，共收入药物1892种，附方11096个，插图1000多幅。这部巨著李时珍写了近三十年，而在下笔之前，又历经五年的准备工作。在这期间，李时珍有如“神农尝百草”，风餐露宿，足迹踏遍大江南北，通过亲自采集和走访，获得了大量与药物相关的食物以及民间流传的药方等。他还亲自种植、炮制部分药物，亲身进行一些药物的毒性实验，掌握了写作此书的第一手资料。

《本草纲目》中收录的11096个附方，有的是李时珍对古人经验的应用，有的是李时珍自己的创造。这些处方囊括了内、外、妇、儿、五官、骨伤各科，包含医疗、保健、预防、康复等众多领域。

《本草纲目》是一部医学巨著，同时也是一部珍贵的植物学资料。在每一味药用植物的释名和集解两项中，李时珍详细记录了它的形态、特性、种植要领、用途，蕴含了丰富的植物学知识，对植物的保护和开发具有重要意义。《本草纲目》记载的一千多种植物当中，有171种对现代植物学起到了补充、完善的作用，是16世纪以前人们对植物研究的一项重大成果。

地理名胜

北京为什么被称为“四九城”？

北京是元明清三朝的都城，历史悠久，文化底蕴深厚。几百年来，北京得到了很多别称，如京师、京城、北平、京华等，这些名称大多和北京的地位、历史有关。此外，还有人称北京为“四九城”，这又是怎么回事呢？

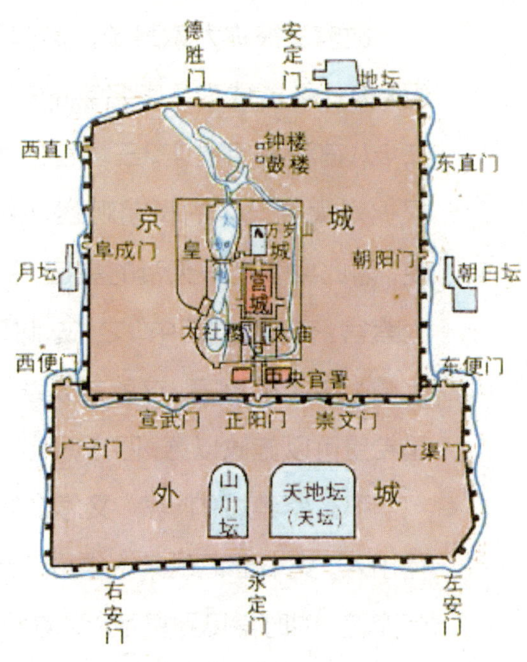

老北京四九城分布图

中国古代城市的规划和建设离不开城墙，修筑一道城墙来环绕市区，这才成为城市。老北京城由内到外由宫城（即紫禁城）、皇城、内城、外城四道城墙构成，其中内城有九座城门，外城有七座城门，皇城有四座城门，形成了“内九外七皇城四”的严整格局。我们常常听到一些老北京人称呼北京城为“四九城”，就是用皇城四门与内城九门来指代北京城的。

北京城的皇城四门指的是天安门、地安门、东安门、西安门，内城九门指的是正阳门、崇文门、宣武门、朝阳门、阜成门、东直门、西直门、安定门和德胜门，外城的七门分别是东便门、广渠门、左安门、永定门、右安门、广安门和西便门。随着时代的变迁，老北京的二十座城门如今只剩下天安门城楼、正阳门城楼等寥寥几座了。

老北京的城门犹如五官七窍，呼吸吐纳着城市的气息。旧时北京各城门都有特定用途，以内城九门中的东南方三门为例：正阳门是京城正门，通常用来走宫车；崇文门靠近南郊的酒厂，所以常常走酒车；朝阳门靠近漕运码头，所以这里走的是粮车，从京杭大运河千里迢迢运送而来的南方稻米都从此门入京。再比如：东直门走的是木材车；安定门走的是粪车；德胜门走的是兵车；阜成门走的是煤车；宣武门走的是囚车。而西直门则走水车，据说皇宫饮用水取自京城西郊玉泉山，所以为宫廷拉水的水车专走这个西边的城门。“四九城”是老北京城的标志，展示了北京城独特的一面，记录着她的丰富和多彩，因此人们常常用“四九城”来指代老北京城。

故宫为什么被称为“紫禁城”？

故宫又被称为紫禁城，紫禁城的“紫”指的是“紫微星”。紫微星有什么特殊之处呢？为什么能成为皇宫名字的来源？中国古代天文学家曾把天上的恒星分为三垣、二十八宿和其他星座。三垣包括太微垣、紫微垣和天市垣，而紫微垣居于三垣中央。根据对太空天体的长期观察，中国古代天文学家认为紫微垣居于中天，位置永恒不变，因此成了代表天帝的星座，被认为是天帝所居之处。因而，把天帝所居的天宫称为紫宫，有“紫微正中”之说。封建皇帝自认为是天子，所以他们所居住的皇宫，也被比喻为天上的紫宫。这就是紫禁城以“紫”来命名的原因。封建皇帝自己身居紫宫，也是希望可以施政以德，四方归化，八面来朝，江山永固。

那么紫禁城的“禁”又怎么解释呢？“禁”，意指皇宫乃是皇家重地，闲杂人等不得出入。史书上记载某人得以“出入禁中”，就是说这个人可以在皇宫出入，表示受皇帝宠信，能时常见到皇帝。明清两代的皇帝，为了维护自己的权威尊严和人身安全，所修建的皇宫，既富丽堂皇，又壁垒森严。紫禁城不仅宫殿重重，楼阁栉比，围以十米多高的城墙和52米宽的护城河，而且哨岗林立，戒备森严。平民百姓不用说观赏一下楼台殿阁，就是靠近一些，也是不被允许的，所以对老百姓来说，这里是绝对的禁地。因此，明清时期的皇宫，既喻为紫宫，又是禁地，所以被称为“紫禁城”。

故宫有九千九百九十九间半房屋？那半间房屋建在哪里？

故宫旧称紫禁城，它是明清两个朝代二十四位皇帝的皇宫，也是世界上现存规模最大的宫殿建筑群。它大到什么程度呢？据说，玉皇大帝的宫殿共有一万间房，而故宫作为“天子”的居所只比天帝少了半间房，共有九千九百九十九间半房。故宫里真有这么多房屋吗？而且，那半间屋是怎么回事呢？

今天的故宫南北长961米，东西宽753米，占地面积72万平方米，其中建筑面积约15万平方米。全宫是由高12米的城墙围合的封闭性建筑，城墙外更有一条宽52米、

长3800米的护城河保护。我们今天所看到的这座完整的宫殿，是经由顺治、康熙、乾隆等清朝历代皇帝重修的。不过，屡毁屡修的紫禁城始终保持着庞大的规模。据故宫博物院的专家1973年现场测量，故宫共有大小院落90多座，殿宇980座，房间共计8704间。但是这里的“间”也不完全等同于我们今天所说的房间，它除了包括各种殿、宫、堂、楼、斋、轩、阁等之外，凡四根房柱所形成的空间都被统计为一个房间。虽然没有达到九千九百九十九间半，但如此庞大的数字也足以令人叹为观止了。而且，传说中的那半间房也是存在的。

乾隆皇帝编修《四库全书》完毕后，在宫内仿照宁波天一阁的形制，修建了一座文渊阁来专门储藏这套规模宏大的丛书。文渊阁分上下两层，下层六间房中的最西边那间上面有一个小小的房间。通常故宫两个房柱之间的距离最少都有一丈长短，而这个小房间的房柱间距只有短短五尺。所以，人们便把它算做了传说中的那半间房。

称太子为“东宫”是因为太子住在皇宫的东部吗？

后代往往使用东宫二字代指太子。然而，历朝历代的太子果真都居住在东宫吗？

其实东宫并不一直是太子的住所。在汉代，皇太后居住的长乐宫在皇帝居住的未央宫之东，此时东宫是皇太后的居所。汉代的太子成年以前，与皇后共同居住在中宫。隋唐时期，太子开始固定居住在皇宫的东部。隋炀帝杨广做太子时就居住在东宫。唐朝初年，玄武门之变中的太子李建成也是居住在东宫的。今天保存完好的皇家宫殿故宫，设计精密，格局规整，每一处殿堂都有固定的用途。那么，太子的东宫又在故宫的什么地方呢？

故宫有一条贯穿宫城南北的中轴线，在这条中轴线上，按照“前朝后寝”的制度，从前到后分别坐落着太和殿、中和殿、保和殿三大殿，以及乾清宫、交泰殿、坤宁宫供帝后居住的后三宫。在中轴线两侧，宫殿的前半部分对称地分布着文华殿和武英殿。宫殿的后半部分对称地分布着东六宫和西六宫，这里是嫔妃的居所。明代时，太子随皇后居住在慈庆宫，位于文华殿之北、东六宫之南和三大殿之东，大体相当于整

座皇宫的东部偏南，所以，这一带确实是可以称作“东宫”的。清代的宫殿规划却又有不同，乾隆年间，在宁寿宫以南兴建了三所殿宇，称为“南三所”，供皇子们居住。根据清朝的“家法”，皇帝生前并不公布继承人名字，不但将来的皇位继承人未成年之前住在这里，普通的皇子们也被安排居住在南三所。所以，南三所虽然不是意义明确的太子居所，却也是未来的皇位继承人居住的地方。这组殿宇正好在紫禁城的东部，所以，称它为东宫也是名副其实的。

为什么说故宫太和殿在古代殿宇中等级最高?

太和殿是明、清两代皇宫的正殿，位于故宫南北中轴线的显要位置上。建成后，这座高大的殿宇经历了四次重大火灾，曾经被烧成一片白地。我们今天看到的太和殿，是清康熙三十四年（1695）重建的。太和殿不仅是封建王权的象征，身份显赫、地位尊贵，在建筑等级上也是最高的，为什么这样说呢?

太和殿面阔11间，进深5间，长64米，宽37米，殿内面积2377平方米，有将近6个篮球场大小；它高26.92米，连同底部8.13米的汉白玉石台基，通高35.05米，相当于12层楼高。太和殿的这种规格，是其他殿宇远远不能比较的。

太和殿的形制更是无与伦比。它用的是宫殿建筑中最庄重的重檐庑殿式屋顶。所谓庑殿式，是我国古代一种宫殿建筑形制，它由一条正脊和四条垂脊组成，因此又称五脊殿。所谓重檐庑殿式，就是在第一重屋顶的四角之下各加一条短檐，形成第二层屋檐，这层屋檐同时又生成四个屋脊，层层叠叠，巍峨庄严，华美无比。此外，太和殿殿顶的鸱（chī）吻也是古代建筑中的最高等级。鸱吻，又作螭（chī）吻，是传说中龙的九子之一，龙头鱼身，喜欢东张西望，能够吞下烈火。太和殿的鸱吻由13块琉璃构件组合而成，它高度近4米，宽度近3米，约重4.3吨，巨大无比，是宫廷建筑中最大的。从鸱吻的身上，也能看到太和殿的雄伟气魄。太和殿的四条垂脊也拥有自己独一无二的装饰，它的顶端是一位骑着凤凰的仙人，仙人的身后跟着10只神兽，分别是龙、凤、狮子、天马、海马、狻猊（suānní）、狎（xiá）鱼、獬豸（xièzhì）、斗牛、行什（hángshí），它们栩栩如生，活灵活现，既有镇邪的功用，也寄托着太平安乐、风调雨顺的愿望。这些奢华的构件，都是殿宇当中绝无仅有的。

太和殿并非像电视上那样“有事早奏，无事退朝”，是皇帝每天与群臣商议国家大事的地方，而是仅在元旦、冬至或皇帝登基、大婚、生日等重要时刻举行典礼才时使用，由此也更能看出太和殿的尊贵。所以，这座象征着封建王权、代表着帝王无上权威的宫殿，享有最高的建筑等级和建筑规格，也就不难理解了。

圆明园为什么被称为“万园之园”？

圆明园最初是康熙皇帝赐给雍正的一座花园，而且“圆明园”这一名称是由康熙皇帝命名的。雍正皇帝崇信佛教，并对佛法有很深的研究，他自号“圆明居士”，所以康熙皇帝亲题园名时取意于雍正的法号“圆明”。

圆明园之所以有“万园之园”的美誉，首先是因为它规模庞大。圆明园占地总面积有350公顷，大致相当于500个标准足球场的面积，其中水面面积约140公顷，相当于一个颐和园的面积；陆上建筑面积比故宫还多一万平方米。其次，圆明园构筑精巧，设计绝妙，堪称古今中外园林建设的集大成者。清朝，几代皇帝倾全国物力，聚无数精工巧匠，集国内外名胜四十景，建成大型建筑物145处。圆明园的景致，有的是直接复制杭州西湖等江南园林的胜景，有的是皇家园林的独创，有的是山水田园般的乡野风趣，更有东西方园林精华的糅合。再次，圆明园内收藏着难以计数的艺术珍品和图书文物，珍贵文物的数量是世界上任何一家博物馆所不能比拟的。令人震惊的是，1860年，英法联军攻入北京，劫掠了圆明园内的各种珍宝，最后将这“万园之园”的皇家园林付之一炬，只留下一些断壁残垣供后人凭吊。圆明园内的珍宝也逐渐流散到世界各地，如今，世界各地的著名博物馆几乎都收藏有当年圆明园的文物。

圆明园以其宏大的地域规模、杰出的营造技艺、精美的建筑景群、丰富的文化收藏和博大精深的民族文化内涵而享誉于世，被雨果誉为“一切造园艺术的典范”，是名副其实的“万园之园”。

颐和园为什么被誉为“皇家园林博物馆”？

颐和园的前身是清漪园，乾隆十五年，为筹备母亲孝圣皇太后的60大寿，乾隆皇帝下令拓宽西湖，又把西湖、瓮山分别改名为昆明湖与万寿山，以这一湖一山为基础，修建了宏大的清漪园。第二次鸦片战争中，清漪园被英法联军烧毁。光绪年间，慈禧太后为颐养天年，重修清漪园，并取“颐养太和”的意思改名为“颐和园”。

颐和园的整体布局是“一池三山”。这是皇家园林造园的古老传统，也就是在园林当中模拟传说中海上的三座仙山：蓬莱、方丈、瀛洲，使园林有“仙境”的寓意，满足帝王成仙、长生的幻想。在颐和园中，碧波荡漾的昆明湖占据了全园的大约四分之三，设计者在湖内修了一道长堤——西堤，长堤把湖面划分为三个大小不等的水域，在每片水域中建造了三个人工小岛：南湖岛、团城岛、藻鉴堂岛，用来比喻海上三座仙山。具体细节上，颐和园借鉴了江南园林和山水名胜的构思，汇集、提炼了千百年来中国园林的精华。西堤以及堤上的六座桥是对杭州西湖的“苏堤”和“苏堤六桥”的模仿，使颐和园在意境、神韵上非常接近杭州西湖。颐和园内亭、台、楼、阁、廊、榭等各种类型的建筑多达3000多座，其中凤凰墩模仿的是无锡黄埠墩，景明楼模仿的是岳阳楼，望蟾阁则模仿了黄鹤楼，后溪湖买卖街仿照的是著名的苏州水街，西所买卖街则有扬州廿四桥的神韵。在颐和园中，大江南北的许多著名园林和建筑都能找到对应的景致，确实是一座名副其实的“博物馆”。

颐和园是清代“三山五园”中保存最好的一座，也是中国历史上最后一座超大规模的皇家园林，还是皇家园林传统造园手法“一池三山”模式的真实样本，从这个角度来看，颐和园不愧为“皇家园林博物馆”。

颐和园里有一块石头被叫作“败家石”，石头怎么会败家呢？

在北京颐和园乐寿堂院内，有一块横卧在汉白玉石座上的巨石，叫青芝岫，俗称“败家石”。这块巨石产自京郊房山，是400多年前明朝一位官员米万钟发现的。相传米万钟是宋代米芾（fú）后裔，爱石成癖，自称“石隐”，取号“友石”。一次，他在房山发现了一块巨石，见其姿态不凡，准备运回自家花园。却被奸臣得知，于是奸臣们编造罪状，诬陷米万钟，使他获罪丢官。这块轰动京都的灵秀巨石从此被搁置在良乡停止运送。米万唯恐说出真情会惹出更大祸害，就假托因运石而力竭财尽，表示无奈。此后人们越传越出奇，遂将此石称为“败家石”。

米万钟死后，石头被弃放在原地，一些文人闲客常到良乡凭吊，舞文弄墨抒发怀念之情。百年之后，清朝乾隆皇帝路过良乡时，听到这一故事，大感兴趣，御驾亲往，见石头姿态不凡，大喜过望，于是降旨将其移进清漪园（现在颐和园的前身）乐寿堂内。当时乐寿堂的大门已经修好，门只有一米多宽，这块石头却体型庞大，难以进院。乾隆于是下令拆墙破门，硬是把这块巨石安放在现在的地方。又在它左右分别竖起了两块形状别致的太湖石，以烘托气氛。据说皇太后因此大为不悦，认为此石“既败米家，又破我门，其名不祥”。其实这块石头只是一块姿态不凡的巨石罢了。

颐和园昆明湖十七孔桥上究竟有多少只狮子？

北京卢沟桥上的石狮雕刻天下闻名，民间歇后语说“卢沟桥的狮子——数不清”。但是，说到桥上雕刻的石狮数量之多，恐怕卢沟桥还算不得天下第一，颐和园昆明湖上的十七孔桥才是状元。

十七孔桥因有17个桥洞而得名，它造型优美，远远望去，就像碧波之上的一道彩虹。十七孔桥为什么要选用“十七”这样一个看起来毫无寓意的数字呢？因为从桥正中最大的桥洞数起，到桥两端最小的桥洞为止，两边桥洞的数量都是九个。在古代，

九被认为是数字中最大的一个，表示极多、无穷，因此特别受到尊崇。在颐和园这座皇家园林里将桥洞修建为17个，显然有迎合帝王喜好的用意在内。

尤其为人称道的是十七孔桥上雕刻的几百只狮子。这些狮子雕刻在桥两边白石栏杆的128根望柱上，雕工精美，手法细腻。它们姿态各异，有的玩耍，有的嬉闹，有的奔跑，有的凝望，还有母子相抱、你追我赶等姿势，个个惟妙惟肖。这些狮子大大小小共计544只，和卢沟桥的500多只狮子相比，十七孔桥石狮不仅多出了几十只，其艺术水准也毫不逊色。

因为这些特点，十七孔桥极受皇帝的喜爱。桥上所有匾联均为乾隆皇帝御笔亲撰。桥南端的横联上刻的是“修蝀（dōng）凌波”四个字，蝀就是《诗经》中的蝃（dì）蝀，是彩虹的别称，意思是十七孔桥如像彩虹一样横在碧波荡漾的水面上。桥北端的横联刻的是“灵鼍（tuó）偃月”，鼍即鼍龙，是形如鳄鱼的水生动物，形容十七孔桥就像一只矫健的水兽横卧水中。这两个生动的比喻，准确而形象地描绘出了十七孔桥的特征。

昆明池？昆明湖？它们是同一个地方吗？

历史上汉武帝开凿操练水军的昆明池位于长安西南郊，并不是北京的颐和园昆明湖。汉武帝在位时期，北逐匈奴，开通西域，建立了宏图霸业。但是地处西南地区的昆明诸国一直不归服汉朝，昆明国不仅阻止周边小国向汉朝进贡，这些国家还阻断了汉朝通向身毒（今印度）的道路。于是，汉武帝决定征讨昆明国，但是这一地区的士兵擅长水战，这对于汉朝以陆战为主的军队是一个极大挑战。为了训练士兵的水战能力，汉武帝在上林苑里修建了昆明池。诗人杜甫曾经写道：“昆明池水汉时功，武帝旌旗在眼中。”昆明池后来逐渐变成了泛舟游玩的地方，同时它还是我国历史上第一个人工湖。昆明池水域面积很大，一直到了唐朝时才由于各种原因而干涸。

北京颐和园中的湖泊也叫昆明湖，其实它和汉武帝开凿的昆明池有着不解之缘。清朝乾隆皇帝兴建清漪园（后改为颐和园），将里面的天然湖泊开拓成现在的规模。

乾隆自诩为“十全老人”，认为自己的文治武功古今少有，堪比秦皇汉武，联想到汉武帝当年开凿昆明池操演水战的故事，所以把园内湖泊命名为昆明湖。

万里长城真的有一万里长吗？

长城像一条巨龙一样雄踞在我国北方，既是我国悠久历史的见证，更是中华民族的伟大象征。提到长城，我们常常形容它是“万里长城”。那么，长城到底有几万里长呢？这就要从长城的历史说起了。

中国修建长城，始于春秋战国时期。这个时期各国之间战争不休，为了抵御邻国的侵扰和进攻，各国纷纷在边界修筑烽火台，并用城墙把这些烽火台连接起来，这就形成了最早的长城。而后随着北方匈奴、东胡等游牧民族力量的强大，他们经常南下袭扰北方各国的边疆。为应对侵扰，北方的秦、赵、燕三国便在边境上修建长城。秦统一六国之后，将三国原先断续的长城连接成一个完整的防御系统，这就是今天万里长城的雏形。到了汉代，因为北方的匈奴常常南下，所以汉王朝继续大规模修建长城。今天，在内蒙古、甘肃一带，依然能看到汉长城残留的身影。明王朝是大规模修筑长城的最后一个王朝，总共修筑了80年。我们今天所说的万里长城，通常指的就是明长城。明长城东起辽宁虎山，西至甘肃嘉峪关，总长度为8851.8千米，其中包括人工墙体6259.6千米，壕堑359.7千米，天然险阻2232.5千米。根据史书记载，历史上有20多个诸侯国家和封建王朝修筑过长城，其中，秦、汉、明三朝修筑的长城长度都超过了一万里。

那么，历朝历代的长城加起来有多长呢？国家文物局2012年6月的统计数据显示，中国历代长城总长度为21196.18千米，这是我们所知道的长城长度最确切的数据。

山海关与嘉峪关究竟哪个才是“天下第一关”？

长城蜿蜒于崇山峻岭之间，沿途有大量雄伟的要塞关隘。其中，位于东端起点的山海关和西端起点的嘉峪关最为威巍峨雄壮。这两座雄关分别位于长城两端，相距万里之遥，都被称为“天下第一关”，那么，究竟哪座关隘更名实相符呢？

山海关位于河北省秦皇岛市，在1990年辽宁丹东的虎山长城遗迹发现以前，它一直被认为是明长城东端的起点。山海关始建于1381年，到今天已有600多年的历史，它是关外进入中原的门户，是阻挡北方少数民族入侵的军事要塞。整座关城周长4公里，城墙高14米，厚7米，城台高12米，其上存有一座高13米的前楼。城楼上悬挂着长达5米的“天下第一关”匾额。

嘉峪关位于甘肃省嘉峪关市，比山海关早建了9年。嘉峪关关城由外城、内城和瓮城组合而成，关城周长733米，城高9米，城门上建有高达17米的城楼。嘉峪关依山傍水，扼守着南北宽约15公里的峡谷地带，占据着天然的地势，易守难攻。嘉峪关附近烽燧、墩台交错纵横，与城墙、城台、城壕等防卫设施连接成为一张密集的大网，共同构成了严密的军事防御体系。嘉峪关城楼上，曾悬挂着晚清重臣左宗棠亲笔题写的“天下第一雄关”匾额，后来毁于大火。

这两座著名的雄关在古代军事上具有举足轻重的地位。山海关关城的规模明显比嘉峪关大很多，但是嘉峪关周边的防御体系又明显比山海关完备。要想判断哪一座才是真正的天下第一，恐怕需要读者亲自登关体验一下才行。

胡同和蒙古语中的“水井”发音相同，北京胡同与水井有关系吗？

一提到胡同，人们总是在脑海中浮现出青砖灰瓦的老北京街巷。胡同是中国北方特有的词汇，指的是城市中的狭窄街道。它们是城市里的毛细血管，也是社会生活中的一根根纽带，连接、贯通着城市的各个角落。据考证，“胡同”二字与蒙古语“水

井”的发音相同。“胡同”既然是水井的意思，为什么又用来表示狭窄的街道呢？

原来，蒙古大漠缺水，在有水源的地方安居，是蒙古人古老的生活习俗。蒙古人征服汉族地区之后，仿照汉族人的生活方式建城定居。建设城市的过程中，基本上都是先挖水井，或者先预留水井的位置，然后才修建房屋，铺设街道。元代大都城当中，深巷之内必然配备一口深井。蒙古语把“水井”叫作“胡同”，久而久之，胡同就成了小巷的代名词。

元朝规定，大街的宽度是24步（约合37.2米），小街的宽度是12步（约合18.6米），胡同的宽度是6步（约合9.3米），胡同的两旁通常就是四合院。明清时期的北京城在元大都的基础上修建。随着北京城的人口越来越多，城市的规模越来越大，对城市的规划也越来越宽松，出现了很多并不符合原先标准的街道。后来，两堵四合院院墙之间的走道无论宽窄是不是符合规定，里面有没有一口水井，都被笼统地称为胡同了。

北方的小巷叫胡同，上海的小巷为什么叫弄堂呢？

北方的胡同和南方的弄堂，都是富有民间生活气息、具有平民色彩的城市民居形式。那么，为什么北方的小巷叫胡同，南方的小巷叫弄堂呢？

“弄堂”本写作“弄唐”，是一个古老的称谓。在古代典籍当中，“弄”指的是小巷中套着的小巷，“唐”指的是古代朝堂和宗庙门内的大路。

上海的“弄堂”也叫“里弄”，它是近代以来的产物。1842年，上海成为通商口岸，西方列强纷纷在这里建立租界。伴随而来的，是外国工厂、商号、银行的进入。这些机构吸引了大批中国劳工，他们在这些机构工作，也就在附近居住。于是，租界当局在指定的地块上兴建了大批集体住宅。这些房子行列整齐，各个区域之间形成一条条窄巷，这些分布密集、像城市血管一样的窄巷，就是上海的弄堂。

上海弄堂带着浓重的烟火气。弄堂里有各种店面、商铺，甚至还有小型的工厂，也有学校、电影院、舞厅。三教九流、各行各业的生计，多姿多彩的生活面貌和形态，都能在这里找到对应的影像。弄堂俨然就是一个独立的小社会，包容、记录着上海市民的悲欢和喜乐。

上海的弄堂通常以“里”命名，如“同仁里”“平安里”等，也有命名为坊、园、村、庄乃至新村、花园、别业、别墅的，花样繁多，体现了上海这座新兴城市的包容度与亲和力，这也是上海弄堂特别的一面。

为什么五湖四海的人们要在山西洪洞大槐树下集合？

山西洪洞（tóng）大槐树之所以成为五湖四海的人们寻根祭祖的地方，是因为这里面有一段辛酸的移民史。元朝蒙古人统治中原后，把人分为四等，汉人备受欺压，民族矛盾尖锐。加之战乱纷争，自然灾害频发，导致人口越来越少。为了尽快恢复生产，巩固新政权和发展经济，政府的策略是从人多的地方往人少的地方迁移人口。根据《明史》等史料记载，明朝从洪武初年到永乐十五年，五十余年间组织了18次大规模的移民活动。这些移民迁往北京、河北、河南、山东、安徽、江苏、湖北、陕西、甘肃等十余省，有些移民的后裔还到了海外，成为华侨。由于每次移民活动出发前大家都在山西洪洞大槐树下集中，然后再发往全国各个地区，所以至今在河北、河南、山东、东北等地区仍流传着一句民谣：“问我祖先在何处，山西洪洞大槐树。祖先故居叫什么，大槐树下老鸹窝。”

为什么每次移民都在大槐树集合呢？原来，山西早先为蒙古地主统治，社会相对安定，经济比较繁荣，人丁兴旺。再加上大量难民的流入，使山西成了人口稠密的地区，晋南更是山西人口密集地区。大槐树所在的洪洞县是晋南数一数二的大县，所以明朝政府将洪洞作为移民登记和迁移的出发地。大槐树便成了移民心目中的老家，每年都有数万人前往大槐树祭祖。

“借问酒家何处有，牧童遥指杏花村。”美丽的杏花村到底在哪里？

“牧童遥指杏花村”的杏花村到底在哪儿呢？对于这一问题，历来都是众说纷纭，有的人认为这里的杏花村指的是湖北省麻城市的杏花村，有的人认为是山西汾阳的杏花村，还有的人则认为是安徽的池州贵池。

湖北麻城的杏花村风景幽美，是一座文化古镇，至今已经有千余年的历史。历代的文人墨客曾在这里吟哦题咏，苏东坡贬谪黄州时，曾经三次来到这里饮酒赋诗。乾隆皇帝也曾经御赐过“杏花古刹”的巨制匾额。这个杏花村的美酒是与众不同的“水酒”，又名“黄酒”。据文献记载，这种酒纯用糯米酿造，酒味醇厚。

山西省汾阳市的杏花村也是一座古村落，它酿酒的历史更为悠久，早在1500多年前的南北朝时期，这里的杏花村酒已闻名国内。如今杏花村是汾酒集团的所在地，这里的杏花村汾酒酿造工艺已经被列为第一批国家非物质文化遗产。

安徽池州的杏花村是诗酒文化最浓郁的一处杏花村。据说，当年任池州刺史的诗人杜牧春游杏花村，在黄公酒垆畅饮美酒后，触景生情，写下了千古绝唱《清明》诗。“黄公酒”以千年黄公井的井水酿造，醇香馥郁，甘美无比。这口“香泉似酒，汲之不竭”的千年古井，现已经成为安徽省省级重点文物保护单位。

唐诗说“西出阳关无故人”，为什么大家都在“阳关”道别？

阳关是汉朝设置的边关名，故址在今甘肃省敦煌西南的古董滩附近，阳关是古时通向西域边塞的重要关口之一。唐朝灭亡以后，北方少数民族政权割据，丝绸之路渐废，阳关因此也就逐渐萧条乃至消亡。处于河西走廊尽西头的阳关，和它北面的玉门关相对，这里不但是军事要塞，而且是商业要道。

从汉代以来，许多王朝都把这里作为军事重地派兵把守。汉唐时期国势强盛，从军或出使阳关是比较普遍的现象，但当时阳关以西还是穷荒绝域，风物与内地大不相同。出征的士兵有可能一去不复回，西去的商贾、旅人也是九死一生，亲朋好友“西出阳关”大都万里跋涉，备尝独行穷荒的艰辛寂寞。历史上有多少戍边的将士曾在这里与亲人依依惜别；有多少商贾、僧侣、使臣、游客曾在这里踏上远方的征程；又有多少文人骚客面对阳关，感慨万千，写下不朽的诗篇。因此，阳关送别更浸透了人们丰富深挚的情谊，千百年来阳关已经被赋予深厚的人文内涵，它已经不仅仅是一个地理名词，它更是一个文化符号。

北京的前门是“纸糊的”？背后有着什么样的秘密？

北京的前门是正阳门的俗称，因为它矗立在当时北京城中轴线的正南方，是进入北京内城的正面门户，所以俗称前门。前门的箭楼从它建成那天起，一直是老北京的象征。前门大街位于北京的中轴线上，北起正阳门箭楼，南至天桥路口，与天桥南大街相连，曾是皇帝出入京城的御道。

老北京有句民谣“前门楼子九丈九，四门三桥五牌楼”形象地说明了前门地区的盛况。过去的正阳门是一圈瓮城连接着箭楼，城楼，东、西闸楼“四门”。瓮城是为防止从城内出兵或从城外退兵时，在开启城门过程中敌人随之杀入的一组城防建筑。正阳门箭楼是内城九门中唯一设门洞的，专供皇家车辆出入，平时不开。过去，守城官兵和进城的行人要走正阳门，都要先从瓮城东、西两侧闸楼进入瓮城，再从城楼下的门洞进城，出城亦然。箭楼之南护城河上原有三座石拱桥，名为“正阳桥”。五牌楼原是树立在正阳门桥南的一座“五间、六柱、五楼”的木牌楼，老北京人也把前门大街称为“五牌楼大街”。

如此巍峨的前门怎么会变成纸糊的呢？原来当年八国联军入侵北京时，正阳门城楼、箭楼的门楼被焚毁。后来在西安避难一年多的慈禧太后和光绪皇帝返回北京，史称“庚子回銮”。当时由于劫后的正阳门尚未修复，为了防止通过正阳门时慈禧不高兴。清廷令承修前门工程的厂商先搭起木料纸糊的城楼和箭楼，再披上五色绸绫，一切都做成原来的样子，以供慈禧驾到时观瞻。

天安门曾经是一座木牌楼？后来为什么变得巍峨壮丽？

天安门是明清两代北京皇城的正门，设计者是明代的建筑匠师蒯（kuǎi）祥。天安门始建于明永乐十五年（1417），最初名叫承天门。当年，承天门刚建成时远没有今天的天安门这么壮丽，最初仅是一座三层五间式的木结构牌楼，牌楼正中悬挂“承天之门”匾额。承天门建成之后多次遭到毁坏，明天顺元年（1457），牌楼被雷击后烧毁，八年后的成化元年（1465）重建为面阔五间、进深三间的门楼。等到明朝覆灭的那一年，李自成的军队攻入北京，承天门再次被烧毁。

后来清代在承天门废墟上进行了大规模改建，将它重修为一座城楼，名字也改成“天安门”，取“受命于天，安邦治国”之意，这时候的天安门才大体变为我们现在所看到的样子。清朝末年，帝国主义入侵，天安门城楼又遭到毁坏，当时政府腐败，无人管理，以至于后来城楼上长满蒿草，呈现出一片荒凉破败的景象。

新中国成立之时，在人民政府的主持下，天安门城楼被修葺一新。1949年10月1日，开国大典在此举行，奠定了天安门在人民心中的崇高地位。从那时起，天安门便成为祖国的标志性建筑。

北京著名的文化街琉璃厂和琉璃有什么关系？

琉璃厂是北京一条著名的文化街，这里汇聚了无数书画珍玩、碑帖金石、文房四宝等文玩古董，是老北京的标志性文化符号之一。

“琉璃厂”这个名字听上去像一个工厂，那后来怎么变成了一条街的街名呢？这还得从历史上说起。现在的北京在辽代时被称为南京，当时的琉璃厂叫海王村。元代定都北京后，在海王村开设烧造琉璃瓦的官窑，这是琉璃厂烧造琉璃的开端。明成祖迁都北京后，紫禁城等宫殿苑囿开工建设，需要大量的建筑材料，琉璃厂便是其中一处工厂，设在海王村，从此人们就称此地为琉璃厂。相传到了清朝乾隆年间，有一天乾隆皇帝早朝之后，登上故宫角楼翘首远望，忽见故宫西南方上空黑烟滚滚，问是什么

原因，太监马上回话说是琉璃厂烧窑。乾隆听了很是不高兴，于是一道圣旨令窑厂迁出京西六十里，迁到了今天门头沟区的琉璃渠。窑厂虽然被搬走，但“琉璃厂”的名字却保留了下来。

琉璃厂又是怎么成为一条文化街的呢？这是因为在当时外地官员、举子从南方各省来京，多由外城广安门入城，就近居住于宣武门外一带，因此琉璃厂附近逐渐成为文人汇集之地。由于这些知识分子的聚居，此地形成了较浓的文化氛围，所以经营古玩字画、文房四宝的店铺越来越多，逐渐形成了一条文化街。人文荟萃的文化街市逐渐发展起来，成了著名的“京都雅游之所”。

为什么说“上有天堂下有苏杭”？这一说法与哪位大诗人有关？

“上有天堂下有苏杭”的说法，可追溯至唐代。可以分两半来说，前半是将江南比作天堂。唐代诗人任华曾在《怀素上人草书歌》吟咏：“人谓尔从江南来，我谓尔从天上来！”这应该便是将江南比作天堂的开端。另一半是将苏杭二州当作江南的代表，这在唐后期也很明显。白居易曾历任杭、苏二州刺史，他在任时写过不少夸赞当地的诗篇。任杭州刺史时，他与身为越州刺史的元稹夸口，称：“知君暗数江南郡，除却余杭尽不如。”后来他成了苏州刺史，又称苏州“甲郡标天下，环封极海滨”。从此他便将苏杭并称，颇以曾为“苏杭两州主”而自豪。到晚年他回到北方，对苏、杭二州更是念念不忘。他在一首诗中直接写道：“江南名郡数苏杭。”

苏杭受到如此推崇，无疑与其富庶的经济和秀丽的自然风光有关。白居易曾称颂：“杭土丽且康，苏民富而庶。”这句诗表明两地优美而富庶。他还在著名的《忆江南》中描绘杭州的胜景：“山寺月中寻桂子，郡亭枕上看潮头。”而苏州的赏心乐事为“吴酒一杯春竹叶，吴娃双舞醉芙蓉”。此情此景对很多人来讲，当然只有在天上才能领略得到的。

在现在的中国地图上，扬州在淮河南部靠右的地方，为什么古人却说扬州是“淮左名都”呢？

姜夔的那首著名的《扬州慢·淮左名都》中写道：“淮左名都，竹西佳处”，意思是扬州是淮河东边著名的大都，在竹西亭美好的地方。我们在地图上看扬州是在淮南地区靠右的地方，为什么词里写道“淮左名都”呢？原来中国古代的方位讲究坐北朝南，所以当人们指示方向时，往往是面朝南，这时候左手边的方向就是东，右手边的方向是西，因此淮左名都就是淮东的名都。

宋代在江淮地区设有淮南东路和淮南西路，按照当时的习惯，人们又分别简称为淮左和淮右。扬州是宋代淮南东路的首府，建城历史悠久。扬州的名称最早见于《尚书·禹贡》：“淮海维扬州。”这里的维扬州并不是现在的扬州，它是古代一个广泛的地理概念，包括了今淮水以南、黄海、长江广大地域内的江苏、安徽、江西、浙江、福建等省。

如今，扬州是一座历史悠久的文化名城，是历史上人文荟萃之地。“烟花三月下扬州”“十年一觉扬州梦”给人多少期待与憧憬，数千年的历史积淀给扬州留下灿烂的文化、众多的古迹、厚重的底蕴。

这个以生产砚台著名的县城还有哪些宝藏？

歙（shè）县位于中国安徽省东南部，是黄山市下属的一个县。歙县自秦始皇推行郡县制时开始置县，统领徽州数千年，为徽州首县。古城歙县与四川阆中、云南丽江、山西平遥并称为“中国四大古城”。

歙县古代为徽州府治所在地，是徽州文化及国粹京剧的发源地，也是徽商的主要发源地，是文房四宝中的徽墨、歙砚的主要产地。

歙县是国家历史文化名城，保留有众多文物古迹。现在歙县的县城徽城镇就是原来的徽州府城。歙县有两山横亘城中，将古城一分为二：东为古歙县附郭城，被群山

环抱，状似半月；西为古徽州府城，面对练江，地势开阔。城郭为明代所建，目前仅存数座门楼和部分城墙。除县城，各古村如渔梁村、北岸村等遍布有大量历史街巷和古代建筑，其中民居、祠堂、牌坊被称为徽州建筑三绝。素有“牌坊之乡”美称的歙县，明清时期建造的石坊遍及全县各地，共建有250多座。这些牌坊勾勒出封建社会“忠孝节义”伦理道德的概貌。古城所保留下来的徽派建筑、徽派艺术留给后人无尽的财富，可以说歙县文化充分代表了徽州文化的精髓。

湖南和湖北的“湖”指的是哪个湖？

湖南湖北两省在清代属于湖广行省，这里的湖是指“洞庭湖”，意思是洞庭湖以南和以北的广大地区。我们在地图上可以看到，洞庭湖处于两省疆域的中心位置。洞庭湖位于湖南省北部，是中国第二大淡水湖，是长江最重要的调蓄湖泊。历史上洞庭湖曾是中国第一大淡水湖，昔日号称“八百里洞庭”。清顺治年间到清道光年间，洞庭湖面积最大，一度达到约六千平方公里，由于近代以来的围湖造田，以及自然的泥沙淤积，湖面骤减到不足原先面积的三分之一。

洞庭湖孕育了深厚的湖湘文化。战国时期，屈原放逐沅湘成为中国传统文化中的一个符号，也是湖湘文化的精神源泉之一。湘君、湘夫人二妃的传说故事，更增加了湖湘文化的浪漫主义色彩。屈原的那首《湘夫人》描写出的哀婉惆怅至今让人唏嘘感慨，后来这里留下了许多关于二妃的传说。现在的君山又名湘山，君山上斑竹又名湘妃竹，均得名于二妃。屈原在此地流放时接触了大量的下层社会和民众，创作了《九章》《九歌》系列作品，还有鸿篇巨制《天问》等。以后历代文人多有在湖湘地区的经历，他们或沉郁、或悲愤、或佯狂，都用饱含深情的笔调创作出了感人的作品。

滇池？滇国？滇部落？云南为什么与“滇”有关？

云南省之所以简称“滇”是因为古代这里有一个滇国。公元前3世纪初，楚将庄桥率兵来到滇池旁的渡口，聚集自己的部众，自立为国，做了滇中之王，因为紧邻滇池，自号滇国。滇池名称得来有两种说法。一种说法认为滇池位于高原上，湖水从高处流出来好像在倒流一般，似乎颠倒了过来，故名颠池，“滇”就是“颠”转换过来的。还有一种说法认为“滇”来自古代一个少数民族，即滇部落，这个部落世代居住在滇池边上，所以周围的地名都带有“滇”字。云南的含义是“彩云之南”或“云岭之南”。《辞海》中说云南就是因为其地处云岭之南而得名。元代，忽必烈曾派军队征服大理国，并正式建立云南行省。

云南地理位置比较特殊，大部分地区冬暖夏凉，四季如春，省城昆明因此又别称“春城”。云南省除了动植物资源丰富外，给人最深印象的是少数民族众多，这里生活着26个少数民族，是我国少数民族种类最多的省份。傣族的泼水节、傈僳（lìsù）族的刀杆节，还有原始而神秘的泸沽湖畔的摩梭族等都激起了人们强烈的好奇心。

战国时期的“山东六国”都在今天的山东省吗？

“山东”作为一个地理区域的名称，最早始于战国时期，当时秦人称崤山、函谷关以东的地区为“山东”，是一个地域性的泛称。由于战国七雄之中，除秦国以外的韩、赵、魏、齐、楚、燕六国都在崤函以东，因此也被称为“山东六国”。战国之后的秦、汉等所称的“山东”一般也是指崤山或华山以东的地区。到唐宋年间，“山东”则主要指太行山以东的广大黄河流域，包括今天的河北省、山东省，以及河南省的部分地区。但唐代末年，就已经有人用“山东”专指齐鲁之地。到了金代，设立了“山东东路”“山东西路”两个行政区，“山东”开始作为明确的行政区划概念出现。之后，明代设立“山东行省”，后来改为“山东承宣布政司”，清朝设“山东省”沿用至今。所以，“山东六国”的“山东”远比现在山东省的范围要大得多，现在的山东省大致是当年齐国

和鲁国的范围，所以山东省又有“齐鲁大地”的别称。

战国时期，秦、楚、齐、魏、燕、赵、韩七国争霸。秦国变法之后迅速强大，经常侵略山东六国，为了生存下去，这六国或是合纵，或是连横，来应对这种纷繁复杂的局面。“合纵”主要是山东六国之间联合起来对付强秦，“连横”是他们之中的某一国和秦国联合起来对付其余的国家。合纵派的主要代表是苏秦，连横派的主要代表是张仪。现在“山东六国”作为特殊历史时期的一个称呼早已堙没，崤山作为地理分界的标志也渐渐为人所淡忘。

秦皇岛跟秦始皇有什么关系？为什么叫“秦皇”岛呢？

关于秦皇岛名称的由来，说法不一。一种说法认为是因为秦始皇曾停驻在这里。秦始皇晚年想寻求长生不老药，派遣徐福等人出海访仙，结果徐福一去不回。秦始皇还不甘心，继续招募能够访得仙人的术士，这时候燕国的方士卢生毛遂自荐，秦始皇很高兴地带领人马跟随卢生到了海边。不久之后，士兵们发现了一座美丽的小岛，岛上鲜花满地，鲜艳夺目，而且四周风平浪静，极其适合出海航行。于是秦始皇在这里亲自拜海，之后卢生便率领弟子出海而去。正是因为这个故事，后来大家就把这个小岛称为秦皇岛。

另一种说法认为，秦皇岛原来叫秦王岛。据《抚宁县志》记载唐太宗李世民东征高丽时，曾在这里停留，因为李世民曾被封为秦王，所以此地就被叫作秦王岛。

不论叫秦皇岛还是秦王岛，首先得是一个岛。但现在的秦皇岛发展成了一个城市，早已不是一个海岛的形态了。那么，秦皇岛又在何处呢？秦皇岛原本是孤立于海中的一个岛。有人考证秦皇岛是指今海港区东山，这是一座由风化花岗岩组成的剥蚀性残山，海拔二十余米，方圆不足一平方公里。

龙井是一口井吗？龙井茶生长在龙井中？

龙井茶是中国的十大名茶之一。龙井本身是一口井，即龙井泉，同时龙井也是一个村子。据说用龙井泉泡的龙井茶才算正宗。

龙井茶属于绿茶，主要产于浙江省中部一带，分为西湖、钱塘、越州三个产区。其中杭州西湖产区所出的西湖龙井最为著名。西湖龙井根据产地又分狮、龙、云、虎、梅五种，这五地分别是狮峰、龙井、云栖、虎跑和梅家坞。而西湖龙井中以产于梅家坞附近狮峰之上的狮峰龙井最绝。相传狮峰上的18棵龙井茶树为当年乾隆皇帝下江南时亲手所植，所以又为御茶。

龙井泉位于西湖之西翁家山的西北麓。龙井是一个圆形的泉池，大旱不涸，古人以为此泉与海相通，其中有龙，因此称龙井。龙井泉的水由地下水与地面水两部分组成。地下水比重较大，因此地下水在下，地面水在上，如果用棒搅动井内泉水，下面的泉水会翻到水面，形成一圈分水线，当地下泉水重新沉下去时，分水线渐渐缩小，最终消失，非常有趣。

龙井村被称为“茶乡第一村”，因盛产顶级西湖龙井茶而闻名于世。龙井村位于西湖风景名胜区西南面，四面群山环抱，村内拥有近800亩的高山茶园，村子特殊的地理条件为龙井茶的生长提供了得天独厚的优势。

中流砥柱真的存在？它究竟在哪里？

“中流砥柱”的“砥柱”是一块大石头，它指的是河南省三门峡市东的一个石岛，屹立于黄河激流之中。任黄河的浪涛翻滚汹涌，这块石头岿然不动，就像定海神针一样屹立不倒，所以人们把这一石柱称作是“中流砥柱”。

中流砥柱位于黄河三门峡大坝下方约200米的激流之中。冬天水浅时，它露出水面两丈多；洪水季节，它只露出一个尖顶。千百年来，无论狂风暴雨如何侵袭，惊涛骇浪如何击打，它都巍然屹立于黄河之中，因此被喻为中华民族精神的象征。相传砥柱

是大禹治水时留下的镇河石柱。北魏郦道元在《水经注·河水篇》中写道："昔禹治洪水，山陵当水者凿之，故破山以通河，河水分流，包山而过，山见于水中若柱然，故曰砥柱也。"

唐太宗李世民在《砥柱山铭》中写道："仰临砥柱，北望龙门；茫茫禹迹，浩浩长春。"宋人司马光在《河边晚望》一诗中更有"高浪崩奔卷白沙，悠悠极望入天涯，谁能脱落尘中意，乘兴东游坐石槎"的佳句。

华清池为什么被称为"神泉"？

华清池是古代帝王的离宫（帝王在都城之外的宫殿）和游览地，它既是一处名胜古迹，也是一处温泉圣地。这里已有三千多年的历史，相传周幽王就曾在此建骊宫，秦始皇时以石筑室，名为"骊山汤"。唐太宗和唐玄宗两次大肆扩建，改名"华清池"，规模最为富丽堂皇。人们说在华清池洗个澡，"冬走十里不冷，夏走十里不热"，称它为"神泉"。

华清池因为唐玄宗和杨贵妃的故事而流传千古。唐玄宗和杨贵妃的寝殿是飞霜殿，这里冬天利用温泉水在墙内循环制成暖气，每当雪花飘舞时，到了这里便落雪为霜。天宝年间，为了讨杨贵妃的欢心，唐玄宗把骊山旁边的华清温泉大加扩充，改为华清宫。白居易的《长恨歌》写的"春寒赐浴华清池""始是新承恩泽时"正是唐玄宗和杨贵妃恩爱的那段日子。没想到好景不长，"安史之乱"爆发，叛军以诛杀杨国忠为名，一直打到潼关，唐玄宗只好携着杨贵妃出逃。逃到马嵬（wéi）坡时，随行的军士要求杀死杨贵妃，玄宗被逼之下只好赐杨贵妃自缢，她成为悲剧的政治牺牲品。后来唐军终于平定了叛乱，唐玄宗回京时路过杨贵妃自缢的马嵬坡，不禁潸然泪下，让人不禁感叹"天长地久有时尽，此恨绵绵无绝期"。

香港叫"香"港，是因为它很香吗？

香港的历史，最早可以追溯到五千年前的新石器时代。秦始皇统一中国后，先后在南方建立了南海、桂林和象郡三个郡，香港隶属南海郡番（pān）禺县，由此开始，香港便置于中央政权的管辖之下。

香港，顾名思义，是芳香的海港。关于这一美丽名称的由来，历来有不同的说法。一种说法是，在清朝嘉庆年间，以一林姓男子和他的妻子香姑为首的一伙海盗横行于珠江口外伶仃洋一带，后来林姓男子去了台湾，香姑率余盗占据了今天的香港岛，后人因香姑之名而称这个岛为香港。第二种说法认为，香港之名是岛上红香炉山转称而来的。在今天香港铜锣湾天后庙前，旧时有一座红香炉。人们称庙后山峰为红香炉山，庙前海港为红香炉港。红香炉港一名逐渐演变为香港，并成了全岛的名字。第三种说法称，香港是因为岛上有鳌洋甘瀑而得名。据说，今日香港瀑布公园处，原有一条瀑布冲注而成的小溪，人们把这条小溪称为香江，把小溪入海处称为香港。时间久了，人们就把这个岛叫作香港。

但一般认为最可靠的说法，则是因为这里过去曾是运香、贩香的港口，故而得名香港。在明朝时，香港及广东东莞、宝安、深圳一带盛产莞香，此香因气味奇特，颇受人们的喜爱，故而远销江浙，享誉全国。由于当时贩香商人一般都是在港岛北岸石排湾港将莞香装船运往广州或江浙等省，所以人们将这个港口称为香港，意为贩香运香之港，将港口旁边的村庄，称为香港村。

1841年英国侵略军在港岛南部赤柱登陆后，由一名叫陈群的当地居民带路向北走，经过香港村时，英军询问该处地名，陈群用当地土话答称"香港"，英军即以陈群的地方口音Hong Kong记之，并用以称呼全岛。在1842年签订的《南京条约》中，香港作为全岛的名称被正式确定下来。1856年签订《中英北京条约》和1898年签订《展拓香港界址专条》之后，香港又进而成为整个地区的称谓。

国外的华人聚居区叫唐人街，难道唐代就有华人移居海外了吗？

唐人街也被称为华埠或者中国城。早期华人移居海外，成为当地的少数族群。在面对新环境时需要同舟共济，华人便群居在一个地带，由此形成了唐人街，所以多数唐人街是华侨历史的一种见证。

那么，唐人街真的是远在唐代就有人居住吗？是的，世界上最古老的唐人街远在唐代就有人居住，但当时并不叫唐人街。根据史书记载，唐人街最早叫“大唐街”。唐朝是中国历史上一个强盛繁荣的朝代，对周边许多国家的政治、经济、文化产生了深远的影响，以至于后来随着朝代变迁，唐朝虽然已经灭亡，但是在海外的华侨、华人依然被称为是“唐人”，所以他们聚居的地方就被称为“唐人街”。

世界上有很多唐人街，美国旧金山的唐人街是其中著名的一例。旧金山唐人街始于1850年前后。当年开发美国西海岸的华工初来异国，因为人生地疏，言语不通，他们便集中住在一起，团结互助，休戚与共。现在很多地方的唐人街已经成了中华文化区的代名词，无论商业、娱乐还是各种文化设施，都体现出华夏色彩。

为什么说黄河是中国的母亲河？

中国是世界四大文明古国之一，而黄河流域产生的文明正处于古中国文明的核心地域，所以说黄河是中华文明的源头。黄河和中国人的生活息息相关，历史上说“河清海晏，天下太平”就是指黄河河水清澈，没有水患的话，国家就太平无事。黄河哺育了世世代代的中国人，从大禹治水开始它就成了中国人的母亲河。

古代的黄河，河面宽阔，水量充沛，水流清澈，再加上黄河流域气候温和，水文条件优越，有利于农作物生长，先民们便定居在这里。最初黄河并不叫现在的名字，我国最古老的字书《说文解字》中称黄河为“河”，最古老的地理书籍《山海经》中称黄河为“河水”。直到唐宋时期，黄河这一名称才被广泛使用。

黄河是中华文明的发源地。这里是中国发现古人类最多的地方，先后有西侯度猿人、蓝田猿人、大荔人、丁村人等在此生活繁衍，揭开了古老黄河文明的序幕。中国文明初始阶段的夏、商、周三代以及后来的西汉、东汉、隋、唐、北宋等几个强大的统一王朝，其核心地区也都在黄河中下游一带；反映中华民族智慧的许多古代经典文化著作，也产生于这一地区；标志古代文明的科学技术、发明创造、城市建设、文学艺术等也同样产生在这里。所以说黄河孕育了中华文明，黄河哺育了中华儿女，人们常说黄河是中华民族的摇篮，是中华民族的母亲河。

“黄河之水天上来，奔流到海不复回。”黄河水到底来自哪里？流入哪里？

黄河发源于青藏高原的巴颜喀拉山脉，源头河是卡日曲最长支流那扎胧查河。黄河从世界屋脊的青藏高原一路奔腾而下，以雷霆万钧之势汇入大海，在古人看来自然是天上而来。

黄河过了孟津后进入豫东大平原，现在黄河入海口在山东东营，它从青藏高原万里奔流后汇入渤海。关于黄河入海有一个有趣的成语故事——望洋兴叹。相传黄河里有一位河神叫河伯，河伯望着滚滚东流的黄河，兴奋地说：“黄河真大呀，世上没有哪条河能和它相比。我就是最大的水神啊！”有人告诉他：“你说的不对，黄河的东面有个大海，那才真叫大呢。”河伯说：“我不信，大海再大，能大得过黄河吗？”那人说：“别说一条黄河，就是几十条黄河的水也比不过大海，你去看看大海就明白了。”于是河伯顺流来到黄河的入海口，突然眼前一亮，海神笑容满面地向他走来。河伯放眼望去，只见大海汪洋一片，他呆呆地看了一会儿，深有感触地对海神说：“俗话说，只懂得

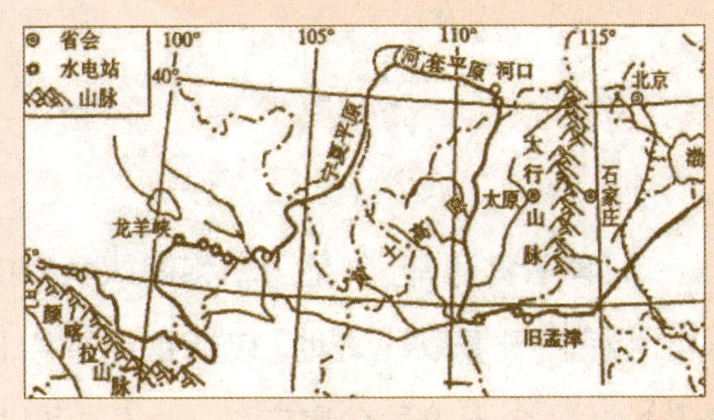

黄河流域图

一些道理就以为谁都比不上自己，这话说的就是我呀。今天要不是我亲眼见到这浩瀚无边的大海，我还会以为黄河是天下第一大的呢！那样，岂不被有见识的人永远笑话。”

都说水往低处流，为什么黄河水却往高处流？

黄河是我国第二条长河，它流经黄土高原，自古以来即为多泥沙河流。公元1世纪初，有人就指出“河水重浊，号为一石而六斗泥”。唐宋以后随着人口的不断增加，自然环境破坏加剧，河里的泥沙有增无减，这是致使黄河形成地上河的主要原因。

黄河流经地区植被覆盖率比较低，一旦降雨，雨水冲刷泥土进入河道，一方面使得水土流失严重，另一方面致使河水的泥沙含量不断增加。黄河中上游地区，由于河道高度落差大，水流比较急，泥沙能够混着河水流向下游。进入下游地区后，地势平缓，河水流速减慢，混在河水中的泥沙便逐渐沉降下来，致使河床不断抬高。这些泥沙堆积在下游河床上，日积月累，河床淤高，人们只好相应地抬高河堤来约束河流，河床抬高一分河堤便相应抬高一分，久而久之，河床竟然高出了地面，形成了悬河。一旦遇到长期大雨，河水猛涨，两岸河堤防守不力，便会有决口的危险，给平原地区的人民带来深重的灾害。

由于历史上频繁的灾害，黄河也被称为“中国的忧患”。

河套平原凭什么成为西北首富？

河套古称河南，曾是汉朝和匈奴争夺的重地，一般指贺兰山以东、吕梁山以西、阴山以南、长城以北之地。包括银川平原（宁夏平原）和鄂尔多斯高原、黄土高原的部分地区，今天这里分属宁夏、内蒙古和陕西。黄河在这里先沿着贺兰山向北，由于

阴山阻挡再向东，后沿着吕梁山向南，形成“几”字状，由于这个地区河网密布，故称“河套”。

蜿蜒黄河在这里平静地流淌，灌溉着两岸的农田，造福着当地的人民。因为黄河下游泥沙堆积，形成了地上河，一旦汛期来临，容易决口泛滥，给人民造成严重损害，但在河套地区黄河却滋养着这里的百姓，因而有“黄河百害，唯富一套”的说法。河套平原十分干旱，在其西部，年降水量不到200毫米。这里“无水是荒漠，有水成绿洲”。俗语说：“天下黄河富河套，富了前套富后套。”河套地区土壤肥沃，灌溉系统发达，适合种植小麦、水稻、谷、大豆、高粱、玉米、甜菜等作物，一向是西北最主要的农业区。

黄河水给河套地区的工农业生产创造了极好的条件，这里物产丰富，名贵中药枸杞和银川大米品质优良。沧海桑田，河套地区在变迁中从温湿到干冷，从汪洋沼泽到阡陌纵横，河套地区被称为“塞外米粮川”，真正的“塞北江南”。

为什么说“泾渭分明”？“泾”和“渭”分别指什么？

唐代诗人杜甫在《秋雨叹》中说“浊泾清渭何当分”，这可以看作是“泾渭分明”这个成语的来源，这里的“泾”和“渭”分别指的是泾河和渭河。这两条河流由于含沙量不同，在交汇时呈现出半条河清半条河浊，互不相融的现象，河水中间形成了一道非常明显的界限，成为闻名天下的关中八景之一。泾河又称泾水，是渭河的支流，泾河全长455.1公里，发源于中国宁夏六盘山泾源和固原，流经甘肃，在陕西高陵境内汇于渭河。泾河一年之内径流量变化极大，而且流域内水土流失较严重，河水中泥沙含量很高，河水浑浊。渭水是黄河最大的支流，发源于甘肃，经陕西而入黄河，渭水由于流经植被较好的关中平原，河水较清。所以，古代是泾水浊而渭水清。

但是，我们现在看到的却是渭水浊于泾水，许多专家赴实地考察，看到的也是泾清渭浊的现象。这是怎么回事呢？难道是古人搞错了吗？实际上，从流经的地域来看，渭水自甘肃乌鼠山流经陕西汇入黄河，流经的是关中平原、八百里秦川之地；而

泾水全程流经的是黄土高原，是水土流失严重的地区。就河水含沙量而言，应该是泾水大于渭水的。但到了现代，由于渭河流域的人为环境破坏，水土流失十分严重。从表面上看，已是渭水水色深于泾水了。

“鲤鱼跃龙门”真有其事吗？龙门究竟在哪里？

“鲤鱼跃龙门”是古代中国的一个民间传说，相传由于黄河河水浑浊，一般鱼类不能存活，只有耐污的鲤鱼才能存活下来而且生长得很好，又因为鲤鱼的生长环境是黄色的泥水，所以黄河鲤鱼身上长的是金黄色的鳞片。古人发现每到春季，这些金色鲤鱼便会逆水上溯，在龙门形成跳跃的群体，但在瀑布以上，由于水流湍急，没有任何鱼类可以登上，所以古代人们想象这些金色的鲤鱼跳过龙门以后就会变化成龙升天而去。

根据历史记载，一般认为鲤鱼跃龙门的位置在陕西韩城及山西河津两县之间的禹门口。鲤鱼跃龙门的故事最早的文字记载是汉代辛氏所著《三秦记》，后世著作的《艺文类聚》《太平广记》等书中有对此书的引述文字。

也有人借助现代科学，指正传说中的鲤鱼其实不是真正的鲤鱼，实际上应该是鲔（wěi）鱼，或称鳣（zhān）鱼、鳇（huáng）鱼或黄鱼，也就是鲟鱼，因为古代大鲤也称为“鳣”，所以古人无意间将鲔鳣与大鲤混淆。鲟鱼到龙门不是为“腾跃成龙”，鱼群跳水的动作其实是鲟鱼繁衍后代时所表现的一种正常现象。由于鲟鱼产卵“多在江河上游，水温较低，流速较大，流态复杂，河道宽窄相间并具石砾底质的急滩地带”，而黄河的支流伊水在流到龙门时被龙门山挡住，就在山南积聚了一个大湖，这样的地貌特征对鲟鱼来说是一个理想的繁殖地点，所以吸引鲟鱼到此云集，却被古人传为“鲤鱼跃龙门”。

为什么长江又叫扬子江？

长江不同的江段有许多不同的称呼，这些名称是根据不同的地区人们的习惯称呼而来的。长江源头区的河流叫沱沱河，沱沱河位于青藏高原腹地，发源于唐古拉山脉主峰，海拔6621米的格拉丹冬雪山的西南侧。穿过雪山与谷地，于囊极巴陇附近接纳右岸支流当曲河后汇为通天河。自当曲口至青海玉树巴塘河口皆称为通天河。巴塘河口至四川省宜宾岷江口，称金沙江。岷江口至长江入海口，才通称长江。在通称长江的各河段也有很多名称，其中，宜宾至湖北省宜昌，因长江大部分流经四川境内，俗称川江；湖北省枝城至湖南省岳阳城陵矶，因长江流经古荆州地区，俗称荆江；大致由南京到长江入海口的江面，被称为“扬子江”。

扬子江因古有扬子津渡口而得名。唐代李益的《长干行》诗中说：“忆妾深闺里，烟尘不曾识。嫁与长干人，沙头候风色。五月南风兴，思君下巴蜀。八月西风起，想君发扬子。”“发扬子”即从金陵长干里（今南京城南中华门与雨花台山岗之间的平旷地带）出发，诗中的“扬子”指金陵长干江边，也就是说扬子江大致是金陵以下的长江江段的统称。

扬子江原本只是指长江较下游的部分江段。近代以来，外国人首先在长江三角洲附近活动，西方传教士作为文化交流的先行者，最先听到当地人称长江为扬子江，就把这一称呼介绍到西方，所以后来扬子江也被作为长江的通称。

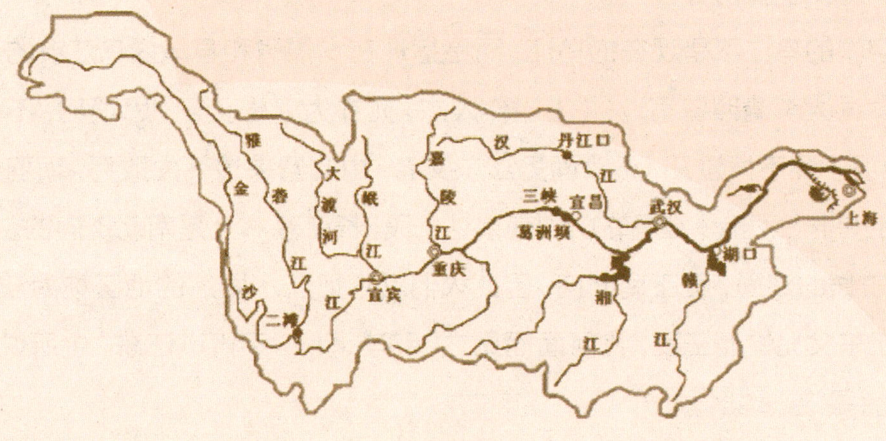

长江流域图

“川”字的本义是河流，那么“四川”就是“四条大河”吗？

“川”字最早的意思是指河流，比如说川流不息的“川”。那么“四川”指的是“四条大河”吗？一度有人认为确实是这样的，他们认为这四条河流分别是现今四川省境内的四大自北往南流的河流：金沙江、雅砻江、岷江和嘉陵江。但“四川”的“川”其实不是指河流，而是指平原，是指巴蜀盆地，是“平川”的“川”，而不是“川流”的“川”。

“四川”的“川”是因为巴蜀盆地四周高山环绕而中部平原或丘陵绵延的地形而得名，不是因为具体哪条河或哪几条河而得名。一般巴蜀盆地可泛称四川，而其东、西、南、北部又可称西川、东川、南川、北川或川西、川东、川南、川北。古时整个巴蜀盆地又常被统称为“西川”，因为相对于一些王朝的中心而言，巴蜀盆地在西向，如定都开封的宋朝多称整个巴蜀盆地为“西川”。

楚霸王乌江自刎的“乌江”是横贯贵州的那个乌江吗？

楚汉战争末期，西楚霸王项羽被围垓下，溃退于乌江，在四面楚歌中引刀自刎，结束了一代英雄的短暂一生。大家都知道项羽乌江自刎，但这里所说的乌江到底是哪里？是贵州那条有名的大河吗？

项羽自刎的乌江不是现在的乌江，而是指现在安徽省和县境内乌江镇的一段江流。宋代女词人李清照曾写过：“生当作人杰，死亦为鬼雄。至今思项羽，不肯过江东。”说项羽宁死不肯过江，无颜面见江东父老。由此看来垓下失败后，项羽突围的地方应指的是长江西岸。在马鞍山到南京这一段，长江基本上是南北走向的。乌江镇濒临一段较长的江面，呈正南北向，因此人们常常把江水以东的地区称为江东。项羽的“纵江东父兄怜而王我，我何面而见之”和李清照“不肯过江东”中所说的“江东”，指的就是这一地区。

“死海”不止国外有，中国也有“死海”？

著名的死海以其神奇的浮力闻名于世，其实中国也有“死海”，位于山西省运城市的盐湖便是其中之一。

运城盐湖，位于中条山北麓，是山西省最大的湖泊，因为此地古代为解（xiè）县和解州管辖，所以又名解池。运城盐湖自古以产盐著名，所产之盐称“解盐”“潞盐”或“河东盐”。在封建社会的相当一段时期内，运城盐池一直是政府最重要的财政收入之一，最高时占全国财政收入的八分之一。解州也是武圣关公的故乡，据说关羽为后世敬仰和盐湖也有很大关系。北宋时盐湖有几年遭遇水涝灾害，产量锐减，国家的收入受到影响。传说是化血为卤的蚩尤在兴风作浪，令盐花不生。于是皇帝听从了张天师的建议，请神将关羽出马，前往降伏蚩尤。结果关羽大胜，再次斩杀蚩尤，盐池也恢复了正常生产，而且产量倍增。这则传说本身并不足为信，但这一传说的出现如实反映了当时盐池遭遇的自然灾害和朝廷对关羽的崇拜。

除了运城盐湖，四川的大英盐湖也是“死海”，大英盐湖是温泉，湖水含盐量很高，人躺着可以自由漂浮。早在汉代这里就已经开采盐卤，如今这里已不再产盐，是四川最热门的旅游胜地之一。

为什么说“三十年河东，三十年河西”？古人经常搬家？

“三十年河东，三十年河西”的“河”指的是黄河。千百年来，由于黄河流经黄土高原，水土流失致使河水中泥沙含量非常高，泥沙淤积严重，沉积后河床逐年增高，经常泛滥成灾，河道不固定，所以黄河经常改道。黄河从壶口到龙门这段河段很窄，黄河一过龙门后就豁然开朗，河面变得非常开阔，宽的地方有十几公里，这时黄河携带的泥沙就会逐渐沉积增高。隔几年黄河就会离开增高的河床，往更低处流，河道便会发生改变，当主干道偏向陕西时，这里的滩涂就被淹掉，那么对岸山西的滩涂就露了出来，可以耕种。反过来，主航道偏向山西时，陕西的土地又可以显露出来。

“三十年河东，三十年河西”现在比喻为世事变化，盛衰无常。相传还有这样一个典故：唐朝大将郭子仪率兵南征北战，为平定安史之乱立下了汗马功劳，唐明皇因而把公主许配给郭子仪做儿媳，一时间郭家荣宠无比。然而子孙不肖，郭子仪的孙子从小娇生惯养，长大后挥霍无度，门庭渐渐衰落，万贯家产消耗殆尽，他只好沿街乞讨。一天，他来到河西庄，想起三十多年前自己的乳母就住在这里，便去寻访，庄前左右都问遍了，可是人们都说不知道。天快黑了，这时，走来一个干活回来的农夫，他上前一打听，原来竟是乳母的儿子。他到了乳母家，只见粮囤座座，牛马成群。郭孙不解地问：“家财如此富有，你为什么还要自己劳作呢？”主人说：“家产再大也有吃空的时候。家母在世的时候，率领我们发奋创业，才得这些家产。所以一定要勤俭持家。”郭孙听后非常惭愧，不禁叹息：“真是三十年河东享不尽荣华，三十年河西寄人篱下。”

苏武牧羊的“北海”在哪里？是广西北海吗？

很多人是因为苏武牧羊的故事知道“北海”的。西汉时期，苏武受汉武帝派遣出使匈奴，以示双方和好之意。不料，就在完成出使任务准备回国时，匈奴发生了内乱，苏武等人也受到牵连，还被要求背叛汉朝，臣服于单于，但苏轼拒绝了，于是单于想出了一个阴损的主意，他流放苏武到“北海”去牧羊，并给了他一群公羊羔，下令除非苏武让这些公羊生出小羊才放他离开。苏武在“北海”边没吃没喝，饿了就拿草根树皮充饥，渴了就喝雪水。虽然生活艰难，但是苏武依然坚持民族气节，始终不投降。苏武在“北海”边上辛苦牧羊19年，直到匈奴投降后才得以返回长安。这时他已经从出使时的中年人变为一个白发苍苍的老头，但是汉武帝赐给他的代表朝廷的旌节却仍然带在身边。回长安的那天，老百姓都被苏武的精神所感动，人们皆称赞苏武的气节高尚。

苏武牧羊的“北海”指的是现在俄罗斯境内的贝加尔湖，古代中国史籍又称之为瀚海。历史上的大部分时间里，贝加尔湖由我国北方的各个游牧民族控制，唐代和元代时都曾经是中国版图上的一部分。最早生活在贝加尔湖边的居民叫肃慎族，距今已

经有七千多年的历史，肃慎就是后来满人的祖先。贝加尔湖一词来源于古肃慎语“贝海儿湖”，和汉语“北海”的发音十分相似。

东北地区被称为“白山黑水”，难道那里的山很白、水很黑吗？

所谓的“白山黑水”实际上指的是东北地区的长白山和黑龙江，由于历史上生活在东北的少数民族把长白山和黑龙江视为他们的神山圣地，再加上这二者分别是当地最重要的山脉和河流，滋养了祖祖辈辈的东北人，所以又以“白山黑水”来指代东北地区。

长白山是中国东北和朝鲜边境的界山，广义是指一条西南——东北走向、绵延上千公里的一系列山脉，横亘于吉林、辽宁、黑龙江三省的东部及朝鲜两江道交界处；狭义上的长白山则单指其主峰长白山。长白山这个名称是由金世宗完颜雍最早使用的，金女真人定其名为“长白山”，传至今日，已有800多年。女真人将长白山视为“兴亡之地”，先后封之为“护国灵应王”和“开天宏圣帝”，并建立庙宇进行祭祀。长白山天池北侧尚存由玄武岩石块人工垒成的“女真祭台”遗址，即为女真人祭祀长白山所用。

黑龙江也称阿穆尔河，是我国第三大河流。黑龙江流域自古就是中国的内河，是满族人的发祥地。黑龙江在汉、魏晋时被称为弱水，南北朝时，黑龙江上游称完水，松花江及两江汇流后被称为难水，隋唐时始称黑龙江下游为黑水。黑龙江一直到元朝都是中国的领土，19世纪中后期沙俄强行占领中国黑龙江以北、乌苏里江以东大片领土之后，才成为中俄界河。

中国象棋棋盘所写的“楚河汉界”究竟在哪儿?

中国象棋的棋盘中间一般都会写有“楚河汉界”四个大字，这源于历史上“楚汉相争”的故事。秦朝灭亡后，刘邦和项羽两支起义军相互攻伐，以求消灭对方建立新的政权。公元前205年，楚汉两军在荥阳一带互相攻战长达两年之久。为了迫使刘邦投降，项羽把刘邦的父亲当作俘虏，押到广武山上，以此要挟刘邦及早投降，如若不然就把刘邦的父亲用鼎煮死。刘邦却说，“当初咱们二人共同反秦，盟誓结为弟兄，我的父亲就是你的父亲。如果你要煮咱们的父亲，别忘了给我一碗肉汤”。项羽听后更加恼怒，想要杀掉刘太公，后来在项伯的劝说之下，最终没有施行。项羽和刘邦这样僵持不下，谁也胜不了谁，最后不得不提出中分天下的约定，割鸿沟以西为汉，以东为楚，这就是历史上的“楚河汉界”。

如今，在河南荥阳城东北的广武山上，还留有两座遥遥相对的古城遗址，西边的叫汉王城，东边的叫霸王城，两城中间有一条宽约300米的大沟，相传这就是刘邦与项羽对垒的鸿沟。

谁那么厉害敢说“桂林山水甲天下”？

说起桂林山水，在我国可谓家喻户晓。但“桂林山水甲天下”这一说法的由来，却鲜为人知。1983年，桂林市文物工作者在对独秀峰石刻进行清理时，在钟乳石下发现一块诗碑，其中有一句诗是“桂林山水甲天下，玉碧罗青意可参”。根据这块诗碑的前言记载，这首诗创作于距今800多年前的宋代。当时的官员王正功，在为赴京城赶考的桂林考生饯行的宴会上，当众赋诗，其中就有“桂林山水甲天下”一句。这是现在发现的最早提出“桂林山水甲天下”之说的例证。在宋代还有不少人也对桂林山水进行了赞美，张洵称“桂林山水冠衡湘”，邓公衔说“桂林岩洞冠天下”，曾几认为桂林“江山清绝胜中原”，张孝祥也说“桂林山水之胜甲东南”。南宋末年的李曾伯在《重修湘西楼记》中直书“桂林山川甲天下”，与王正功的提法十分类似。

桂林山水如此有名，但是大多数文人墨客只是对其美景进行赞叹，而很少有人探究这种山水的成因。到了明代，著名旅行家徐霞客对桂林山水进行了科学记述。在《徐霞客游记》一书中，作者对广西桂林、贵州、云南等地的地形地貌做了详尽的记录，这是世界上最早研究喀斯特地貌的著作。

古代有“山阴”与“河阳”的地名，古人如何划定山河的阴和阳？

所谓的“山阴”与“河阳”指的是地理方位。我国古代把山的南面和水的北面称为“阳”，也就是向阳的地方；把山的北面和水的南面称为“阴”，意为背阴的地方。这个理论在古代的一些历史文献上有专门的记载：《穀梁传》上说“水北为阳，山南为阳”；东汉时期的大学问家许慎的《说文解字》也载有“阴，暗也；水之南，山之北也”；唐代的李吉甫在《元和郡县志》中进一步指出：“山南曰阳，山北曰阴；水北曰阳，水南曰阴。”

古人为什么这样来划分“阴”和“阳”呢？这是由于我国处在地球的北半球，我们看到的太阳都是从南边照射过来，南面就成为向阳的一面，而北面自然就成为背阴的一面。因此，山的南面既向阳又受日照的时间长，所以就把山的南面叫作“阳”。相反，山的北面太阳光就不容易照到，日照时间也特别短，所以就把山的北面叫作“阴”。那么，为什么又把水的南面叫“阴”呢？这是因为水一般都是两山之间流淌而过，水的南面一般都被大山遮住了，太阳光照射的时间不多，因此南面被称为“阴”。反之，水的北面就叫“阳”。

中国以“阴”“阳”表示方位的地名很多，以“阳”为结尾的城市都在山南或水北。比如安阳、阜阳、洛阳、咸阳、贵阳、汾阳、汉阳等都是天然的山南水北地形状态。而汉阳又是其中特殊的一个，是中国这些以“阳”结尾的城市名中唯一一个处于水（汉水/汉江）之南的城市。这并不是古人用错了名字，而是因为后来汉水改道，使汉阳的位置从水北变为水南。

《愚公移山》中的太行、王屋二山真的存在吗？

历史上究竟有没有愚公这个人，我们现在已经无法考证，但是《愚公移山》中的太行和王屋二山确是现实中真实存在的山脉。

太行山耸立在北京、河北、山西、河南四省（市）间。它北起北京西山，南达豫北黄河北崖，西接山西高原，东临华北平原，绵延400余公里，为山西东部、东南部与河北、河南两省的天然界山。太行山脉是我国最重要的地理分界线之一，它的东边是华北大平原，西边是黄土高原。太行山地受河水的切割，形成横断面山谷，当地人称其为“陉”，古代就有“太行八陉”的说法。八陉为横穿太行山东西的交通要道，由于八陉地理位置险要，历来是兵家必争之地，是古代晋、冀、豫三省相互往来的八条咽喉通道。楚汉争霸期间韩信的“背水一战”，就发生在井陉，这场战役的胜利也直接扭转了北方战场的形势。

王屋山位于河南省西北部的济源市，东依太行，西接中条，北连太岳，南临黄河，是中国九大古代名山之一，也是道教十大洞天之首。王屋山相传为轩辕氏黄帝祈天之所，名为“天坛”。千百年来，王屋山已成为道家人物采药炼丹，修身养性之地，它还以其优美独特的自然景观，吸引了众多的帝王将相、文人墨客来此寻幽探胜、陶冶情操。

《西游记》中的火焰山真有其地吗？它为什么喷火焰？

《西游记》中描写的火焰山一般被认为指的是现在新疆吐鲁番的“赤石山”，维吾尔语称“克孜勒塔格”（意为红山），因为其山体由红色砂岩构成，远远望去一片红色，因而得名。火焰山位于吐鲁番盆地的北缘，古丝绸之路北道，全年几乎没有什么降水，夏季烈日炎炎、气候干热，炙热的阳光暴晒着裸露的红色山岩，热浪滚滚，就像燃烧的火焰一般。除此之外，还有另一种说法认为火焰山是新疆某处的露天煤矿山。这座煤矿山距乌鲁木齐不远，名字叫硫磺沟，沟内由于地壳变动，煤层暴露地表，其所产生的气体长年自燃，所以被称为火焰山。

吐鲁番的火焰山是中国最热的地方，盆地四周的山岭高耸，盆地内部受热快而散热慢，形成了那里夏天高温干燥的气候，其蒸发量是降雨量的百倍甚至数百倍。夏天酷热，最高气温曾达到过49.6度，地表最高温度高达摄氏70度以上，沙窝里可烤熟鸡蛋。

现在的吐鲁番火焰山已成为旅游胜地，在这里除了可以品尝美味的吐鲁番水果外，还可以欣赏和《西游记》有关的景点。这里有唐僧路过时的拴马桩，唐僧上马的踏脚石，一块称八戒石的长嘴巨石人，孙悟空踢翻的炼丹炉等等。

庐山的白鹿洞书院建在一个驯养白鹿的山洞里吗？

庐山位于江西北部九江境内，它是一座文化名山，被认为是中国山水文化的历史缩影。自东晋以来，中国历代著名的文人、高僧、政治人物都在此留下过重要的历史印迹。

庐山曾经还是个学术圣地，我国古代四大书院之一的白鹿洞书院就在庐山五老峰南麓。其实白鹿洞并不是指一个山洞，只是这块地方是一片凹地。之所以起名“白鹿”，是因为早在唐朝时期，有一个名叫李渤的人曾在此地隐居读书，期间他驯养过白鹿，给自己的书屋起名白鹿洞。后来，五代南唐时期在此地正式设立官方学院，被称为“庐山国学”或者“白鹿国学”，这是中国历史上唯一在京城之外设立的官方学院。真正使得白鹿洞书院名声鼎盛的是朱熹，朱熹率领朝廷官员参观白鹿洞书院之后，对书院破败景象感到惋惜。于是他重新修建了书院，自任洞主，在此讲学，使得白鹿洞书院成为当时的一个学术中心。朱熹还亲自制定了《白鹿洞书院教规》，创立了一套学院教学及管理标准，这一标准还传到了海外，一直影响了后世几百年。朱熹在白鹿洞讲学时提出了学习的五个步骤，成为后人学习的准则，这五个步骤就是：博学之，审问之，慎思之，明辨之，笃行之。

黄山的山石并不是黄颜色的，为什么取名为黄山呢？

古代的黄山叫“天子都”，这是最早住在黄山周围的少数民族“山越”人给黄山取的富有神话色彩的美称。到了秦代，人们根据这座山的颜色，叫它“黟（yī）山”。“黟”字是黑色的意思，真实地反映了黄山在色彩上的特点。那么，为什么后来又把黟山改称黄山了呢？是不是因为它的颜色由黑变黄了？其实不是的，改黟山为黄山的事情发生在唐代。当时，朝廷和民间都信奉道教，唐玄宗李隆基更是一个虔诚的道教信徒。在那个道教盛行的时代，道士们编写的《周书异记》中，有一个轩辕黄帝炼丹成仙的神话故事，就发生在这里。因此，唐玄宗为了纪念轩辕黄帝，下令改黟山为黄山，从此“黄山”的名称便流传下来。

黄山在中国历史上受到广泛赞誉，以“震旦国中第一奇山”而闻名。黄山处于亚热带季风气候区内，由于山高谷深，气候呈垂直变化，局部地形对其气候起主导作用，形成云雾多、湿度大的特点。黄山景色有所谓的“四绝”，即四种独特景观：奇松、怪石、云海、温泉。苍松迎客是黄山松最常见的景观，千奇百怪的石头更是令人叫绝，冬季的云海瑰丽壮观，紫云峰下喷涌而出的温泉舒适宜人。地理学家徐霞客两次登临黄山，赞叹说：“五岳归来不看山，黄山归来不看岳。”黄山是继泰山之后，中国第二个同时作为世界文化、自然双重遗产列入名录的名山。

这座山以“险”著称，偏偏还有故事，你知道是哪座山？

华山是五岳中的西岳，以“险”著称，位于陕西省渭南市华阴市城南，秦、晋、豫黄河三角洲交汇处。华山共有五峰，即东峰朝阳、西峰莲花、中峰玉女、南峰落雁和北峰云台。其中，西峰是华山诸峰中最险的山峰，被誉为“奇险天下第一山”。

华山留有秦始皇、汉武帝等十数位帝王大规模祭祀活动的遗迹，还有许多美丽的传说故事，其中“沉香劈山救母”“吹箫引凤”等故事广为流传。

沉香的故事说的是汉代刘向进京赶考，路过华山神庙，与华岳三圣母结缘，分别时，刘向送给三圣母一块沉香，并嘱咐她以后生的孩子以此为名。可是，三圣母怀孕

的事情被二郎神得知后，二郎神愤怒地把三圣母压在山下。三圣母在山洞中生下了沉香，拜托夜叉把沉香送去见父亲刘向。沉香成人后回到华山寻找母亲，遇到何仙姑并得到仙姑传授的仙法，又得到萱花神斧，斧劈华山，最后救出了母亲。

吹箫引凤的故事更加浪漫动人。相传秦穆公有个女儿小名弄玉，不仅如花似玉，还精于音律，她擅长吹笙，据说她的笙声犹如凤鸣一般悦耳。某天夜里，弄玉在楼上吹笙，却听到远处传来更加美妙的箫声，此后弄玉茶饭不思。秦穆公派人查访箫声来源，发现是一个在华山隐居的名叫萧史的青年。弄玉见到萧史后，她的病不治而愈。从此，二人合奏笙箫，伉俪应和。一天夜里，两人正在月光下合奏，忽有一龙一凤应声飞来，载着二人飞走了。

有人总想走“终南捷径”，终南捷径指哪条道？

终南山又称中南山、南山，一般指秦岭山脉中段陕西境内，西起武功县，东到蓝田县的部分。终南山是道教发祥地之一，相传古时老子骑青牛、过函谷，在这里传授了著名的《道德经》。自此以后，常有修道之人在终南山隐居。

“终南捷径”便是有关在终南山隐居的一则有趣典故。唐朝初年，有个叫卢藏用的人寒窗苦读后得中进士，但朝廷并没有马上封他为官。他看到有的士人隐居深山后，不但名声未损，反而身价倍增，受到社会上下的热捧和礼遇，名利双收。于是他就故意跑到终南山隐居，实际上是为了引起朝廷的注意，以达到做官的目的。卢藏用这一招果然很灵，后来女皇武则天听到本朝居然有个进士躲在终南山隐居，赶紧命人去请他出山，给他封了个“谏议大夫”的美职。因为这个官职常随皇帝的车驾而行，所以当时人便讥称他为“随驾隐士”。后来有位叫司马承祯的人，是当时著名的道士，他奉召拜见唐玄宗后，准备回山隐居，正好遇见已经做官的卢藏用。卢藏用抬手指着南面的终南山感叹：“这里面有的是隐居的好地方。”司马承祯却回答说：“依我看来，这里面都只是寻求当官的捷径。”卢藏用闻言大为羞愧。自此以后人们便用“终南捷径”一词借指求官的最近便的门路，或者泛指达到目的的便捷途径。

“山是一尊佛，佛是一座山”，指的是哪座山？哪座佛？

乐（lè）山大佛位于中国四川省乐山市，濒临岷江，高71米，是世界上最大的石刻佛像。大佛地处岷江、青衣江、大渡河三江汇流处，背靠凌云山西壁，与乐山城区隔江相望。乐山大佛是我国现存最大的一尊摩崖石刻造像，也是世界上最大的石刻弥勒佛坐像，1996年被列入世界文化遗产名录。

乐山大佛于唐代开凿并建成，历时约90年。乐山大佛是高超的工艺和典雅的艺术结合的杰作，佛像面带微笑，眼中神采照人，流露出无尽的慈悲和怜悯，使人顿生虔敬之心。佛像的头部和身体部位都设有排水沟，迂回纵横，布局巧妙，不易发觉，这套完善的排水系统，对大佛起到了重要的保护作用。

乐山大佛的头顶与凌云山山顶平齐，足踏大江，本身就是一座小山，所以有“山是一座佛，佛是一座山”之誉。再者，凌云山与其南侧的乌尤山原本相连，秦代李冰为减水势而在山间凿渠隔开两山，因此乌尤山也称为离堆。人们发现，这两山的形态酷似一尊硕大的睡佛，乌尤山为佛首，凌云山为佛身，远远望去便是一座巨大的佛像躺在水面上。乐山大佛恰好处在睡佛的心胸位置，又正好寓意“心中有佛”。整个睡佛全长1400多米，眉眼清晰，仰面朝天，体态逼真。

采石矶的名字和开采石头有关系吗？

采石矶（jī）原名牛渚矶，位于长江东岸的马鞍山，三国吴时更名采石矶。据《辞书》上说，“矶”是突出水边的石柱、石滩、石山。因此，“矶”有三个特点：一是突出江流，二是三面环水，三是水急浪涌，形势险要。

据《史记·秦始皇本纪》的记载，秦始皇曾经带领丞相李斯和少子胡亥“亲巡天下，周览远方”。他东巡时，曾行至原属楚国的“云梦泽”（大概位于今湖北洞庭湖以北一带），然后顺江而下，经牛渚、丹阳，到了钱塘。

那么，牛渚为何要改称采石呢？这个问题历来说法不一，大致有两种意见。一种

说法认为牛渚这里产五色石，所以叫“彩石”，比如《太平御览》中说，江水浅的时候，浮梁山下面时不时能看到有采石头用的锤子，上面还刻有赤乌两个字，赤乌是孙权的年号，这采石山就是因为出五色石而得名的。还有一种说法认为这里产石料，工匠们在这里开采石头，所以叫采石。比如《大清一统志》就说采石离金陵不远，商人从此地采石、运石，于是牛渚之名逐渐被采石代替。

采石矶有着深厚的历史文化底蕴，相传为唐朝诗人李白酒醉捉月溺死处，许多人前去吊唁李白，其中不乏好事者在附近的石壁上题诗来赞颂李白。现今有太白楼、三元洞、联壁台等古迹，采石矶、燕子矶和城陵矶合称“长江三矶”。

南京的“燕子矶”因为有燕子居住而得名吗？

燕子矶位于南京城东北郊外的直渎山上，地处长江南岸，三面临空，除南连江岸外，另三面均被江水围绕，地势十分险要，因石峰直插江中，势如展翅欲飞的燕子而得名。历史上燕子矶是重要的扬子江渡口和军事要地，也是文人墨客临江抒怀的胜地。燕子矶是长江三大名矶之一，有着“万里长江第一矶”的称号。清人潘次耕有“临江峭壁不知数，第一玲珑燕子矶”的诗句。每当黄昏时分，夕霞满天，江流滚滚，印照在崖壁之上，呈现出“燕矶夕照”的美景，这也是著名的“金陵四十八景”之一。

传说燕子矶是明太祖朱元璋南下金陵时的登陆之处。矶顶御碑亭“燕子矶”三字由清乾隆帝所书。乾隆六次南巡五次登上燕子矶，使它名声大振。相传唐朝时，官场失意的李白顺江而下，被燕子矶的美丽景色吸引后登临矶顶，以石为樽，江水为酒，把酒问天，结果吞江醉石，为燕子矶留下了一个“酒樽石”。

燕子矶又是一处时刻提醒我们牢记历史，勿忘国耻的纪念之地。鸦片战争的硝烟里，英国侵略军在燕子矶抢滩登陆，直逼南京，迫使清廷签订了《南京条约》，中国自此开始了饱受列强凌辱的历史。如今，燕子矶处设有燕子矶公园，沧海桑田的变迁似乎在诉说着这里曾经发生的每一段故事。

为什么有文赤壁和武赤壁？“赤壁”还分文武？

历史上有文、武赤壁之说，这两个赤壁都在湖北省，文赤壁位于湖北黄州，武赤壁位于湖北赤壁。武赤壁就是我们熟知的三国时期赤壁之战的赤壁，文赤壁则是后来苏东坡创作出千古名词《念奴娇·赤壁怀古》的地方。

文赤壁地处古城黄州西北汉川门外，玉屏山、龙王山、聚宝山紧护其东北，长江环绕其西南，这里的山岩突出像城壁一般，颜色赭红，形若悬鼻，所以也叫赤鼻矶。黄州赤壁风景秀丽，气象雄伟，北宋大文豪苏轼在这里游览时感慨万千，写下了千古名篇《赤壁赋》和《念奴娇·赤壁怀古》，使得黄州赤壁名声大噪，因而后世称之为“东坡赤壁”或“文赤壁”。历代骚人墨客在这里留下了许多书画碑刻，有苏东坡的《景苏园贴》和草书《念奴娇·赤壁怀古》《赤壁赋》等。这里还保留有苏轼的画作两幅：一为《月梅》，一为《寿星》，均嵌刻于坡仙亭内。

武赤壁位于湖北省赤壁市西北36公里的长江南岸，隔江与乌林相望，赤壁矶的断崖上刻有“赤壁”两个楷书大字。东汉赤壁之战爆发，刘备与孙权联合，大破曹操的连环战船，从而一举奠定了三国鼎立的局面。武赤壁由赤壁山、南屏山和金鸾山三座小山组成。登临赤壁，两岸壁立如山，江水滚滚东流，历史的沧桑和当年的波澜壮阔仿佛就在眼前。文人骚客经常来此凭吊，站在岸边看那“乱石穿空，惊涛裂岸，卷起千堆雪”，不禁令人唏嘘感慨。

“蜀道之难，难于上青天”，蜀道为什么这么难走？

蜀地指的是现在的四川盆地，因为四川一圈都被高山包围，所以通往外界的道路十分崎岖。尤其是蜀地通往长安的道路，必须得凿通秦岭天堑，以当时的人力物力开凿难度非常大，所以后来便有了“五丁开山”的传说。

传说上古时代，秦王想入侵蜀国，苦于道路不通，于是想了一个办法，他叫人做了五头石牛，每天在石牛屁股后面摆上一堆金子，谎称石牛是金牛，每天能拉一堆

金子，并表示愿意把金牛送给蜀王。蜀王贪财，听到这个消息后，便命蜀国的五个大力士（五丁力士）去开凿山路，迎接金牛。五丁力士终于开出一条路，拉回了所谓的金牛，蜀王看到这些牛才发现自己上当了。

李白在《蜀道难》中说蜀道是“地崩山摧壮士死，然后天梯石栈相勾连”。这句诗借神话传说形象地说明了开辟蜀道的艰难，句中的天梯石栈指的就是蜀道上独具特色的道路——栈道。栈道是沿着悬崖峭壁修建的一种道路。栈道的构造方式为先沿石壁开出宽1—2米的石道，上面横铺木梁、木板，或者直接在崖壁上横向凿孔，然后插入粗木梁，并下加斜撑。梁上再铺厚木板，形成凌空的道路。栈道有的宽约5—6米，可容车马并行，有的地方仅能容一人通过。

大家都争“天下第一泉”，为什么无锡的惠山泉甘居“天下第二泉”？

“天下第一”应该是普天之下独一无二的，为什么“天下第一泉”有好几个？济南趵突泉闻名天下，康熙皇帝御赐“天下第一泉”；茶圣陆羽认为庐山谷帘泉为天下第一；评水大家刘伯刍奉镇江金山的中泠泉为第一；乾隆皇帝喜欢西山之水，又封北京西山的玉泉为天下第一泉，且有御碑为证。这么说来，有四个“天下第一泉”。

相比“天下第一泉”的你争我夺，无锡的惠山泉为“天下第二泉”却历来为大家所公认，究其原因主要有以下几点：首先是著名的“茶圣”陆羽的品定，他是中国第一部茶学专著《茶经》的作者，他曾经品评天下泉水二十种，认为庐山谷帘泉为第一，无锡惠山泉为第二。其次根据《煎茶水记》一书记载，后代的评水大家刘伯刍曾言：“水之宜茶者七：扬子江中泠泉第一，惠泉第二，虎丘第三……”根据陆、刘二位古代品茗专家品定，惠山泉均列第二，故称“天下第二泉”。

历代的文人墨客对惠山泉题咏无数，这也使得它更加闻名，苏东坡有“独携天上小团月，来试人间第二泉”的千古绝唱。惠山泉的名声还在于一首二胡名曲的烘托，那就是阿炳的《二泉映月》。

为什么伍子胥成了钱塘江潮神?

钱塘江潮的壮观经过千百年来文人雅士的歌咏，早已让世人熟知，而潮水形成的原因也渐渐为人所共知。那些伴随着滔天巨浪而来的美丽传说，也凭借着它独特的魅力代代相传。

春秋战国时期，吴越两国争霸，越国被吴国打败了。为了保存实力，越王勾践忍辱负重，向吴王夫差求和。夫差听信了被越国收买的奸臣的谗言，答应不杀勾践。吴国大夫伍子胥（xū）极力反对此事，甚至在夫差不愿改变决定的时候出言教训："大王实在是太糊涂了！勾践卑膝求和只图他日反攻，大王却看不明白他的险恶用心。如若大王再这样糊涂下去，只怕老臣总有一天会看到越国的军队反灭了吴国！"越国献上了美女西施后，伍子胥与夫差之间的关系更是日渐疏远。随后，在伍子胥坚决反对吴王攻打齐国时，夫差令他自杀谢罪。伍子胥怒发冲冠，自刎而死。吴王听说后大怒，就把伍子胥的尸体投到了江中。

据说伍子胥的尸体进入钱塘江的那天，正是农历八月十八，此后，他日日驾着素车白马驱潮而来，人们就把农历八月十八定为潮神生日。有意思的是，钱塘江的潮神并不只有伍子胥一个，还有一个后潮神——文种。原来，伍子胥死后的第九年，越王勾践倚仗范蠡（lí）和文种的计谋，灭掉了吴国。后来文种不听范蠡的劝告，不愿归隐，又被越王勾践逼死。文种死后，传言潮神伍子胥同情他，就驾潮冲开了他的坟墓，携他共游钱塘江。所以潮水来时前面怒滔滚滚的便是前潮神伍子胥，后面推波助澜的就是后潮神文种。

京杭大运河为什么被称为世界上里程最长、工程最大的古代运河?

京杭大运河又称京杭运河或大运河，是世界上最长的人工运河。它北起北京，南至杭州，沟通海河、黄河、淮河、长江和钱塘江五大水系，全长约1794公里。

大运河的开通主要有三个不同的发展时期。第一个时期是春秋末期修建的"邗(hán)沟"。吴王夫差为了北伐齐国，争夺中原霸主地位，他调集民夫开挖自今扬州向东北到淮安入淮河的运河。因途经邗城，故得名"邗沟"，全长170公里，成为大运河最早修建的一段。

第二个时期是隋代统一南北以后，陆续开挖了以洛阳为中心的京杭大运河。这一时期的大运河主要分为四段，分别是从洛阳往南，沟通黄、淮两大河流的水运的通济渠；北起淮水南岸的山阳、南到江都西南接长江的山阳渎；从洛阳对岸的沁河口向北，利用卫河和永定河等自然河道直通涿郡(今北京市境)的永济渠；以都城苏州为中心，北通长江，南通钱塘江的江南河。隋代还开凿了从京城长安至潼关东通黄河的广通渠。

第三个时期是元朝定都北京后，这时的大运河不再绕道洛阳，而是把天津至江苏清江之间的天然河道和湖泊连接起来，清江以南接邗沟和江南运河，直达杭州。元代大运河一般分为通惠河、会通河、邗沟和江南河四段。

京杭大运河对中国南北地区之间的经济、文化发展与交流，特别是对沿线地区工农业经济的发展起了巨大作用。

西湖也分胖瘦吗?为什么有"西湖"还有"瘦西湖"?

从古至今被称为"西湖"的湖泊有许多，其中最出名的是杭州西湖和扬州的瘦西湖。

杭州西湖最早称武林水，后来又有许多称呼，其中最为人熟知的有两个，一个是钱塘湖，因杭州古名钱塘而得名；另一个名字是西湖，因湖在杭城之西而得名。两千多年前，西湖还是钱塘江的一部分，由于泥沙淤积，在吴山和宝石山之间逐渐形成沙嘴，最终毗连在一起成为沙洲，在沙洲西侧形成了一个内湖，即为西湖。西湖被孤山、白堤、苏堤、杨公堤分隔。西湖的"三潭印月"和"雷峰夕照"历来被人传颂，但西湖最著名的景点是断桥。西湖秀丽的湖光山色闻名中外，享有"人间天堂"的美誉。

“瘦西湖”地处扬州城西郊，原名“保障河”，是隋唐时期由诸山之水汇合流入运河的一段水道。乾隆年间，诗人汪沆将扬州“保障河”与杭州西湖做了一番比较，写了一首咏赞“保障河”的诗：“垂杨不断接残芜，雁齿虹桥俨画图。也是销金一锅子，故应唤作瘦西湖。”从此“瘦西湖”作为正式名称传播开来。如果把“杭州西湖”比作丰满妩媚的少妇，那么“扬州瘦西湖”就是清秀婀娜的少女，因为杭州西湖给人一种雍容华贵的韵味，而“扬州瘦西湖”却给人几分纤柔羞怯的情意。多少年来，瘦西湖那独具的魅力，不仅使扬州人民喜往乐游，也使不少海内外的文人名士为之倾倒，单单一个“瘦”字，就引出许许多多诗人的佳句，就连康熙和乾隆当年南巡之时都对这里的景色十分赞赏。

西湖上的白堤、苏堤和两位大文豪有关？背后的故事令人感动。

西湖上的一物一景几乎都有各自的人文历史，白堤和苏堤就得名于历史上的两大文人。白堤的“白”指的是白居易，苏堤的“苏”指的是苏东坡。

白居易任命为杭州刺史的那一年，杭州大旱，稻禾晒得像火烧过一样。老百姓天天到衙门里请求放西湖水灌溉庄稼，可那些官员都自顾寻欢作乐，理也不理。白居易上任的第二天就放了西湖水。百姓们望着碧绿碧绿的湖水，哗哗地流进自家的农田，都说：“白居易一来，我们农家有救了。”第二年，白居易在钱塘门外，修了一条长堤，造了一座石涵闸，把湖水蓄满。他又担心后来的地方官不了解堤坝跟农家的利害关系，还亲自写了篇《钱塘湖闸记》刻在石碑上，详细地记载了堤坝的功用，以及蓄水、放水和保护堤坝的方法。大家都为白居易对百姓的体恤和对水利工程的精密设计而感动，后世就把这条堤称为“白堤”。

苏东坡来杭州做官时，西湖里淤泥满塘，水草丛生，既不美观，又容易引起污染。苏东坡决定治理西湖，清理淤泥杂草，疏浚湖岛。在清理过程中，苏东坡想：淤泥水草这么多，运到别处去不是太浪费时间了吗？于是决定把这些淤泥水草堆在湖中心，形成长长的堤，让老百姓过湖用。就这样，一条堤建成了，后人为了纪念苏东坡，把这条堤起名为“苏堤”。苏堤南起南屏山麓，北到栖霞岭下，全长近三公里，堤平均宽36米。每当春风吹拂，苏堤上杨柳吐翠，艳桃灼灼，长堤延伸，六桥起伏。晨曦初露时，湖波如镜，桥影照水，鸟语啁啾，柳丝舒卷飘忽，桃花笑脸相迎。这就是“西湖十景”之一的“苏堤春晓”。

除了北京故宫，还有一处故宫？它在哪里？

北京故宫是我国保存最为完整的皇家宫殿建筑群，早于北京故宫的历代宫殿都消失在了历史的烟尘里。比北京故宫修建稍晚的，还有一处保存完好的皇家宫殿，那就是沈阳故宫。

沈阳故宫是清朝统治者入关以前的皇宫。这里一度是清统治者入关前的政治中心，清统治者入主中原、定都北京之后，沈阳便成为陪都，沈阳故宫也失去了其作为皇宫的地位，成了清朝历代皇帝拜谒祖陵时的临时住所。

沈阳故宫现存建筑90余座，占地面积约6万平方米，规模大约是北京故宫的十二分之一。沈阳故宫虽然在形制、布局上和中原皇宫颇多相似，但在细节上却有着自己独特的地方。

沈阳故宫建筑群分为东、西、中三路。东路的大政殿和十王亭是举行仪式、典礼等重大活动的地方。大政殿是一座八角重檐攒尖式建筑，八角象征着满族特有的八旗制度。以大政殿为中心，呈八字形排开十座亭子，排列方式与满族皇帝和八旗旗主狩猎、出征时扎设营帐的方式相同，形成了独特的“帐殿式”布局。中路的崇政殿是清王朝入关前的政治心脏，许多重大决策都在这里颁布和发出。

为强调皇宫尊贵、与众不同的地位，沈阳故宫在装饰、雕刻上大下功夫，它依然以传统文化中的龙为重要装饰图案，但是又加入了藏传佛教建筑中的兽面、莲瓣、如意等装饰样式。宫殿所用的琉璃瓦件除黄色外，还有蓝、绿、红、白等多种色彩。这都是和汉族宫殿截然不同的地方。

沈阳故宫承袭了中国古代建筑的传统，同时融入了满、蒙等民族风格，带有浓郁的地域色彩，具备很高的历史和艺术价值。今天的沈阳故宫已改为了沈阳故宫博物院，继续见证着我国古代建筑艺术的灿烂与辉煌。

雍和宫的建筑规格为什么能享受皇家级别?

雍和宫是北京市内最大的藏传佛教寺庙，是著名的佛教圣地。在清代，它曾经有过显赫的地位，肩负着维系中央政府与藏、蒙等少数民族亲密关系的重要责任。可是，雍和宫明明是一座喇嘛庙，建筑上却达到了当时的最高规格，采用了只有皇宫才能使用的黄色琉璃瓦和铁红色墙壁，这其中有什么玄机呢?

清康熙三十三年(1694)，康熙皇帝修建了一处独立的府邸，赐予四子雍亲王，称为“雍亲王府”。雍正皇帝登基后，将原来的王府改为行宫，改称为雍和宫。再加上雍正皇帝之子、后来的乾隆皇帝也在这里出生，雍和宫实际上成了两代帝王的居所。

那么，雍和宫使用黄瓦红墙，是因为它曾是两代帝王的居住之所吗? 并非如此。原来，雍正皇帝去世之后、下葬之前，其灵柩便安放在他住过的雍和宫寝宫中。作为迎接雍正皇帝棺椁的所在，按照礼制规定，雍和宫应采用最高的建筑等级。于是，雍和宫在十五天内更换屋瓦、重漆墙垣，达到了与紫禁城等同的规格。乾隆皇帝登基后，正式将雍和宫改为藏传佛教寺庙，改建为喇嘛庙之后，雍和宫实际上拥有了皇家第一寺庙的身份，乾隆皇帝曾规定历代继承者每年至少要到雍和宫礼佛三次，这大大提高了雍和宫的地位，更强化了其“宫”的尊贵身份。

今天的雍和宫占地66400平方米，有殿宇、房屋千余间。整座寺庙由三座精致的牌坊和五进宏伟的大殿组成，院落由前向后逐渐缩小，而建筑则依次升高，建筑密度也由疏朗转而变作紧凑，这正是典型的清代亲王府邸的布局形制。严整的建筑秩序，宏大而庄严的建筑格局，依然能让我们看到这座曾经的皇家寺院的尊严与气派。

布达拉宫是一座宫殿，还是一座寺庙？

“布达拉”意为舟岛，是梵语音译，指观世音菩萨所居之岛。布达拉宫高117米，共13层，是当今世界上海拔最高、规模最大的宫殿式建筑群。宫殿坐落在一个突出的山头上，依据山势建成，和周围景色浑然天成，宫殿前的开阔区域衬托出整个建筑的雄伟气势。布达拉宫坚实敦厚的花岗岩墙体，白玛草墙领，金碧辉煌的金顶，体现了藏族古建筑迷人的特色。布达拉宫是历世达赖喇嘛的冬宫，也是过去西藏地方统治者政教合一的统治中心，从五世达赖喇嘛起，重大的宗教、政治仪式均在此举行，同时又是供奉历世达赖喇嘛灵塔的地方，所以它兼具宫殿和寺庙的职能。

布达拉宫的修建和文成公主有着重大关系。公元7世纪，松赞干布统一了青藏高原各部落，建立了强大的吐蕃王朝。执政期间，他推广佛教，创制文字，统一度量衡制度，并分别与唐朝和尼泊尔联姻。相传为了迎娶唐朝的文成公主，松赞干布特地在红山上修建了布达拉宫。布达拉宫顶层的法王洞内，仍然供奉着进藏和亲的大唐文成公主塑像。布达拉宫的各座殿堂中保存有大量的珍贵文物和佛教艺术品。整座布达拉宫堪称是一座建筑艺术与佛教艺术的博物馆，也是统一的中华各民族团结的象征。

上海豫园围墙上的龙为什么只有四只脚趾？

豫园是上海的一座著名园林，其中有个著名的景点“穿云龙墙”。墙上的龙形态矫健，十分威武，好像要跃向天空，穿入云中。可你知道吗？和寻常的龙不同，豫园的龙只有四只脚趾，这是为什么呢？这要从豫园的来历说起。

豫园始建于明朝嘉靖年间。它的第一代主人是明代官员潘允端。在潘氏族人苦心经营下，豫园的面积达到了70余亩，园内布满亭台楼阁，游廊环绕，花木掩映，景色秀美。历经鸦片战争、抗日战争，豫园遭到不小的毁坏。经过数次修复，今天的豫园占地约30亩，基本保存了它当年的核心建筑与景观。

豫园有五道著名的“穿云龙墙”。这几道墙造型奇特，它们的顶部并不像普通围墙那样平直顺畅，而是上下起伏，蜿蜒盘旋。每道墙的顶端都有一只龙头，用泥塑成。一层层的瓦片既构成了墙顶部分，又组成了密集的鳞片形状，成为颇富动感的龙身。在墙顶瓦片之下，还塑了几只生动的龙爪，使巨龙栩栩如生。远远看去，这几条巨龙昂首欲飞，似乎就要穿向云端，因此被称为“穿云龙墙”。龙的龙爪本来应该是五只脚趾，可仔细观察，豫园这几只巨龙却都是四只脚趾，似乎有些残缺不全。这是因为，在我国古代，龙是帝王的象征，不能随便用在民居建筑物上。传说豫园的第一代主人潘允端为了取悦自己的父亲修建了这道墙，为躲避皇帝的追究，潘允端将龙的五只脚趾去掉了一只，以表示对皇帝的尊重。其实这个传说是不可靠的，潘允端并非是龙墙的建造者，豫园建龙墙的时间是清朝末年，龙墙上的龙究竟为何去掉一只脚趾，原因已经不可考证了。

这位男神诗、文、书、画无一不精，据说苏州拙政园也是他设计的？

苏州拙政园是一座著名的江南古典园林，与北京颐和园、承德避暑山庄以及苏州留园并称为中国四大名园。拙政园的修建，和明代著名的江南四大才子中的一位有关，这是怎么回事呢？

拙政园的历史可以追溯到遥远的唐代，它最初是大诗人陆龟蒙的故居，元代被改为一座寺庙，明代御史王献臣归隐苏州时，将其买下，重新设计建造，改为私家园林。此后，拙政园便在明清两代高官之间不断易手。几百年来，拙政园时而为寺庙，时而为民居，时而为官所，并多有残破之处，一直到新中国成立后才恢复了园林的原貌。

今天的拙政园占地78亩，它的格局和形制是在明代确定的。王献臣买下这里之后，曾聘请当时江南四大才子中的文徵明来设计园林。

文徵明调查了园中的情况，并绘制了《拙政园图》。他发现这里土质松软，水体众多，认为不适合修造过多的建筑，便以水景为主体设计园林，在园内种植了大量植物，因地制宜设计出了各个景点。文徵明是吴门画派的代表人物，在设计园林时特别强调山水画般的情趣与境界。经过整整16年的苦心营造，水景为主、花木为辅、庭院错落、自然典雅的拙政园才最终建成。

拙政园现分为东、西、中三个组成部分，山石、竹木、花卉、泉水遍布其间，景色平淡天真，布局疏密自然，细细品赏，便能体会出其中的诗情画意，这一切不能不说是文徵明的功劳。园中现在还保留着许多文徵明题写的对联，“爽借清风明借月，动观流水静观山”一联最能概括拙政园的风景。

苏州有六十多座园林，哪一座最值得初游者逛？

苏州六十多座园林当中，建筑最多、内容最丰富的园林当数留园。留园始建于明万历年间，是当时大臣徐泰时宅院的东园。到了清代，园子辗转到了书画家刘恕的手中，改名为“刘园”。晚清时期，刘院成了大商人盛宣怀的私产。盛宣怀大规模修葺了园林，并把“刘园”改名为“留园”。

与其他园林相似，留园中也有假山、湖水，但是园中建筑最为著名。留园占地30余亩，前面部分是住宅，后面部分是花园，建筑约占到全园的三分之一。设计者巧妙利用建筑群，完成了对园林空间的分割。错落而有序的建筑把全园划分为中、东、西、北四个部分。各部分之间用墙隔开，却并不互相隔绝。通过建筑物的漏窗、门洞，入园者可以观望各个区域的景观，使各个部分相互渗透，彼此关联，形成一个互相融合、互相交汇的整体。这四部分景区各有特色，中部以山水见长，假山峰峦环抱，清泉碧水明净，伴以参天的古木、匝地的花草，形成一处明丽秀美的花园景致；东部以建筑为主，疏密相宜，环环相扣的屋宇充满了层次感与节奏感；西部僻静安宁，几处疏朗的建筑，烘托出一片山林野趣；北部则是竹篱小屋，呈现了一番田园风情。一座园子同时兼具山水、庭院、山林、田园四种不同的景色，这在园林当中是绝无仅有的。连接留园内部各处建筑的，是一条长670余米、有200多个漏窗的长廊。这条长廊起到了纽带和链条的作用，把众多位置错落、分散在各处的建筑巧妙地连缀在一起。行走在长廊当中，游人可以感受到曲径通幽、庭院深深的优美景致。同时，透过长廊的漏窗，也能领略层次错落、变化无穷的建筑组合的美感。

苏州的一处园林取名为狮子林，是因为这里曾经驯养了很多狮子吗？

狮子林原本是元代狮林寺的后园，后来成为私家园林，新中国成立后则成为公园。狮子林建于元朝，著名僧人天如禅师来到苏州，为信众讲授佛法，他的弟子们便为他建造了一座寺庙。因为天如禅师的师父曾在浙江天目山狮子岩传法，天如为纪念师父，同时取佛教中佛的讲法座“狮子座”的意思，把这座园林取名为狮子林。这是狮子林得名的一个原因。

狮子林的名字还和园林中的狮子石有关。狮子林占地一万多平方米，其中近五分之二的面积是假山景观。这些假山都用太湖石堆叠而成，手法奇巧，众多奇峰怪石把园林切割得支离破碎，形成了风格独特、趣味各异的园林景致。玲珑剔透、险峻峥嵘的太湖石，除了被独具匠心地堆砌成山峰、峭壁、山谷、洞穴等景观之外，还被刻意塑造成姿态各异的狮子石。这些狮子石有舞狮、吼狮、斗狮、嬉狮等造型，整个园林群狮欢腾，随处可见狮子的形象，这是狮子林得名的另一原因。

这些狮子石还大量采用了北宋“花石纲”的遗物。北宋末年的宋徽宗酷爱江南的奇花异石，江浙地区的官员便纷纷采办奇石花木进贡。运送花石的船只每十只编为一组，称为一“纲”，所以称作“花石纲”。从江南到开封，船帆和船帆相接，桨声和橹声不绝，“花石纲”绵延几千里，不知耗费了多少人力物力。今天，狮子林中留存的太湖石，就有一部分是当年没来得及运往京城的“花石纲”遗物。

苏州狮子林因为有大规模的假山和狮子石以及悠久厚重的历史，成了中国园林中的精品。

小小的南京煦园居然被称为“四朝胜迹”，它究竟有什么魅力？

南京煦园俗称西花园，是一座历史悠久的江南名园。明朝初年，明成祖朱棣封他的第二个儿子朱高煦为汉王，居住在汉王府中。汉王府的西花园小巧玲珑，景色优美，是当时的南京一景。后来，人们取朱高煦的名字，将花园命名为煦园。煦园建园600余年，见证了明、清、太平天国及中华民国的更迭和兴衰，是名副其实的“四朝胜迹”。那么，小小20余亩的煦园究竟有什么魅力呢？

煦园最大的特点是以水为主。它的中心是一个人工开挖的狭长水池，为了打破狭长水面的单调、沉闷，煦园用一只大石舫和水阁把水面自然分割开来，形成了各自独立又相互联系的三个部分。其他建筑根据水体面貌巧妙设置，有分有聚，隔水相望，南舫北阁遥相呼应，景致自然和谐。进入园中，首先看到的是一座大假山群，这群假山迎面挡住了视线，把景致隐藏在身后，有先抑后扬、欲露先藏的效果。

煦园的建筑也处处和水有关。其中最著名的是由乾隆皇帝题名的“不系舟”石舫。石舫仿照江南花船的形式，由十层青石砌筑而成，造型优美，雕刻细腻，是煦园中心水池的点睛之处。与不系舟南北相望、遥相呼应的建筑是忘飞阁，据说曾有飞鸟停留阁上，见景色优美忘记飞去，忘飞阁因此得名。

煦园虽然不大，却因其厚重的历史文化和独特的景致，成为众多江南古典园林中的翘楚，也是我国园林艺术的经典之作。

一座园林能同时展现四季景色？这是座怎样神奇的园林？

这座独特的园林就是扬州个园。个园的主人是清代的盐商黄至筠。传说他吃的鸡蛋每个值一两纹银，因为生蛋的鸡专门用人参等名贵药材喂养。这样的富豪修建园林，自然花费了大量的钱财。不过，黄至筠还是一位艺术造诣不错的画家，个园的建筑特点、园林布局，无不体现着他的情趣和品位。

个园的最大特点是竹子众多。这与黄至筠的名字有关，“筠”是竹字头，因此他本人非常爱竹。他不但在园中遍植翠竹，更取“竹”字的一半为园林命名，取名“个园”。除了大片的竹子之外，个园最出色的地方，便是在园中利用假山叠石，人为建造、修饰出四季的景色，堪称一绝。

个园运用不同颜色的假山和不同形态的植物，把一年四季分别布置在园中各处，形成各自独立而又完整统一的景观。在园中赏玩，就好像经历了一年四季，让人叹为观止。入园首先看到的是春景，一片竹林沿着一道白墙疏散地铺开，只见竹影婆娑，绿意盎然，仿佛走进了满园春色当中。夏景位于个园西北角，用青灰色的太湖石邻水堆叠成一座假山，绿树成荫，池水深碧，让人感受到夏日的清凉。秋景位于全园最高点，用黄山石堆叠成各种险峻的奇峰，并搭配红叶、黄叶植物，形成明亮绚丽的秋色。冬景被设置在个园的南墙之下，这里墙垣高大，终年不见阳光，地面铺着白石，又用雪白、浑圆的宣石堆成假山，看上去如同刚刚下过一场瑞雪。更为巧妙的是，从冬景后墙的窗户上，又能看到入园时的春色，让人感受到冬去春来的轮回。对植物、山石的巧妙运用，四季交替的园林构思，使个园成了中国古典园林中的杰出作品。

苏州的网师园是如何“搬进”美国纽约大都会艺术博物馆的？

苏州网师园是一座历史悠久的园林，因精致的造园布局、典雅的园林气息而声名远播。园中有一处独立的小小院落，更“搬进”了美国纽约大都会艺术博物馆。这是怎么回事呢？

网师园是极少数保存至今的宋代园林之一。它的面积并不大，尚不及拙政园的六分之一。但是麻雀虽小，五脏俱全，网师园以建筑的精巧和格局的规整而知名。园中有山有水，有亭有楼，虽然建筑众多，却丝毫不显得拥挤，假山、池塘都不算很大，却一点也不觉得局促。在有限的空间里，网师园精心安排各种建筑的位置，布局严谨而又富于变化，达到了小中见大、明暗相生的效果。

在网师园北侧，有一个三间小轩组成的一个小小院落，构成了一个园中园。它是由网师园的明代主人修建的，叫作“殿春簃（yí）”。“殿春”的意思是春天的尾巴，“簃”的意思是高大房屋旁边用竹子搭建的小屋。在精致的网师园中，这个庭院将古典园林的精致和小巧体现到了极致。殿春簃占地不到一亩，内容却非常丰富。它北部是书房，南部是庭院，小小的空间内充分运用了明暗、虚实、映衬、对照等造园手法，园中广植芭蕉、芍药、翠竹，并堆叠形状奇绝的假山，导入了清澈明秀的泉水，几乎就是江南古典园林精华的浓缩。

让殿春簃名扬天下、走向世界的，则是美国纽约大都会艺术博物馆对它的整体仿建。1978年，纽约大都会艺术博物馆为了将馆藏的明代家具用最好的效果展示出来，用一比一的比例仿建了整座殿春簃，命名为“明轩”。明轩建成后，一经开放便引起了轰动。殿春簃就这样“搬进”了美国纽约大都会艺术博物馆，被赞誉为“中美文化交流史上的一件永恒展品”。这件“展品”也成功地开创了中国古典园林走向世界的先河。

北方名园十笏园真的只有十块笏板那么大吗?

人们常常用“十笏（hù）”来形容狭小而又广能容纳的空间。笏是古代大臣朝见君王时手持的工具，上面可以记录要上奏的内容，又称手板、玉板。在我国著名的风筝之乡山东省潍坊市，有一座著名的园林叫作“十笏园”。它袖珍小巧，精致秀丽，里面却别有洞天。那么，十笏园到底有多大？它的内部又是怎样的呢？

十笏园始建于明代，最初是官员胡邦佐的住宅。清光绪年间，这所小巧的花园被潍县首富丁善宝购得，被称作“丁家花园”。十笏园占地只有2000平方米，比被称为“小园极则”的苏州网师园还小了将近三分之二！然而，十笏园虽小，却房屋众多，建筑精美，假山、池塘、亭阁、庭院、花草等无一不备。有限的空间里各种建筑紧凑而错落有致，结构严谨而毫不拥挤，体现了造园者精密的设计思维和高超的建筑技巧，可以说是北方园林中不可多得的精品。十笏园实际上是融合了南、北方园林精华的佳作。十笏园是一座长方形的园林，从南到北的十笏草堂、四照亭和砚香楼等主要建筑都坐落在中轴线上，其余的30多处建筑共计近70间，也都大致沿中轴线对称分布，体现出北方园林中正平稳的特点。而南北两个庭院却布置得错落有致，特别是假山、廊桥、亭阁婉转含蓄，具备了南方园林曲径通幽、蔚然深秀的风格。园中部分建筑，比如中心处的四照亭，采用的是北方亭阁的建筑方法，但装修布置却体现出南方建筑的趣味。难得的是两种风格融合得自然贴切，丝毫不显得杂糅凌乱。

由于空间的限制，十笏园中的景点建筑都不大，体现出袖珍而又精致的美感。园中有一副对联“到此无不忘忧客，入园即是画中人”，正是对园中景致的生动描绘。

康熙、乾隆两位皇帝每次巡游江南都会去无锡寄畅园游玩，它为什么如此受皇帝的青睐？

寄畅园坐落在江苏无锡市的惠山脚下，与苏州拙政园一起被称为江南古典园林中的“双璧”。寄畅园建于明朝正德年间，是当时兵部尚书秦金的私人别墅，最初名为“凤谷山庄”，后来根据王羲之的诗句“取欢仁智乐，寄畅山水阴”改名为“寄畅园”。寄畅园占地大约15亩，在园林当中并不算很大的面积，可进入园中却觉得广阔深邃，似乎有无穷大。就连清代的康熙、乾隆两位皇帝都十分喜爱园子的意境，每次巡游江南都会去寄畅园游玩。

寄畅园为什么会受到清代皇帝这样的青睐？这便不得不提寄畅园巧妙的造园方法——“借景法”。所谓借景法，就是在造园的时候，将园林周边的景色、风光也纳入园林设计的总体考量当中，使园林景观借助自然景色得到无限延伸，让原本有限的园林空间变得无限深广。

寄畅园便巧妙地运用了借景的方法，它近以惠山为背景，远以锡山为借景，大大拓宽了园林的视觉范围。惠山是一座300多米高的小山，寄畅园的假山顺着惠山山脚堆叠，使假山好像成了惠山的一部分。在园中观赏假山，真山和假山浑然一体，似乎山的余脉进入了园中，又好像整座园林修建在山上，有无限的幽深感和广阔感。锡山则是一座大山，山顶有一座秀美的龙光塔，寄畅园安排园林布局时，有意把葱翠的锡山

和山顶的高塔作为园林背景，使锡山的优美景致、龙光塔的姿态和身影都成了园中的风光。寄畅园又充分利用了惠山的泉水，沿着假山修出一条山涧，把园林之外的水流纳入了园中。这条被称为“八音涧”的泉水声音悦耳，清冽无比，为园林增添了无限野趣。园林的东部则汇聚水流，形成一个名为“锦汇漪”的池塘。园外的山、塔，园内的亭、楼倒映在碧蓝、平静的水面上，形成了多层次、无边界的空间景观。

有人评价寄畅园的景致是“七分天然，三分人事”，这正是对它借助自然风光，成功使用“借景法”的充分肯定。

这个园林把《孙子兵法》的军事原理运用在造园中，背后隐藏着什么样的秘密？

位于广东东莞的可园是岭南园林的典型代表，它与顺德的清晖园、佛山的梁园和番禺的余荫山房并称为“岭南四大名园”。可园始建于清朝道光三十年（1850），总面积虽然只有3亩大小（2204平方米），却运用“咫尺山林”的手法最大限度地再现了大自然的美景。园中亭台楼阁、厅堂庭院、池桥水榭一应俱全，园子虽小却能小中见大，丝毫不显拥挤。

可园的主人是清代中期的官员张敬修。他本来是个文人，却喜好军事，爱读兵书，做官的时候曾平定过广西的叛乱，可以说是一位儒将。张敬修根据自己的军旅生涯，把进退、攻守的军事原理运用在了造园手法中。可园共有一楼、六阁、五亭、六台、五池、三桥、十九厅、十五间房，这些建筑通过130余道样式不同的门洞及游廊、过道联成一张结构复杂的大网。整个园子四通八达，犹如一个布局繁密的军阵，暗合《孙子兵法》的军事原理。进入园中，稍不留神就会迷路，仔细寻觅却又豁然开朗，发现不远处就有曲径通幽。精巧的布局，复杂的结构，就好像三国时期诸葛孔明的八阵图，让人惊叹。

可园的建筑多以“可”字命名，如可楼、可轩、可堂、可洲等。这些建筑都用清一色的水磨青砖为材料，无不精巧细致。比如园中的可轩，地面用青砖拼成了精美的桂花图案，做工细腻，华美无比。据说在修建可园时，主人张敬修命令每位工人一天只铺一块砖，以求慢工出细活。正因为在设计、修建时的良苦用心，使可园成了岭南园林中的珍品。

恭王府花园为什么会被认为是《红楼梦》中大观园的原型？

在古典小说《红楼梦》中，有一座风景优美、建筑众多的园林——大观园。大观园是小说情节展开的重要场所、人物活动的重要舞台。很多人认为，大观园是以位于北京什刹海畔的恭王府花园为原型而创造的。

恭王府是北京现存清代亲王府中规模最大、保存最完整、最为著名的一座。它原是清乾隆皇帝时权臣和珅的府邸，后来，咸丰皇帝把它赏赐给六弟恭亲王奕䜣，所以被称为“恭王府”。

恭王府由宅邸和花园两部分组成。宅邸分为东、中、西三路，中路为宫殿形式建筑，气势宏伟；东路院落殿堂众多，有小紫禁城之称；西路的主要院落为“天香庭院”，很多人认为，它就是大观园中贾宝玉居住的“怡红院”的原型。花园部分，则集中了恭王府的园林精华，长期为人们津津乐道的建筑精品都集中在这里。

恭王府花园集中了31处建筑，形成了庞大的规模。花园中的建筑非常丰富，既有中国古典风格，也有欧式风格。虽然楼台密布，却散而不乱，严格遵循着皇家园林严谨、庄重、等级森严的理念，布局非常规整。在严肃的背景下，它又呈现出园林景致轻灵和多变的一面，同时，园内遍布假山奇石，花木繁多，交错的楼阁与山水植被相呼应，营造出了诗情画意的园林效果。

恭王府花园建筑众多，景致优美，与曹雪芹笔下的大观园确实有几分相似，因此引发了人们的种种联想。事实上，恭王府宅邸由和珅建造，当时只有府邸，尚没有后边的花园。恭王府花园的全部建筑，是由恭亲王主持修建的。和珅和恭亲王都是曹雪芹之后的人物，他们修建的宅邸和花园自然不可能出现在曹雪芹笔下。人们认为曹雪芹从他们的宅邸当中获取灵感，既体现了人们对小说的喜爱，也是人们对恭王府花园建筑的一种赞美和肯定。

“三孔”指的是孔子家族的三位名人吗?

“三孔”指的是孔庙、孔府和孔林，三孔位于山东省曲阜市，现在已经成为世界文化遗产。孔庙是中国最大的孔子祭祀庙宇，孔府是孔子直系后裔居住的府邸，孔林是孔子及其后裔子孙的墓葬群。

孔庙与紫禁城、岱庙并称中国古代三大建筑群。孔庙始建于鲁哀公十七年，历代增修扩建，规模越来越大，是中国渊源最古、历史最长的一组建筑物。

孔府位于孔庙东侧，汉高祖刘邦以太牢之礼祭孔子墓，并封孔子九世孙世为奉祀君，代表国家祭祀孔子。后历代不断加封，现在府内存有著名的孔府档案和大量文物。孔府大门匾书“圣府”二字，为明朝严嵩所书。门两边有对联一副：“与国咸休安富尊荣公府第，同天并老文章道德圣人家”，其中“富”字上面少一点，寓“富贵无头”，“章”字一竖通到上面立字，寓“文章通天”，此联概括出千百年来“圣人家”的气派。

孔林是孔子及其家族的专用墓地，是目前世界上延时最久，面积最大的氏族墓地。孔子死后，弟子们把葬于鲁城北泗水之上。后来，随着孔子地位的不断提高，孔林的规模越来越大。从子贡为孔子庐墓植树起到如今，孔林内古树已达万余株。自汉代以后，历代统治者对孔林重修、增修过13次。孔林里大量的碑刻、丰富的植物，都是十分珍贵的遗存。

孔子是世界上最伟大的哲学家之一，儒家学派的创始人。“三孔”是中国历代纪念孔子，推崇儒学的表征，其以丰厚的文化积淀、悠久的历史、宏大的规模、丰富的文物珍藏而著称。

曲阜孔庙为什么可以享有皇宫的建筑规格?

孔子去世后的第二年，孔门弟子在其故居立庙屋三间，收藏孔子的衣、冠、琴、车、书等遗物，供人祭祀瞻仰。这区区三间庙屋，便是曲阜孔庙的雏形。后来，随着孔子在传统社会中的地位逐渐提高，历代帝王对他越来越重视，孔庙也屡经修缮营建，规模日益扩大。

北宋时期，曲阜孔庙扩大至现有规模，并且形成了皇宫一样的布局。今天我们看到的孔庙，则是清雍正、乾隆年间按照宋代格局重修后形成的。孔庙呈狭长方形，沿中轴线左右对称，布局完全模仿皇宫的规制。它的建筑面积有9.5万平方米左右，共有九进院落，各类房屋466间。孔庙和皇家宫殿一样，配有门坊、角楼，院内修有道道红墙，大殿铺着黄瓦，瓦的色彩、样式完全是皇室规格。曲阜孔庙以大成殿为中心，这个祭祀孔子的大殿阔九间，深五间，和故宫太和殿一样有九脊重檐，铺有黄色琉璃瓦，享有古代殿宇的最高规格。它的四周绕有回廊，前檐下有十根水磨大石柱，柱上雕的是二龙对翔，这20条龙形态各异，栩栩如生，雕刻工艺十分精湛。从规格到细节，可以说孔庙完全符合皇宫的规格，足以和皇宫相媲美。

然而，无论孔子在传统社会的地位多么崇高，他毕竟不是帝王，为什么祭祀他的庙宇可以享有皇宫的规格呢？原来，古代统治者与读书人认为，孔子虽然“无王者之位”，却“有王者之道”，尤其是他编订的《春秋》是“代王者立法”，为统治者制定了维护王朝统治的道德规范。因为有这样的功绩，他被称为“素王”，唐玄宗封其为“文宣王”，宋真宗更进一步封其为“至圣文宣王”，祭祀用王者礼仪。这样一来，从宋代起奠定今日规模的孔庙按照皇宫的式样建造，便不足为奇了。

千百年来，曲阜孔庙一旦有破损毁坏，便能马上得到修缮，保护得非常完好。今天的孔庙，因为其宏大的规模、雄伟的气魄、精美的建筑，与故宫、承德避暑山庄一起被誉为中国三大古建筑群。

孔子的墓园为什么不叫“孔墓”而叫“孔林”？

孔林位于山东曲阜县城北，是孔子及其后裔的专用墓地。它是我国规模最大、持续年代最长、保存最完整的家族墓葬群。那么，孔子的墓园被称为“林”，究竟是什么原因呢？

据历史记载，孔子去世后，他的弟子们把他葬在鲁城北的泗水之旁，只有墓室而

没有坟冢，其实是相当简陋的。随着孔子地位的提高，墓地也不断得到增修和扩建。东汉末年，孔子的墓园就已经达到了一顷的范围。到了宋朝，孔子墓前修建了石雕、仪门等建筑，俨然有了大型墓园的规模。元、明、清三代，中央政府以及地方官员都对孔子墓地进行过大规模的增扩修葺。

孔氏家族墓园不称为“孔墓”而称“孔林”有三个原因。一是因为坟冢数量众多。自孔子葬于此地后，2400多年来，孔子后裔接冢而葬，今天孔林内坟冢已达10万余座，可以说是繁密如林。二是因为墓园内树木众多。据说，孔子去世后，为表示对他的怀念，弟子们纷纷从家乡带来树苗种植在孔子的墓侧。这些树苗大多存活了下来。有一株子贡亲手栽种的楷树在明代枯死，只存树桩，人们建亭保护，仍让它留存至今。历朝历代，来孔林瞻仰的人们也纷纷在这里种植树苗。这些树苗繁衍到今天，形成了一片蔚为壮观的绿色海洋。如今，孔林内共有各种树木10万余株，成了一座巨大的植物园，称它为“林”一点也夸张。三是因为历代石碑众多。在孔林郁郁苍苍的树林内，掩映着从汉代到近现代的各种石碑，包括许多历史名人和著名书法家的碑刻，堪称碑林，这也是孔子墓地得名“孔林”的一个原因。

成都的杜甫草堂是一间茅草屋吗？

杜甫是我国历史上最伟大的诗人之一。安史之乱爆发后，杜甫漂泊于西南一带，因为喜爱成都温暖安宁的环境，就在风景如画的浣花溪畔结草庐而居。他在诗句“万里桥西一草堂，百花潭水即沧浪”中提到的“草堂”，便是他在成都的居所，后人称之为“杜甫草堂”。

杜甫在成都居住的时候，草堂只是一座农舍，仅有几间简陋的茅屋，供杜甫一家人勉强容身。杜甫离开成都后，这几座普通的茅屋也荡然无存。五代时期，诗人韦庄寻访到草堂遗址，便在原地重建茅屋，恢复了杜甫草堂的原貌。随着杜甫在文学史上地位的不断提升，草堂也得到了文人墨客和地方政府的关注。宋、元、明、清历代都对草堂有所增修，并且修建了一系列纪念性建筑。今天的杜甫草堂已由简陋的草堂演变成了诗人旧居兼纪念祠堂的园林式博物馆。

杜甫草堂整体上是一座对称式园林。一方面，杜甫草堂的建筑布局有四川民间田园风光的特征。草堂以山水树木为主要内容，建筑物点缀其间。其中大廨（杜甫办公的官署）、诗史堂、工部祠这三座主要纪念性建筑物修建在中轴线上，其他附属建筑则充分考虑自然因素，结合自然地势和山池花木，错落有致地排布在园林当中。磨坊、茅屋、柴门等建筑，还从川西民居中提取了若干元素，突出了浓郁的乡土田园风情。另一方面，为了强调草堂的纪念性功能，杜甫草堂非常注重庄严肃穆的建筑效果。除了用中轴线突显出一种庄重的格局效果外，供奉杜甫塑像的主殿工部祠与它两侧的两座建筑水竹居、恰受航轩形成了严谨的“品”字形结构，呈现出庄重、严整的风格，形成了纪念性园林肃穆的氛围。

今天的杜甫草堂基本上保持着清代嘉庆时期的格局，现在的杜甫草堂，无论从建筑意义还是文化意义上看，都不仅仅是一座草堂了。

恒山悬空寺真的悬浮在空中吗?

在我国著名的北岳恒山，有一座大名鼎鼎的“悬空寺”，它上不着天，下不着地，仿佛真是一座悬浮在半空的“空中楼阁”。

悬空寺位于山西浑源县，始建于北魏时期，距离今天已经有1500多年的历史。它高高悬挂在恒山金龙峡翠屏峰的山崖上，距离地面约有60米，相当于高高地浮在20层楼房之上。远远看去，就像在陡峭的悬崖上凭空镶嵌了一组建筑，蔚为壮观。更为奇妙的是，悬空寺底部的悬崖上斜支着十几根碗口粗的木柱，似乎整栋建筑都由这些木柱在支撑着，然而这些木柱却并不受力。这样说来，悬空寺确实是悬在了空中，这又是怎样做到的呢?

悬空寺位于深山峡谷之间的盆地当中，它所在的翠屏峰山腰是一个内收的弧形，弧形的最深处正好能隐藏这组建筑，完好地避免了雨水冲刷、风吹日晒、山石滑落等灾害。古代的能工巧匠们大显身手，先将山石打孔，把一根根木梁插入峭壁，再在木梁上铺上厚实的木板，成为寺庙的地基。随后，工人们在山下造好各处房屋所需的木质构件，再把它们运到山腰，逐一拼接。建成后整座建筑的重量都落在了背后坚硬的岩石上，形成了寺庙悬空的壮观景象。此外，工匠们还因地制宜，充分利用悬崖峭壁的自然形态，把普通庙宇的平面结构合理地安排在了立体的空间里。悬空寺远观错落有致，近看玲珑剔透，巧夺天工，美轮美奂。

天才的设计，精巧的结构，使悬空寺满足了人们对“空中楼阁”的想象，成为我国建筑史上的一个奇迹。

晋祠圣母殿内没有一根用来支撑的柱子，为什么能够从宋代一直屹立到今天？

山西太原的晋祠圣母殿是一座著名的宋代土木结构建筑。它从北宋屹立到现在，依然十分坚固。奇特的是，圣母殿宽阔的大殿内居然不设一根柱子，却依然非常稳固，这究竟用了哪种建筑方法呢？

圣母殿为重檐歇山顶建筑，歇山顶共有九条屋脊，在规格上仅次于庑殿顶；重檐就是在基本歇山顶的下方再加一层屋檐。圣母殿通高19米，面阔七间，进深六间，平面近似方形，是现存北宋建筑中的代表之作。为了扩大殿内的实际使用空间，圣母殿采用了“减柱法”。所谓减柱法，就是减少部分内柱，增加建筑物室内空间的建筑方法。圣母殿殿内外共减去了16根柱子，通过前后的廊柱和四角的檐柱承担着来自屋顶和屋架的压力。所以，尽管在殿内看，大殿似乎没有一根用来支撑的柱子，但实际上这丝毫不影响其结构的坚固性。

晋祠圣母殿作为宋代建筑的代表作，充分表现了北宋的建筑风格和审美意识，对于研究中国宋代建筑和中国建筑发展史都具有无可替代的意义，可以说是我国古建筑的瑰宝。

历史上真的存在《白蛇传》中的法海和金山寺吗?

在历史上法海确有其人，现在普遍认为是唐宣宗大中年间吏部尚书裴休的儿子。裴休笃信佛教，对佛教颇有研究。据《金山寺志》等有关资料记载，法海就是裴休的儿子，少年时他被父亲送入佛门，取号法海。法海出家后，领父命去各地修行，当他走到镇江氏俘山的泽心寺时，发现寺庙早已倾毁，杂草丛生。46岁的法海跪在残佛前发誓要修复寺庙。一次，法海挖土修庙时意外挖到黄金数百两，但他不为金钱所动，将钱交给了当时的镇江太守李琦。李琦上奏皇上，唐宣宗深为感动，敕令将黄金发给法海修复庙宇，并敕名金山寺，从此泽心寺改名金山寺。法海凭着超人的毅力，终于创建了规模宏伟、别具一格的金山寺。法海开江南一大佛教寺院，对佛教做出了很大贡献，被奉为金山寺的“开山裴祖”。

为什么文学作品会把法海写成这样一个人物呢? 原来，当地曾有一则驱赶咬伤人兽的白色蟒蛇进入长江的记载。伴随着明清时期封建礼教对人们心灵的禁锢而激起的反叛，在后人演绎的地方戏剧《白蛇传》版本里，法海禅师逐渐被塑造为破坏人间爱情的负面形象。

西湖雷峰塔的倒塌与白娘子有关?

《白蛇传》是我国老幼皆知、耳熟能详的故事。在这个著名的民间故事中，白蛇精被法海和尚镇压在了西湖旁边的雷峰塔下，传说要雷峰塔倒塌之后白蛇精才会有出头之日。1924年，这座在西湖边矗立了将近千年的古塔竟然真的倒塌了，人们不禁会问，白娘子是不是逃出生天了?

白蛇传的民间传说起源于宋代，最早成型的故事收录在明代的著名小说集《警世通言》中。白蛇传说只不过是借助西湖这个舞台，演绎了一个传奇故事。事实上，雷峰塔与白蛇一点关系也没有，它的倒塌，与白娘子逃出生天也风马牛不相及。

雷峰塔原是一座砖结构佛塔。北宋太平兴国二年（977），吴越王钱俶（chù）为护

佑一位黄姓妃子所产的儿子而修建此塔，初名“黄妃塔”。因为塔位于西湖南岸南屏山的雷峰附近，所以人们都称其为雷峰塔。雷峰塔原有七层，通体用青砖建造，在南宋时经过一次重修。重修后的雷峰塔金碧辉煌，在夕阳和湖光的映照下熠熠生辉，成为西湖的著名景致，名为“雷峰夕照”。

1924年9月25日，年久失修的雷峰塔终于轰然倒塌。鲁迅先生还借题发挥，把塔的倒塌与白蛇传的民间故事结合起来，写下了著名杂文《论雷峰塔的倒掉》。2000年，雷峰塔开始重建。新塔是一座八面五层楼阁式高塔，完全复制了古塔原有的形制和风貌。新建的雷峰塔，不仅让人们得以重睹雷峰塔的雄姿，也在西湖边上重现了“雷峰夕照”的胜景。

少林寺以“少林”命名，是因为寺里林木稀少吗？

少林寺创建于北魏孝文帝时期，距今已有1500多年的历史了。孝文帝太和十九年，西域来了一个僧人跋陀，获得孝文帝敬信，孝文帝便在嵩山的少室山北麓丛林中，兴建了一座寺院，施给跋陀。这座寺院，就是少林寺。少林寺以其悠久的历史和少林功夫而名扬天下，号称“天下第一名刹”。少林寺常住院、塔林和初祖庵在内的“登封‘天地之中’历史古迹群”已经被列为世界文化遗产。

少林寺之所以得名“少林”，相传有这样一段故事。跋陀随孝文帝南迁洛阳后，在当地复设静院，敕以居之。他见嵩山很像一朵盛开的莲花，有意在“花”中立寺。孝文帝便令登封知县在少室山阴，五乳峰下松柏叠翠的幽谷茂林之中，依山辟基，修建寺院。嵩山东为太室山，西为少室山。整个寺庙处少室山脚密林之中，所谓“少林者，少室之林也”，因而取名“少林寺”。

少林武术闻名世界，这都是千百年来少林僧人集体智慧的结晶，并非像传说的那样由达摩祖师发明创造。相传在隋末唐初少林寺就有十三棍僧救唐王的故事，如今，少林武术已经走向世界，许多外国人都在习练少林功夫。

千年古刹少林寺中最古老的建筑是哪一座?

少林寺不仅是少林武术的发源地,更是汉传佛教禅宗的祖庭,是一座著名的千年古刹。这座千年古刹保存了不少古建筑原物,如北宋的初祖庵、明代的千佛殿以及不少清代重修和新建的殿宇、亭台。那么,哪一座才是少林寺最古老的建筑呢?

在少林寺的西侧,有一处占地很广的塔林。这里是历代少林寺高僧安息的墓地,保存着从古代至现代的砖石墓塔240余座。塔林中最古老的墓塔建于唐朝甚至唐朝之前,所以,和寺中建筑相比,这些朴实的墓塔才是严格意义上的少林寺最古老的建筑。从它们身上,更能窥见这座千年古刹的原貌。少林寺塔林是我国现存面积最大、数量最多、价值最高的古塔建筑群。这些墓塔多为砖、石结构和砖石混合结构,有单层单檐塔、单层密檐塔、楼阁式塔、印度窣堵坡塔、喇嘛塔等各种形式。它们造型各异,有四边形、六角形、八角形,有柱体、椎体,有直线形、抛物线形,种类繁多,形态丰富,大多带有精美的雕刻。这些塔不仅见证、记录了少林寺的悠久历史,也是研究佛教文化和各个历史时期建筑、雕刻艺术的宝库。

承德避暑山庄外围明明是十二座寺庙,为什么却称“外八庙”?

在举世闻名的承德避暑山庄外围,分布着一组佛教寺庙建筑群。其中,位于避暑山庄北部、东北部山丘地带的有八座,自西而东依次是罗汉堂、广安寺、殊象寺、普陀宗乘之庙、须弥福寿之庙、普宁寺、普佑寺和广缘寺;位于避暑山庄以东的武烈河东岸有四座,自北而南依次是安远庙、普乐寺、溥仁寺和溥善寺。除了最后两座寺庙建于康熙年间之外,其余十座都是乾隆皇帝建的。

这十二座寺庙通常被合称为“外八庙”,明明是十二座寺庙却用“八”这个数字来命名,这是为什么呢?原来,这十二座寺庙全部都在北京的西大门古北口以外,其中有八座是喇嘛庙,在清朝归专门负责少数民族事务的理藩院管理,相对于北京地区的

喇嘛庙，统称“口外八庙”。后来，人们往往用“外八庙”指代这十二座寺庙。

外八庙有汉式寺庙、藏式寺庙、汉藏结合式寺庙三种形式，规模宏大壮丽，分布错落有致。外八庙有不少建筑是对当时著名寺庙的仿建，可以说是清代前期建筑技巧和建筑艺术的缩影。比如十二座寺庙中最辉煌、宏大的普陀宗乘之庙是为庆祝乾隆皇帝60寿辰和皇太后80寿辰而建的，其中的主体建筑大红台位于山巅，建筑样式完全模仿了西藏的布达拉宫，因而又称为“小布达拉宫”。

拉萨有很多寺庙，为什么大昭寺被称为拉萨城的中心？

西藏拉萨有很多寺庙，但是人们一直把大昭寺看作是拉萨的中心。在西藏甚至流传着“先有大昭寺，后有拉萨城”的说法，大昭寺的地位远远在拉萨其他寺庙之上，这是为什么呢？

原来，公元7世纪，吐蕃国主松赞干布把都城迁到了拉萨，为了加强与邻国的关系，又分别从当时的唐王朝和泥婆罗王国（现在的尼泊尔）迎娶了文成公主和尺尊公主。两位公主进藏，不仅带去了大量的财物、书籍、种子，还分别带去了释迦牟尼的12岁等身像和8岁等身像。为了供奉这两尊价值连城的佛像，松赞干布分别建造了小昭寺和大昭寺。小昭寺规模较小，大昭寺却规模宏大、建筑精美，被称为建筑史上的精品。

大昭寺是西藏现存最古老的土木结构建筑。西藏多山，寺庙大多依山而建，大昭寺却一反当时的建筑惯例，把寺庙修建在平川之上，这在当时是一大创举，也从此开创了藏式平川式的寺庙建筑样式。和汉族地区寺庙南北朝向的布局不同，大昭寺坐东朝西，面向尺尊公主的家乡泥婆罗的方向。经过历朝历代的修缮和增建，大昭寺形成了今天的庞大规模，成为著名的佛教圣地。

大昭寺建成以后，西藏人民把大昭寺外墙一圈称为“八廓”，把大昭寺外辐射出的街道称为“八廓街”。以大昭寺为中心的核心地带，藏族人民把它称为“拉萨”，藏文意思是“佛地”。围绕着大昭寺，藏族人民修建了房屋、街道，形成了现在的拉萨城。直到今天，大昭寺依然是拉萨市民生活的中心。

五台山南禅寺大殿为什么被称为我国建筑史上的“活化石”？

我国古代的建筑大多是土木结构，主要建筑材料是砖、瓦、木材、稻草等。砖、瓦容易风化腐蚀，木材、稻草容易朽坏，都不能保存久远的时间。因此，我们今天看到的古代土木结构建筑，大多是宋、元、明、清时期留下的，宋代以前的建筑已经很难寻觅。有一天，建筑学家梁思成和妻子林徽因来到了甘肃敦煌，在专门供奉文殊菩萨的第117窟，他们看到了华美、宏大的唐代壁画《五台山图》。图中准确描绘了五台山全景，标注了山中每座寺庙的名字。梁思成决定按图索骥，前往五台山实地考察，终于发现了建于唐朝的南禅寺大殿。

南禅寺位于山西五台西南。它坐北向南，是一座由山门、东西配殿和大殿组成的四合院式寺院。其中山门和东西配殿是明清时的建筑，大殿却保留着纯正的唐代风格。

唐代建筑的特征是风格严整，结构疏朗，线条舒展流畅，形态庄重大方。南禅寺大殿三间见方，由台基、屋架、屋顶三部分组成，整体造型非常谨严。整座大殿没有天花板，也没有柱子，屋顶重量主要通过梁架由12根檐柱来支撑。大殿的屋檐很深，檐角高高翘起，屋顶的线条流畅舒缓，屋顶的装饰物鸱吻十分简洁。从整体来看，大殿的结构简单而明朗，雍容而端庄，正是唐代建筑的典型特征。

我国现存四座唐代木结构建筑，它们分别是山西五台县的南禅寺大殿和佛光寺东大殿，山西平顺县的天台庵，以及山西芮城县的广仁王庙，它们的价值都无与伦比。南禅寺大殿由于历史最悠久，更是建筑史上意义非凡、举足轻重的“活化石”。

现在的大相国寺里还能找到“鲁智深倒拔垂杨柳”的遗迹吗？

北宋时期，大相国寺的地位和规模达到鼎盛，是当时全国的佛教中心，也是全国各地商人在东京开封的商品集散中心。古典小说《水浒传》中，花和尚鲁智深曾在大

相国寺看管菜园，并发生了著名的“倒拔垂杨柳”的故事。经过1000多年的沧海桑田，鲁智深倒拔垂杨柳的旧址还在不在呢？这就要说到大相国寺的几度兴衰了。

宋代以后，相国寺便不复往日的繁华，日趋衰败。当时的开封城紧靠着黄河，时时遭受黄河水患的威胁。明朝洪武年间，大相国寺便被洪水冲毁过。到了清代，大相国寺得到几次大规模重修，最后形成了现在的格局。大相国寺现存有四进院落，山门、天王殿、大雄宝殿、八角琉璃殿、藏经楼等由南至北沿轴线分布。从深深的院落和高大的殿宇之上，还能依稀看到一些皇家寺院的雄风。但是，重建后的大相国寺毕竟无法达到北宋时的规模。鲁智深倒拔垂杨柳是小说家编写的故事，自然也不可能在现实世界中找到对应的遗迹。事实上，大相国寺中北宋时期的那些建筑痕迹，已经被淹没在滚滚的历史洪流中，无处可寻了。

白马寺为什么号称“中国第一古刹”？

我国的众多寺庙当中，最古老的寺庙，当属位于河南洛阳市的白马寺。白马寺距今已经有近2000年的历史，号称“中国第一古刹”。白马寺不仅确立了最古老的寺庙建筑格局，而且从此产生了“寺”这一名称。

史书记载，东汉时期，汉明帝刘庄梦到有一位高大庄严的神人自西方飞来，有人说这神人是西方的佛，汉明帝于是遣使往西方访求佛法。使者在西域遇到了来自天竺的两位僧人，得到了佛经和佛像，便用一匹白马驮着经卷，和两位僧人一起回到了都城洛阳。为了让两位高僧居住，并供奉携带而来的佛像，汉明帝命人在洛阳城西的雍门外按天竺式样建造了一组建筑，将其命名为“白马寺”。

“寺”本是汉代官署的称谓，如“大理寺”是审判机关，相当于现在的最高人民法院，“太常寺”是礼仪部门，相当于后世的礼部。译经礼佛的建筑建成之后，便按照汉代官署的命名方式，顺理成章地称它为白马“寺”。从此，“寺”便作为佛教寺院的专称被沿用下来。隋唐以后，“寺”作为官署名称的用法越来越少见，逐渐成了佛教建筑的专用名词。

2000年来白马寺几度兴衰，汉代的建筑已经完全看不到了，但根据汉代官署格局兴建的白马寺，却确立了千百年来寺庙的总体建筑格局，也就是大大小小四合院的组合和排列。虽然历经近2000年历史，寺内各种建筑不断毁坏又不断重建，但是在总体格局上，白马寺依然遵守、呼应着汉代官署的严整风貌。可以说，白马寺在文化上是中国佛教的“祖庭”，在建筑形制上，也是古代寺庙建筑的一个源头。

武当山顶上的金殿是用黄金铸造的吗？

武当山是著名的道教名山，道教建筑众多，建筑规模宏大。在武当山主峰的天柱峰上，有一个面积约160平方米的石筑平台，平台正中有一座金殿，高5.5米，面阔4.4米，进深3.15米，虽然经历了数百年风雨侵蚀，依然灿烂如新。人迹罕至的山巅为什么会造这么一座金殿呢？它真的是用黄金打造的吗？

这座金殿是由朱元璋的第四个儿子永乐皇帝朱棣建造的。明代的皇帝信奉道教。朱棣为了强调“君权神授”，巩固自己的皇位，大力推崇道教。他将武当山尊为“太岳”，还亲自主持修建了规模庞大的武当山道观。为了突出道家的尊贵地位，这些建筑采用了与当时北京正在修建的皇城相同的建筑模式，所以后世便有了“北建故宫，南建武当”的说法。在规模庞大的宗教建筑群中，位于山顶、供奉着真武大帝的金殿无疑是规格最高的一座殿宇。朱棣亲自将它命名为“太岳太和宫”，将它和紫禁城内的太和殿比肩。但它并不是用黄金铸造的，而是用俗称“九花铜”的九种金属混合冶炼的材料打造的。铸成以后，再在外表鎏金，所以格外辉煌灿烂。整座大殿也不是一次铸成，而是分成无数个小部件，在北京分别铸造，再从水路运送到武当山上组装起来的。这些零部件精密拼接，严丝合缝，竟然看不出一丝铸凿的痕迹，展现出极为高超的工艺水准。

武当山的道教古建筑群体现了我国古代宗教建筑艺术的最高成就，而武当山金殿更是我国现存体量最大的金属建筑，其艺术成就和文化价值之高，堪称举世无双。

教堂前壁原来是牌坊，大三巴牌坊是如何演绎中西混搭风的？

澳门历史城区是中国现存最古老、规模最大、保存最完整的东西方风格共存的建筑群落，这里大部分建筑都具有中西合璧的特色，其中最典型、最著名的代表，便是大三巴牌坊。

大三巴牌坊并不是一座牌坊，而是澳门圣保罗教堂的前壁。圣保罗教堂由入侵澳门的葡萄牙人修建，修建时间长达35年。教堂规模宏大，建筑精美，是当时东方最大的天主教堂，号称“东方梵蒂冈”。葡萄牙语中“圣保罗”的发音与澳门当地人的“三巴”发音相似，澳门人便称其为“大三巴教堂”。1835年，圣保罗教堂遭遇大火，只剩下教堂前壁矗立在原地。这座前壁就好像中国的传统建筑——牌坊，因此被当地人称为“大三巴牌坊”。

大三巴牌坊高27米，有68级石阶，巍峨壮观，既具有修饰繁复、富丽堂皇的欧洲巴洛克风格的特点，又糅合了欧洲文艺复兴与东方建筑的建筑特色。牌坊由麻石切成，顶端是一个铜铸十字架，自上而下共五层。第一、二层雕的是铜鸽、日月星辰、耶稣像等。第三层雕刻的是圣母像，周围装饰着牡丹和菊花。这一层还雕刻着中国传统舞狮造型的狮子。第四、第五层则雕刻有玫瑰花、棕榈树等。整座牌坊的雕刻和镶嵌非常精细，融合了东西方建筑艺术的精华，既有西方特征又富于东方意味，可以说是中西文化交融的艺术精品。

今天，大三巴牌坊已经成为澳门地区的地标性建筑，见证、记录着澳门400多年来中西文化交流的历史。

为什么敦煌莫高窟一个小小洞窟的发现震惊了世界?

莫高窟又名“千佛洞”，位于中国西部甘肃省敦煌市东南25公里处鸣沙山的崖壁上。莫高窟南北长约1600米，重重叠叠的洞窟犹如蜂巢嵌在刀削斧劈的断崖上，石窟融建筑、雕塑、壁画三者于一体，是中国古代艺术史的精粹，被誉为20世纪最有价值的文化发现。莫高窟与大同云冈石窟、洛阳龙门石窟、天水麦积山石窟并称为中国四大石窟。莫高窟始建于前秦时期，历经十六国、北朝、隋、唐、五代、西夏、元等朝代的兴建，成为世界上现存规模最大、内容最丰富的佛教艺术圣地。隋唐时期，随着丝绸之路的繁荣，莫高窟更为兴盛，在武则天时有洞窟千余个。元朝以后，随着丝绸之路的废弃，莫高窟也停止了兴建并逐渐湮没于世人的视野中。

1900年，敦煌藏经洞的发现震惊了世界。莫高窟当时居住着一个游方道士王圆箓，这一天，王道士准备把部分洞窟改建为道观。当他在为第16窟清除淤沙时，手中的扫帚偶然插在墙上的夹缝中，没想到夹缝似乎很深，王道士敲了敲墙壁，发现墙体中空，打开后，出现一个方形窟室，石窟中藏有大量文物，后来将此窟室称为“藏经洞”。藏经洞中收藏有从4世纪到11世纪（即十六国到北宋）的历代文书和纸画、绢画、刺绣等文物5万多件。藏经洞的文书及其他文物对研究中国和中亚地区的历史，具有重要的史料和科学价值。

石窟模仿佛寺建筑?云冈石窟做到了。

云冈石窟位于山西大同市的武周山，始凿于北魏时期，历时近百年才完工。现存主要洞窟45个，大小窟龛252个，造像51000余尊，佛像最高的有17米，最小的仅几厘米。石窟东西绵延约一公里，恢宏壮观。不少专家认为，云冈石窟重现了1500多年前佛寺建筑的风貌，这是为什么呢?

云冈石窟的窟形大多为中心塔柱式。塔柱，是位于石窟中心雕刻成佛塔形状的支柱，上部直通窟顶，塔柱上布满佛教故事和佛教人物雕刻，石窟中的塑像、雕刻、壁

画等内容都围绕着塔柱而层层铺开。有趣的是，这种塔柱式的建筑风格并非是云冈石窟的独创，而是对当时佛寺建筑的模仿。我们现在看到的寺庙都是以雄伟的佛殿为中心，其余建筑围绕着中心殿宇渐次展开的布局。北魏时期却截然不同，寺庙当中往往都有一座高大的佛塔，所有的建筑都以佛塔为中心，形成“前塔后殿”式的建筑格局。到了唐代，这种塔院式寺庙被完全废弃。今天我们已经无法看到北魏时期的塔院式寺庙，但从云冈石窟的中心塔柱式布局当中，还可以推测和想象北魏塔院式寺庙的建筑风貌。

同时，云冈石窟的塔柱还是对当时木结构楼阁式佛塔的忠实模仿。高大的塔柱往往分作几层，有的可达5层甚至7层，真实地重现了北魏时期佛塔的建筑形制。云冈石窟第6窟的塔柱高达15米，上部四角各有一座立体方形九层方塔，这九层塔层层出檐，精美非凡，是南北朝时期楼阁式佛塔的完美再现。

云冈石窟是西域和印度佛教艺术大规模影响中国的实例，同时也保留了古代建筑的原始面貌，加上开凿年代早、保存资料较多、建造手法丰富独特，成为了反映南北朝时期建筑艺术的宝库。

北京的北海白塔塔身上为什么会有三百多个孔洞？

北海白塔是北京北海公园的标志，也是首都北京的象征之一。

白塔高达35.9米，上面部分是圆形，下半部分为方形，由塔座、塔身、塔刹三部分组成。白塔底部是一座十字折角形的须弥座，座上是塔身。塔身就像一只倒扣的僧人用的钵，因此被称作覆钵式塔身。塔身顶端有高大挺拔的塔刹，设有宝盖、宝顶，并装饰有象征佛法的日、月及火焰纹饰。远远看去，白塔全身洁白，端庄优雅，让人心生肃穆。可仔细观察，就会发现塔身并不是没有一点瑕疵，而是散布着许多密密麻麻的孔洞。人们不禁要问，这是人为破坏的结果，还是战争留下的痕迹呢？

这要从白塔的建筑材料说起。白塔从表面看是砖石结构的建筑，其实塔的中间还用了大量的木料。在白塔的内部，有一根硕大的柏木立柱，高约30米，从塔基处直通

塔顶。这根大柱是白塔的主心木，支撑着整个白塔的身躯。主心木之外，塔的内部还有许多木架构材料，支撑、稳定着塔身的各个部分。这些木料和砖、石等材料一起，构建起了白塔内部的复杂框架。为防止塔内的木料遇潮朽坏，白塔身上开启了306个方形青砖的透雕通风孔，以保证白塔内部的干燥。这些通风孔雕饰了各种花卉纹饰，图案形式丰富多样，只是从远处看不清这些精美的细节，反而让人误以为塔身上有点点瑕疵。北海白塔被称为当今世界上保护最完整、结构最奇巧、外形最壮观的古代高层塔式建筑。从这些孔洞上，我们也能体会到北海白塔在建筑设计上的独特魅力。

什么是“雁塔题名”？大雁塔和小雁塔的得名跟雁有关系吗？

西安大雁塔原名“慈恩寺浮屠”或“慈恩寺塔”，始建于唐高宗永徽年间，是玄奘为贮藏从西域取回的佛经、佛像和舍利而建造。小雁塔是位于中国西安市荐福寺内的一座佛塔，建于唐代景龙年间，正式叫法应为“荐福寺佛塔”，因低于大雁塔而称小雁塔。对雁塔名称的来由历代说法不一，有一种说法认为是古印度迦蓝佛曾“穿石山做塔五层，最下面一层作雁形，谓之雁塔”。

雁塔题名是唐代中叶形成的风俗。当时凡新科进士及第，要一起在曲江、杏园游宴，然后登临大雁塔，并题名塔壁留念，象征从此步步高升。这种风俗起初出现于唐中宗神龙年间，进士张莒游慈恩寺，一时兴之所至，将名字题在大雁塔壁。其他进士从此纷纷仿效，进而被皇家推崇，演绎为“雁塔题名”。他们呼朋唤友来到大雁塔下，推举善书者将他们的姓名、籍贯和及第时间用墨笔题在塔壁上，以后如果有人晋升为卿相，还要把姓名改为朱笔书写。北宋神宗年间，大雁塔发生了一场火灾，塔内楼梯全部烧毁，这些唐代进士的题壁也就消失了。明代时，陕西的乡试举人追慕唐代进士们“雁塔题名”的韵事，也相携到塔下题诗留名，这些字迹至今仍保留在塔门门楣和石框上。

西安大雁塔为什么会倾斜？又是怎样“改斜归正”的？

由于时代的变迁、环境的改变和人为的破坏，从康熙五十八年开始，人们便发现大雁塔有倾斜现象。建筑界有“十塔九斜”的说法，大雁塔也不能逃脱这种宿命。到1996年，大雁塔已向西北方向倾斜了1010.5毫米。然而，经过20多年的综合治理，到2011年，大雁塔不仅停止了倾斜，而且还逐渐“改斜归正”，平均每年回位1毫米。

那么，古建筑为什么会有“十塔九斜”的规律，大雁塔又如何实现“改斜归正”的呢？这就要从古塔，特别是大雁塔的建筑结构说起。

大雁塔塔身呈方锥形，全塔通高64.7米，相当于20多层楼的高度。它是砖仿木结构的四方形楼阁式塔，一般木塔的檐柱、斗拱等结构，在大雁塔上都用青砖做了仿建。通常而言，塔式建筑往往体量高大，不管是木塔还是砖石塔，与普通的殿宇、阁楼、院落式建筑相比，塔式建筑的地面所承受的压力都是最大的。经过千百年的屹立，这种大体量的建筑总是难免引起地面沉降，进而造成塔身倾斜。所以“十塔九斜”并不是难以理解的现象。作为全部以青砖为材料的建筑，较之普通木塔或木石混建塔，大雁塔地基所承受的压力更大，屹立1300年之后仅有小规模的沉降倾斜，可称得上难能可贵了。近几十年，大雁塔出现了加速倾斜的迹象，主要是由于附近地下水过度开采，地基受到破坏而导致的。人们通过对大雁塔周边进行地下水回灌，增加地下水储量，从而有效遏制了塔身的倾斜。大雁塔便逐渐“改斜归正”了。

开封铁塔屹立千年不倒，因为它是用铁铸造的？

开封铁塔建于北宋太平时期，因南方的吴越国进贡了一颗阿育王舍利，宋太宗为供奉这颗稀世珍宝，于是决定建造一座高塔。修塔的任务交给了当时的建筑大师喻浩。喻浩亲自设计和监造，用了8年时间，终于完成了这座高大而坚固的高塔，宋真宗赐名为“灵感塔”。不幸的是，50年后，这座高塔却遭到雷击，被火烧毁。宋仁宗继位后按照原来的形制重建了灵感塔。工匠们吸取塔被雷电烧毁的教训，在塔身通体砌满绝缘不导电的琉璃砖。褐色的琉璃砖使塔身呈现出暗灰的颜色，看上去好像铁铸的一般。加上铁塔非常坚固，经历各种灾难而岿然不动，所以被民间称为“铁塔”。其实，开封“铁塔”并非用铁铸就，而是以木结构为主、砖料为辅的一座木塔。

通体木、砖结构的塔为什么能这么坚固呢？首先是塔址的选择。塔初建成时，稍微向北倾斜，有人问建筑师喻浩。喻浩回答说，这一带地形开阔，常常刮西北风，不远处又有黄河流过，用不了多少年，受风力作用和河水渗透的影响，塔就会逐渐变直。由此可见当年选址的审慎和用心。同时，铁塔根据木结构建筑的结构特征，用了28种大小不同、形状各异的“结构砖”。这些结构砖把柱、枋、斗拱，以及塔身的关键部位紧密结合在一起，使铁塔浑然一体，稳固异常。铁塔内部还有一根粗壮的塔心柱，支撑着整个塔身，各种不同功能的外壁砖瓦构件与它衔接，形成一个致密、稳健的整体，使铁塔具备了很强的抗震能力。

开封铁塔不是铁铸，却胜似铁铸。它的坚韧和稳固，见证了我国古代建筑艺术的高超水准和辉煌成就。

经过好几次大地震，应县的千年木塔为什么还是震不倒？

元朝末年，今天的山西省大同市一带曾发生过一次大规模的地震。大地连震七日，房屋毁坏无数，但是当地却有一座木塔始终屹立不倒，这便是位于应县佛宫寺的释迦塔，俗称“应县木塔”。

应县木塔建造于辽代，已有近千年历史。它是一座全木结构的建筑，塔身没有使用一根铁钉，仅靠木质构件之间互相衔接咬合，而成为一个致密牢固的整体。木塔共使用木材7000多吨，其结构之精巧，体量之宏伟，可称得上是空前绝后。

据学者统计，应县木塔建成之后，大同一带6级以上的地震就发生过5次。特别是元大德九年（1305）的怀仁6.5级大地震，震源距离应县木塔仅33千米，而木塔似乎丝毫不受影响，依旧坚毅挺拔。应县木塔究竟运用了什么建筑原理，能够对地震免疫呢？

原来，一般古建筑都采取矩形、单层六角或八角形结构，而木塔采用了两个内外相套的八角形，是一种固定性很强的双层套桶式结构。塔身外观上看是五层六檐，实际上五层之中又带有四个暗层，四个暗层内增加了许多斜撑的框架。这种结构使得木塔形成一个固定的整体。木塔九层的立柱不直接贯通，而是上层柱插在下层柱头斗拱中，由于斗拱主要靠木材之间的卯榫相咬合，遭遇大风地震时，木材会自我调整变形，在木塔结构内部卸去震力。木塔巧妙运用力学原理，采用了一种刚柔相济的结构，从而达到了减震的效果。这种结构设计甚至达到了现代建筑学的水平，不能不说是建筑史上的奇迹。

天下名桥无数，为什么河北赵州桥被称为“天下第一桥”？

赵州桥又名安济桥，又叫大石桥，它建于隋代大业年间（605~618），由著名匠师李春设计和建造。1400年来，赵州桥稳健地横跨在洨河两岸，从建成后一直使用到现在，这不能不说是建筑史上的一大奇迹。赵州桥被称为“天下第一桥”，还因为它实现了两个独一无二的建筑创举。

首先是独一无二的孔券。我国古代建筑把门洞、弧形的桥洞叫作“券”。券下流水，券上走人，这是通常的桥的形制。一般来说，古代石桥的券都是半圆形。可是赵州桥全长达50.82米，跨在岸上的桥拱有37.47米，如果在这么长的桥拱下面造一个或者多个半圆形的券，那么桥身必然会修得极高，行人车马过桥就像翻过一座小山一样吃力。所以，赵州桥没有把券孔修成传统的半圆形，也没有采用多孔券的形式，而是大胆地修了一个低弧度的单孔券。券的弧度大大小于半圆，既减低了桥的高度，使桥面平坦便于行走，又节约了修桥的人力和物力。这个大胆的设计也让桥体看起来非常美观，就像一道长虹横跨在水上。

券的两肩叫“撞”。为了削弱水流对大桥的冲击，赵州桥在两个“撞”上各修了两个小券。这四个小券减轻了桥身重量，还节省了大量石料。而且，当洨河涨水时，小券既能加大水流，又减少了洪水对桥的冲击。这种建筑形制的桥称为敞肩型石拱桥，是我国，也是世界造桥史上的一个创造。直到19世纪，欧洲才建造出这种类型的石拱桥来。

赵州桥虽然体量宏伟，跨度巨大，但桥身却非常轻巧，十分稳固，这和它在建造技巧上的创举是分不开的。在桥梁建筑史上，它是名副其实的“天下第一桥”。

广东潮州广济桥被称为“一里长桥一里市”，大桥为什么成为集市了呢？

广东潮州市的韩江上有一座天下闻名的“广济桥”，当地民谣唱道：“到广不到潮，枉向广东走一遭；到潮不到桥，枉向潮州走一遭。”民谣中所说的“桥”，就是广济桥。这座桥既是梁桥又是浮桥，集各种亭台楼阁的建筑样式于一身，并且还是一座庞大的集市，这是怎么回事呢？

广济桥最初是一座由八十六只巨船连结而成的浮桥。韩江江面宽阔，水势凶猛，巨船常被水冲走。当地民众便从河岸向江心修筑桥墩，然后在桥墩上铺设桥梁。江心部分则仍用浮桥连接。今天的广济桥长500余米，保留着21座古桥墩，中间则是100米长的浮桥部分。坚固雄浑的梁桥和漂浮荡漾的浮桥结合，刚柔相济，静中有动，有一种富有韵律的美感。梁桥和浮桥结合的桥梁建筑形式，在我国乃至全世界都是独一无二的。

明宣德十年，广济桥迎来了一次大修工程。当时的潮州知府王源在桥上建了126间亭屋，又在亭屋间建起了12座楼台，每座楼台都形态精巧，样式个个不同，被当地人称为“廿四楼台廿四样”。桥上为什么要修建亭屋和楼台呢？因为广济桥自古以来就是交通要道，于是宽广的桥面上逐渐形成了繁华的集市，这些亭屋和楼台，正好方便人们歇脚。地方志上记载了广济桥当年的繁华场景：桥上店铺林立，茶楼、饭庄、商号等一应俱全，各行各业的人士在这里汇集，热闹非凡。到了晚上，桥上高高挂起了灯笼，亭屋和楼台里传出婉转的歌声，人们在这里饮酒作乐，吟诗作对，另是一番喧腾景象。因为广济桥完全实现了一个大集市的功能，所以，又被称为“一里长桥一里市”。

随着时代的发展，今天的广济桥已经失去了当年交通要道、繁华集市的地位，被作为国家重点文物妥善保护起来。但是，从桥上保存着的精巧秀美的12座楼阁和18座亭屋，我们仍然能想象到它昔日的繁华和荣光。

福建泉州的安平桥号称“天下无桥长此桥”，安平桥到底有多长？

在民族英雄郑成功的故乡福建省晋江市安海镇，有一座名为安平桥的著名石桥，它是中国古代最长的桥梁，也是中古时代世界上最长的石桥，具有“天下无桥长此桥”的美誉。那么，安平桥到底有多长呢？据记载，此桥共长811丈，约合中国古代的五里，故俗称“五里桥”。安平桥现在的长度为2255米，接近南京长江大桥的一半长。

安平桥是连接晋江市安海镇和南安市水头镇的水路要冲，始建于南宋，历时整整14年方始建成，距今已经有800多年的历史。安平桥虽然极长，却稳若泰山，非常坚固，这和它的建筑材质与建筑结构是分不开的。

安平桥全部由闽南出产的花岗岩石板筑成。宽3米多的桥面，用4至8条大石条并排铺架，石条长5到11米不等，宽度和厚度都在0.5到1米之间，通常重约5吨左右，最大的甚至重达25吨，铺成的桥面坚固异常。安平桥共有桥墩361个，也是用花岗岩砌成的，由于年代久远，现今只保存下来331个。安平桥还独创了加固桥墩的方法。在修筑桥墩时，有些地方水比较深，水底泥沙被河水泡得非常松软，石头容易下陷，人们就先在水中打入木桩，再垫上木头，最后压上石条。这种在水中加固桥基的方式，在当时是一个创举。

安平桥两端的桥头上各有门楼一座，桥上有三座凉亭和两座雨亭，供路人休息和躲雨。桥中段的亭子旁有一座供奉释迦牟尼的小庙，小庙中有“世间有佛宗斯佛，天下无桥长此桥”的对联，意思是世上所有的佛都以释迦牟尼佛为宗，天下没有一座桥比这座安平桥更长。

人走在桥上不怕刮风，不怕下雨，这是一座怎样的桥？

侗族风雨桥是侗族人民引以为豪的颇具特色的桥梁建筑。侗族人民主要生活在广西、贵州、湖南的交界地区，在河汉纵横的侗乡，到处可见别具一格的风雨桥。既然名为风雨桥，那么这种桥梁是怎么遮风避雨的呢？

和我们见到的传统的桥梁不同，风雨桥并不只是横跨两岸的一个桥面，它还附带有长廊、亭阁，使桥梁兼有了交通和休息两种功用。遮挡风雨自然也成了桥梁的一项重要用途。风雨桥由巨大的石头桥墩支撑，除此之外，桥拱、长廊、亭阁都是木质结构，它们选用上等松木，不用一根铁钉，依靠卯和榫严丝合缝地把每个部分嵌合在一起，整体结构稳定而坚固，显示出高超的技术水平。长廊上通常建有三到五座宝塔式楼阁，既有当地民居的特色，也模仿了宫殿式建筑的一些样式，造型雄奇优美。为保证桥梁耐久不腐，长廊和楼阁上都覆盖着瓦片，外露的木质材料表面都涂着防腐的桐油。长廊两壁的顶端装饰着动物、花鸟、神话人物、历史故事等内容的彩画，廊的两侧则装有附带着长凳的栏杆，供人休息。奇妙的是，有的风雨桥在长廊和楼阁顶端的每个翘角上，都会悬挂一只风铃。它们不仅起着装饰作用，还能帮助人们准确预测当地的晴雨变化。这些风铃非常纤薄，有很强的灵敏度，不同的风力、风向会使它发出不同的声音，有经验的侗乡人根据风铃的声音，就可以判断未来天气的情况。

卢沟桥上的“斩龙剑”是用来降服黑龙的吗？

卢沟桥以高超的建筑工艺而远近闻名。明清时期，永定河水非常迅猛，经常冲垮河上的桥梁，横跨永定河的卢沟桥虽然在大水中受到损伤，却始终没有被冲垮。民间传说，卢沟桥上装着一把“斩龙剑”，可以降服水中的黑龙，真的是这样的吗？

卢沟桥全身用花岗石建成，在关键部位和石隙之间都用腰铁连接，坚固无比。它全长266.5米，宽7.5米，有10座桥墩、11个桥孔。11个桥孔中间的高大，两边的稍小，平均跨度在11米左右，如此大跨度的连续桥孔同时出现在一座桥上是非常罕见的，可

见卢沟桥建筑工艺之高超。维持桥身稳如泰山的，则是10座建在沙石堆积层上的巨大桥墩。它们呈船形，迎水的一面砌成船头状便于分水，在每座桥墩船头状的顶端，各装了一根三角形铁柱，俗称“斩龙剑”。这斩龙剑是做什么用的呢？

原来，卢沟桥跨越的永定河是海河的支流，也是北京地区最大的一条河流，每年七八月汛期的时候，水流暴涨，湍急猛烈，并挟裹大量石块泥沙、枯树乱木，给桥梁带来冲击，每到三四月河水解冻时，河面上又漂浮大量的冰块，更给桥梁安全带来不小的隐患。这些“斩龙剑”，就是用来劈刺河水中的杂物，使其从桥墩两边分开流过，从而保护桥墩的。“斩龙剑”虽然只是桥墩上一个小小的构件，却凝结了古代工匠对付洪水的聪明与智慧。

西湖上的断桥真的是断开的吗？

断桥位于杭州西湖白堤的东端。《白蛇传》故事中，许仙和白娘子在断桥相会，引发了一段传奇故事，使断桥也带上了浪漫色彩。顾名思义，断桥应该是断开的桥，那么，事实上断桥真的是断开的吗？

断桥始建于唐代，宋代叫宝佑桥，历史上曾多次坍塌毁弃，现在的断桥是1921年改建时的形制，独孔、环洞，长8.8米，宽8.6米，造型古朴淡雅。

实际上，断桥的“断”并非是桥梁断开的意思。断桥名字的来历有三种说法。第一种说法和唐代诗人白居易有关。据说白居易担任杭州知府时，在西湖修筑白堤。白堤沿着孤山修建，到断桥的位置时断开，所以这座桥被称作断桥。还有一种说法认为，西湖下大雪后，断桥上中间部分的积雪融化得比较早，在桥面上露出褐色的一段，远远看去，仿佛一条长长的白链到这里忽然中断，因此叫作断桥。更有一种直接的说法，断桥的桥头曾住着一户姓段的人家，段和断谐音，因此叫作断桥。无论什么原因，这座桥梁都得到了一个诗意盎然、引发人们无穷遐想的名字。

“断桥残雪”被称为西湖二十四景之一，断桥一带景致秀美，充满诗情画意，前人称为“断桥一望，销魂欲死”，可以说美到了极致。

浙江泰顺廊桥究竟是“廊”还是“桥”？

所谓廊桥，就是一种加盖了顶、形成长廊形状的桥。泰顺地广人稀，村落分散，交通不便，从一个村落到另一个村落，人们往往需要走很长的路，经过好几座桥梁。于是，人们在桥上加盖了顶，有的还在桥上修建了几间房屋，这种建筑形式既能保护桥梁免受风吹日晒，又能供行人休息、暂住，这就形成了廊桥。因为廊桥看起来像一条蜈蚣的形状，所以又被当地人称为“蜈蚣桥”。泰顺廊桥的始建年代可追溯到唐代，现存廊桥则多为清代的作品，共有30座左右，有木拱廊桥、木平廊桥和石拱廊桥三种形式。

廊桥中最长的一座名为仙居桥，长42.83米，宽5.30米。桥上修建了18间桥屋，屋顶铺设着鱼鳞一般的瓦片屋板，用来遮风挡雨，非常坚固。仙居桥也是泰顺跨径最大的木拱桥，其最大跨径达34.50米。由于设计科学合理，仙居桥成功地解决了木拱廊桥力学和建筑学上的诸多问题。泰顺最古老的一座廊桥是三条桥，据说清代道光年间重修此桥时发现过刻有“贞观”字样的瓦片，说明我国在初唐时期就掌握了建造廊桥的技术。

那么，泰顺廊桥究竟是“廊”还是“桥”呢？不管从建造方法、建筑结构还是建筑特点上来看，其主体和本质结构都是桥，而同时还起到“廊”的作用。这种建筑形式，充分显示了我国劳动人民的聪明才智。

著名的黄鹤楼和鹤有什么关系？

黄鹤楼是我国的四大名楼之首，被称为“天下第一楼”。黄鹤楼原址位于湖北省武昌蛇山黄鹄矶头，如今我们看到的黄鹤楼是1985年重新修建的，原址因修建武汉长江大桥而被占用。

黄鹤楼有一个美丽的传说，就像崔颢的诗里写的那样“昔人已乘黄鹤去，此地空余黄鹤楼”，说的正是仙人乘鹤而去的故事。道家对这一传说多有附会，所以从北宋

后，这里一度成为道教的名山圣地。据说从前有位姓辛的人，卖酒为业。有一天，来了一位身材魁伟，但衣着褴褛的客人，神色从容地问辛氏："可以给我一杯酒喝吗？"辛氏不因对方衣着褴褛而有所怠慢，急忙盛了一大杯酒奉上。这样过了半年，辛氏并不因为这位客人付不出酒钱而显露厌倦的神色，依然每天请这位客人喝酒。有一天客人告诉辛氏说："我欠了你很多酒钱，没有办法还你。"于是从篮子里拿出一块橘子皮，画了一只鹤在墙上，因为橘皮是黄色的，所画鹤也呈黄色。座中人只要拍手歌唱，墙上的黄鹤便会随着歌声，合着节拍，翩翩起舞，店里的客人看到这种奇妙的事都付钱观赏。这样过了十多年，辛氏累积了很多财富。有一天那位衣着褴褛的客人又飘然来到店里，辛氏上前致谢说："我愿意供养您，满足您的一切需求。"客人笑着回答说："我哪里是为了这个而来呢？"接着便取出笛子吹了几首曲子。没多久，只见朵朵白云自空而下，画上的黄鹤随着白云飞到客人面前，客人便跨上鹤背，乘着白云飞上天去了。辛氏为了感谢及纪念这位客人，便用十年来赚下的银两在黄鹤矶上修建了一座楼阁。起初人们称之为"辛氏楼"，后来便称为"黄鹤楼"。

滕王阁建于唐代，为什么我们今天看到的却是一座宋代风格的建筑呢？

滕王阁是一座著名的唐代建筑，更因为初唐诗人王勃写了一篇脍炙人口的《滕王阁序》而闻名天下。可今天我们看到的滕王阁却是一座具有浓郁宋代风格的建筑，这是怎么回事呢？滕王阁建于唐高宗永徽三年（652），可这座著名建筑的命运却非常坎坷，或因天灾，或因人祸，不断被毁，虽然不断得到重建，旋即又被毁坏。根据记载，历史上滕王阁重修了29次，这才有了我们今天看到的滕王阁。

历代重修滕王阁，规模、制式都不尽相同，分别融入了当时的建筑风格和建筑特点。其中，宋代大观二年（1108）的重建工程最为浩大，不仅建成的阁楼最为宏伟，而且在滕王阁的周围增加了许多辅助性建筑。这组以滕王阁为中心的建筑群富丽堂皇，气势雄伟，被誉为"历代滕王阁之冠"。1942年，著名建筑学家梁思成找到了一幅

宋代绘制的《滕王阁图》，并根据这幅画绘制了八幅《重建滕王阁计划草图》。1985年滕王阁第29次重修，就是以这八幅草图为蓝本的。所以，今天的滕王阁尽管是栋现代新建筑，但它却采用了宋朝的木结构样式，重现了宋代滕王阁的形制和格局。今天的滕王阁采用的是宋朝楼阁的建造方法，即“明三暗七”，也就是从外面看上去，滕王阁有三个带着回廊的楼层，可它的内部实际上却有七层，即三个明层，隐藏着三个暗层，再加上屋顶中的设备层，连同底部的二级台座，滕王阁实际共有九层，构造十分巧妙。此外，滕王阁上所用的碧绿色的琉璃瓦，也是宋代建筑习惯使用的材料，它们使滕王阁呈现出宋代楼阁优雅、明丽的外观特点。如今，人们登的虽是当代重建的滕王阁，却能领略到宋代楼阁建筑的风采。

秦始皇是怕太寂寞，所以在自己的墓葬里放了很多兵马俑吗？

秦始皇陵兵马俑的发现震惊了世界，为什么秦始皇要把这些兵马俑埋在墓里呢？这源于古代一种野蛮的殉葬制度。古代人认为人死后的世界和现实生活中一样，所以要在死者的墓里埋葬他生前使用过的东西，这就是殉葬，又称陪葬。殉葬一般以器物、牲畜为主，甚至让活人陪同死者葬入墓穴，以保证死者亡魂的冥福。用活人殉葬，是非常残忍野蛮的制度，秦汉以后有所收敛，往往用木俑、陶俑来代替。秦始皇兵马俑就是以陶俑代替活人的殉葬。

法国前总统希拉克参观秦始皇陵兵马俑时，称其为“世界第八大奇迹”，足见其雄伟神奇。为什么世人对秦始皇陵兵马俑有如此高的赞誉呢？首先因为兵马俑的建设规模庞大。发掘出的兵马俑共有3个俑坑，俑坑内有8000多个兵马俑，三坑呈品字形排列，总面积达19120平方米，足有50多个篮球场那么大。工程之浩大、气魄之宏伟，开创历代封建统治者奢侈厚葬之先例。而且如此大规模的兵马俑，只占到秦始皇陵总体部分的3.5%，由此可见秦始皇陵的宏大。其次是兵马俑的艺术水准达到了炉火纯青的境地。工匠们用写实的艺术手法把人物表现得十分逼真，无论是那一个个

形神兼备的官兵形象，还是那一匹匹栩栩如生的战马，都不是机械地模仿。纵观这千百个将士俑，其雕塑艺术堪称完美，精湛的技艺使得这个庞大的秦俑群体中的个体显得更活跃、更真实、更富有生气。而且，秦始皇陵兵马俑还出土了无数珍贵文物。有些文物的制造工艺甚至超出了现代人的想象，它们在2000多年前是怎么制作出来的，至今仍然是一个谜。

规模庞大的兵马俑只是秦始皇陵的外围仪仗队，秦始皇陵究竟有多大？

据史书记载，秦始皇13岁登基，51岁去世，从他登基那天起，他就开始营建自己的陵墓，一直修建了38年，耗费了难以计算的人力和物力。秦始皇陵宏伟的规模与浩大的工程量，不仅在历代帝王陵墓中首屈一指，即使在整个人类建筑史上也极为罕见。司马迁的《史记》记载，秦始皇陵分地面建筑和地下建筑两大部分。地面建筑完全复制了秦始皇在世时的真实生活，模仿咸阳城和阿房宫，构成了广阔、雄伟的陵园与宫殿建筑群。地下建筑则深藏于地表以下，向地底深挖，穿透了三层地下水，形成了结构复杂的墓室。墓室里堆满了奇珍异宝。墓底注满水银，象征地上的江河湖海。墓顶镶嵌明珠玉石，象征天上的日月星辰。为防人盗墓，墓室当中布满机关暗器。陵园内外还遍布着难以计数的陪葬墓坑。

2000多年过去了，经过时间的冲刷，秦始皇陵的地面建筑已经荡然无存。但是根据地面残存的遗迹，我们仍然能够判断和想象它当年的惊人规模。秦始皇陵的土冢经过风吹雨打，现在仍然留有高约40米、边长约350米、周长约1400米、占地面积约12万平方米的残存部分，完全是一座高大的山丘。陵园分内外两城，整体总面积约为56平方公里，相当于8个故宫的大小。在内城和外城之间，考古工作者发现了大量的陪葬坑，已挖掘的三个兵马俑坑就是陪葬坑当中的一处。根据这些数据不难判断，秦始皇陵规模庞大，就像一座功能齐全的小型城市。它的雄伟、辉煌、神秘，见证着我国古代非凡的建筑水平。

为什么说上海石库门是中西合璧的“混血儿”？

石库门是上海特有的民居建筑，通常用石头做门框，以乌漆实心厚木做门扇，门框像环一样“箍”住门扇，因此被称为“石箍门”。那时候的上海有很多迁居的宁波人，宁波方言中“箍”字发音与“库”相同，所以这种建筑就被称为“石库门”了。

石库门是在独特的时代背景下产生的。晚清时江南一带风雨飘摇。先是《南京条约》开放上海为通商口岸，西方列强先后在上海划定租界。接着爆发太平天国起义，数以万计的江浙难民涌入上海租界避难，一些家境殷实的逃难士绅、商人便在上海购买土地，修建住宅。设计师结合江南传统民居与欧洲联排式建筑布局风格，创造了石库门这一独特的民居建筑形式。

所谓欧洲联排式布局，就是几幢二层至四层的相同规格住宅并联在一起、门户却各自独立的样式。这种建筑布局的好处是可以节约土地，正好符合当时江浙民众的需求。从石库门的内部布局上，能看到中国传统四合院和江南民居的血统。石库门内部采用了中轴对称的格局，有规整庄重的客堂，两侧通常布置有厢房。而在外观面貌上，受到时代和环境的限制，石库门已经无法保持传统民居的式样。于是，石库门建筑中的石门成为最具特色的部分，尤其是门楣的装饰，精美别致，造型多样，华丽无比。早期石库门的门楣常常模仿江南传统建筑中的仪门，做成“青瓦压顶”的式样，门的周围用的是中国的传统砖雕，往往选用梅兰竹菊等图案。后期石库门受到西方建筑的影响，采用了半圆形门的样式，并且大量使用了三角形、半圆形、弧形等花饰，门楣部分则广泛使用了西洋建筑的雕花刻图，形成了别样而特异的风情。

石库门融合了中西建筑的特色，所以说它是中西合璧的“混血儿”。

上海外滩号称“万国建筑博览群”，那里究竟有多少幢风格各异的建筑？

石库门上华丽的门楣

上海外滩指的是黄浦江边的一条长约1.5公里的马路。它南起延安东路，北至苏州河上的外白渡桥，东边是黄浦江，西边则集中分布着众多风格迥异的各国建筑，被誉为“万国建筑博览群”。那么，外滩上究竟矗立着多少幢大厦呢？

1845年，英国殖民主义者抢占外滩，建立了英租界。1849年，法国殖民者在外滩建立了法租界。直到20世纪40年代，外滩一直被英法租界占据。由于交通方便，地理位置优越，世界各国的银行、商行、公司、总会纷纷在外滩落脚，西方各国的领事馆也大多集中于此。这些外国机构在外滩立足之后，便开始大兴土木，营建具有浓郁本国风格的建筑。随着各国人士的涌入，外滩成为各种形制独特、风格鲜明的外国建筑的汇集之地。

经过一个世纪的发展，外滩这条约三里长的滨江弧线上，鳞次栉比地矗立起52幢风格各异的大厦，有英国式、法国式、西班牙式、希腊式、印度式的高楼，也不乏哥特式、罗马式、巴洛克式、文艺复兴式、中西合璧式的建筑。能在狭小的区域内集中如此多的建筑风格，外滩实在当得起“万国建筑博览群”的美誉。难得的是，这些建筑虽然背景各异、风格不同，但是却互相映衬、相得益彰，沿着黄浦江妥帖地形成一条弧线，呈现出特别的美感。

比如外滩二十号，是曾经被誉为“远东第一楼”的沙逊大厦。它的设计者是著名的英国建筑事务所“巴马丹拿”。沙逊大厦独特的装饰艺术造型——高达19米的墨绿色金字塔形铜顶，多年来一直是上海外滩的显著标志。

外滩见证并记录了中国近代的历史，它的融汇中西、风格多样的建筑也是特定历史时期的产物，在中国建筑史上有着特别的意义。

一进？二进？三进？四合院多少进才算是完整的规格？

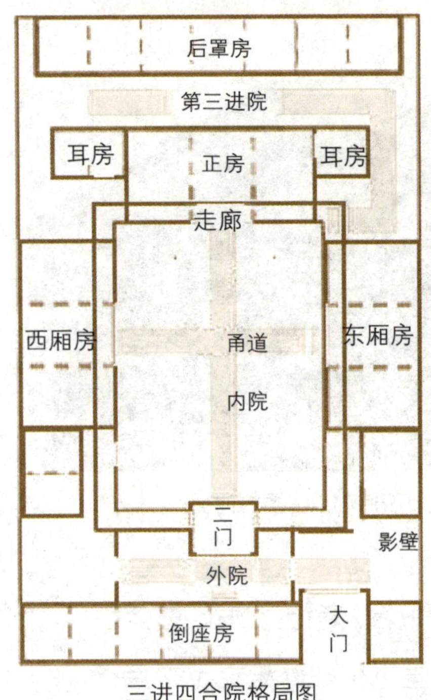

三进四合院格局图

四合院是我国的一种传统民居建筑。它是一个四面都建有房屋的院子，通常由正房（北房）、东西厢房和南房组成，四面合拢，方方正正，所以称为“四合院”。四合院有固定的规格和形制吗？

我们从四合院的典型代表——北京四合院说起。北京四合院都为砖木结构，墙用砖砌成，柱、大梁、门窗等则均为木制。它有着统一的样式：坐北朝南，多为单层房屋，各房屋完全独立，以走廊相连，院落接近正方形，院门多开在东南角上。

四合院一户一宅，平面格局可大可小。根据房屋主人家中人口多少、财力大小，四合院小可以有一进，呈“口”字形；大可以到二进或三进，呈“日”字形和“目”字形；还可以建成带有跨院的四合院，呈现出更复杂的组合。

普通老百姓居住的四合院通常只有一进，它独门独户，拥有正房5间，东、西厢房各3间，南房4间，加上大门洞、垂花门共有17间。

严格来说，三进院落的四合院才是最完整的四合院，它的第一进为门屋，第二进是正房、厢房和厅堂，第三进院为私室或闺房。在整个院落中，长辈住正房，长子住东厢房，次子住西厢房，女儿住后院，相互之间互不影响。这种稳妥而熨帖的安排，包含着尊敬长辈、男外女内的中国传统文化理念。

四五进甚至更多院落的四合院也有，一些奢华的院落甚至还带有花园。这些规模很大的四合院虽然组合方式较复杂，但它们的形制还是符合四合院的大体样式的。

广东开平的民居为什么要建成碉楼的样式?

明朝时期，开平还不是现在的县级市规模，而是一个位于新会、台山、恩平、新兴四县之间的小地方。特殊的地理位置，使开平成为著名的“四不管”地带。当地治安混乱，盗匪猖獗，加上河流肆虐，洪涝频发，人们为求自保，不得不设法建造坚固的房屋来保全自己。于是，碉楼这种建筑应运而生。

碉楼高出一般的民居很多，通常是两层或多层。它的墙壁厚实而坚固，窗户较小，碉楼上部四角都建有突出的角堡，角堡上开有观察孔和射击孔，可以居高临下，射击逼近碉楼的敌人。可以说，这是一种集防卫、居住于一体的多层塔楼式建筑。

碉楼建筑从16世纪开始出现，20世纪二三十年代到了鼎盛时期。这个阶段，大量回乡的华侨在开平老家盖房置业，修建了3000多座碉楼。今天，这些碉楼仍然完好地保存着1833座。

开平碉楼吸纳了大量外来元素，成为一种融合众多建筑风格、综合多种审美趣味的建筑艺术品。奇妙的是，这些不同风格、不同流派、不同宗教、不同国度的建筑元素，竟然得到了最大限度的协调和统一，既让碉楼拥有了华丽的美感，也使每座碉楼都呈现出与众不同、富有个性的一面。开平碉楼呈现出的包容性强、多元化色彩浓重的艺术风格，正是当时中国文化受外来文化冲击，与外来文化互相碰撞、融合的一个具体体现。因为开平碉楼特殊的文化魅力与建筑魅力，2007年，它被正式列入了《世界文化遗产名录》。

乔家大院为什么要建成“囍”字形状?

乔家大院位于山西省祁县乔家堡村。清代乾隆初年，乔家祖先靠到包头做生意起家，经过数代人的经营，建立了庞大的商业网络。富裕起来的乔家人在家乡修建住宅，经过多次扩建、增修，形成了现在的规模。这座大院如同一座坚固的城堡，由三丈多高的砖墙四面围合，精致古朴，气势恢宏。它由1个大院和6个中院组成，大院套着6个中院，6个中院当中又套着20余个小院，共有房屋313间。神奇的是，从空中俯瞰，或者从平面图上端详，乔家大院都呈现出一个“囍”字形状。这是巧合，还是宅院的主人有意为之？

原来，晋商大院的建筑形制严整，结构精巧，在造型上尤其挖空心思。为追求吉祥美好的寓意，在修建大院时，往往把一个带有美好含义的汉字嵌入建筑结构当中。这个汉字不仅承载着主人本人的愿望、梦想，也和主人的身份、地位密切相关，内涵丰富，意味深长。乔家大院的主人乔氏一族世代经商，讲究的是生意兴隆、财源广进，所以利用四合院的组合，将家宅建成了大吉大利的“囍”字形状，表达了对美好生活的憧憬和向往。

能把方正的“囍”字嵌入大院，是由乔家大院的建筑特点决定的。乔家大院布局方正，结构稳定，建造者利用地势整齐地规划出了大院内部的房屋格局。同时，它的内部道路结构也十分清晰，多呈现为横平竖直的“丰”字的形状。这种规规矩矩的修筑方式，自然不难把一个形状方正、寓意丰富的汉字嵌入进去。可以说，乔家大院的“囍”字，既是一种民俗心理的反映，也是北方民居建筑特征的具体表现。

陆上丝绸之路？海上丝绸之路？“丝绸之路”到底有几条？

西汉时的张骞和东汉时的班超都曾出使西域，开辟了以洛阳为起点，经甘肃、新疆，到中亚、西亚，并连接地中海各国的陆上通道，因为由这条路西运的货物中以丝绸制品的影响最大，所以这条道路被称为“丝绸之路”。其实，我国历史上的丝绸之路不止一条，根据地理位置和所走线路不同，大体来说可以分为四条。它们分别是“陆上丝绸之路”“草原丝绸之路”“南方丝绸之路”和“海上丝绸之路”。

张骞班超所开辟的那条丝路因为是连接各国的陆上通道，所以被称为“陆上丝绸之路”或者“传统丝路”。这条东西通路，将中原、西域与阿拉伯、波斯湾紧密联系在一起。经过几个世纪的不断努力，丝绸之路向西伸展到了地中海。广义上丝路的东段已经到达了朝鲜、日本，西段至法国、荷兰。

草原丝绸之路是指从中原地区往正北出发越过河套地区，进入蒙古高原、中西亚北部、南俄罗草原，西去欧洲的陆路商道。

南方陆上丝绸之路即“蜀——身毒（今印度）道”，因穿行于我国南部的横断山区，又称高山峡谷丝路。大约公元前4世纪，中原群雄割据，蜀地（今川西平原）与身毒间开辟了一条丝路，延续两个多世纪尚未被中原人所知。张骞出使西域，才发现了这条商路。

中国的丝绸除通过横贯大陆的陆上交通线大量输往中亚、西亚和非洲、欧洲国家外，也通过海上交通线源源不断地销往世界各国。因此，有的学者称东西方的海上交通路线为海上丝绸之路。

指南针有四种使用方法？古人的发明令人叹服。

现代人出行可以使用GPS等卫星系统来定位导航，古代的航海家没有GPS，就用指南针等工具辨别方向，指南针诞生以前，人们可能会用日影、地形等自然坐标来辨别方位。众所周知，指南针是中国古代的四大发明之一。

据说在指南针发明之前，我国古代有一种叫作司南的指南工具。春秋战国时期，铁质农具的需求大增，从而促使了采矿业、冶炼业的发展。在长期的生产实践中，古人从铁矿石中认识了磁石。传说司南就是用天然磁铁矿石琢成一个杓（sháo）形的东西，利用杓柄来指示方向。后来人们通过对磁石的深入了解，逐渐发明了指南针。宋代杰出的科学家沈括在《梦溪笔谈》中，对当时指南针发展的状况做了详尽的论述。他总结了四种指南针的使用方法。第一种是水浮法，就是将磁针浮于水面进行指南，虽然比较平稳，但容易动荡不定；第二种是指甲旋定法，将磁针置于指甲上，转动灵活，但也容易滑落；第三种是碗唇旋定法，将磁针置于碗口边上，转动较灵活，但易滑落；第四种是缕旋法，用蚕丝将磁针悬挂起来，可转动灵活而又稳定。中国古人发明指南针后最早将其用于航海，取得了巨大成就。

除了司南、指南针，我国的古人还发明了指南车等指南工具。司南和指南针利用的是磁铁指向性原理，而指南车则是一种机械齿轮装置，利用齿轮滚动来指示方向。史料记载指南车最晚在我国三国时期就已经出现。

今天我们看地图是按“上北下南左西右东”的方位，古人也是这样看地图的吗？

我们现在的地图一般都遵循“上北下南”的方向，但在中国古代却并非如此。考古发掘出来的中国最古老的地图是《兆域图》，它是战国中山王修建陵园的规划图，该图方向为上南下北。湖南长沙马王堆三号汉墓出土的《长沙国南部地形图》等地图的方向也是上南下北。据统计，我国古代的地图原则上都是上南下北，但是并非所有古地图都是这样的，有的古地图甚至是上西下东的方向。为什么古地图大都是上南下北呢？

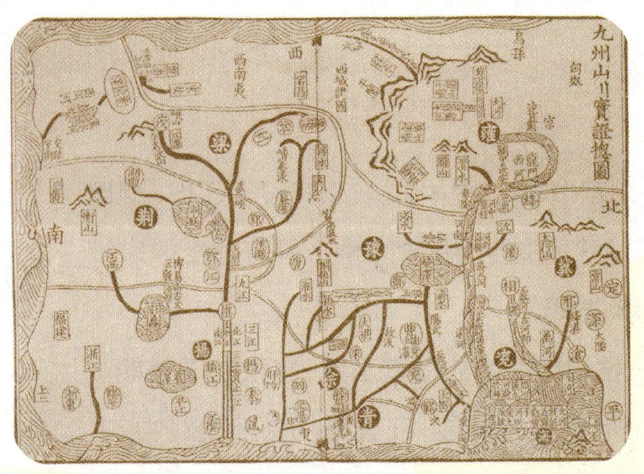

这幅地图描绘的是《禹贡》中记载的九州的地理，它采用的是“上西下东左南右北”的地图方位。

中国古代地图是上南下北，原因是中国人以北为尊，坐北面南是习惯，因此看地图时自己这边就是北，面对的那边就是南，所以当时地图多是上南下北。再者，这种定法与《易经》的河图关系密切，河图是选风水的基础，涉及到人体方位乃上为阳对应南，下为阴对应北，左为阳对应东，右为阴对应西。中国古代注重内求法，这样以河图为媒介，将地图、地理和人身方位对应起来，是天人合一种的体现。

从地理位置上讲，我们中国人生活在北半球，古人认为中国是世界的中心，而中国的“中”就是这样来的。他们白天看到的太阳无论东升西落，它始终都是在我们的南方，晚上夜观星象，抬头正对着象征帝王的北斗七星。古人都是面南而居，坐北朝南已经成为一种习惯，所以反映在地图上就是上南下北。

《徐霞客游记》就是徐霞客的旅游日记吗？为什么地理学家对此书推崇备至？

《徐霞客游记》是一部地理名著，作者徐霞客历经30多年旅行，写下了诸多名山游记和其他各种自然地理方面的内容。此书对地理、水文、地质、植物等现象，均做了详细记录，在地理学上的重要成就很多。首先，它是中国和世界广泛考察喀斯特地貌的卓越先驱，对喀斯特洞穴的特征、类型及成因，有详细的考察和科学的记述。其次，它纠正了文献记载的关于中国水道源流的一些错误，比如确定了金沙江是长江上源。再次，记述了很多植物的生态品种，明确提出了地形、气温、风速对植物分布的影响。徐霞客还调查了云南腾冲的火山遗迹，科学解释了火山喷发出的红色浮石的质地及成因，并最早对地热现象进行了描述。《徐霞客游记》在记游的同时，还记录了当时各地的居民生活、少数民族的聚落分布、土司之间的战争兼并等事，也是宝贵的历史学、民族学资料。